나무에 새겨진
팔만대장경의 비밀

나무에 새겨진 **팔만대장경의 비밀**

저자_ 박상진

1판 1쇄 발행_ 2007. 5. 21
1판 5쇄 발행_ 2020. 4. 26

발행처_ 김영사
발행인_ 고세규

등록번호_ 제406-2003-036호
등록일자_ 1979. 5. 17.

경기도 파주시 문발로 197(문발동) 우편번호 10881
마케팅부 031)955-3100, 편집부 031)955-3200, 팩스 031)955-3111

저작권자 ⓒ 2007 박상진
이 책의 저작권은 저자에게 있습니다. 저자와 출판사의 허락 없이
내용의 일부를 인용하거나 발췌하는 것을 금합니다.

COPYRIGHT ⓒ 2007 by Park, Sang Jin
All rights reserved including the rights of reproduction
in whole or in part in any form. Printed in KOREA

값은 뒤표지에 있습니다.
ISBN 979-89-349-2543-9 03900

홈페이지_ www.gimmyoung.com   블로그_ blog.naver.com/gybook
페이스북_ facebook.com/gybooks   이메일_ bestbook@gimmyoung.com

좋은 독자가 좋은 책을 만듭니다.
김영사는 독자 여러분의 의견에 항상 귀 기울이고 있습니다.

나무에 새겨진
팔만대장경의 비밀

| 박상진 지음 |

머리말

현미경으로 들여다본
팔만대장경판의 숨겨진 이야기들

역사의 수레바퀴를 1232년으로 돌려본다. 살리타가 이끄는 몽고의 2차 침입으로 초조대장경 등의 경판經板은 몽고군의 불길질로 순간에 잿더미가 되어버린다. 고려 현종 이래 200년 넘게 임금을 비롯한 온 백성의 피와 땀이 서린 나라의 보배였다. 전쟁의 소용돌이에 휩싸이면서 불쌍한 백성은 믿을 곳도 의지할 곳도 없는 절망의 나락으로 떨어진다. 무엇을 어떻게 해야 할 것인가? 참담한 현세에서 그래도 희망을 가질 수 있다면 죽어서나마 극락왕생하는 세계, 그때까지 유일한 종교였던 부처님께 의존할 수밖에 없었다.

최우를 비롯한 집권세력은 국민의 마음을 한곳에 모을 커다란 종교적인 이벤트가 필요했다. 이에 "불타버린 대장경을 다시 새기자!"는 깃발을 높이 들었다. 초조대장경을 새기자 공교롭게도 거란군이 물러간 전례가 있었으므로 이 슬로건은 백성의 호응을 얻을 수 있었다. 준비기간을 거쳐 1236년(고종 23) 나라의 곳곳에서 나무를 베고 톱질하고 대패로 다듬어 대장경을 새기는 작업이 시작되었다. 그로부터 16년이라는 인고의 세월이 흐른다. 1251년(고종 38) 고려인의 몸과 마음을 다 바쳐 다시 새긴 경판은 드디어 완성이라는 마침표를 찍게 된다. 이것이 재조再造고려대장경이다. 판의 수가 무려 8만 1,258장, 무게가 4톤 트럭 70대분에 해당하는 280톤, 470여 년간 기록된 《조선왕조실록》의 글자 수와 맞먹는 5,200여만 자에 이르는 엄청난 규모이다.

해인사 앞마당은 언제나 붐빈다. 팔만대장경을 새긴 나무 경판을 보기 위해 하루에 적게는 수백 명 많게는 수만 명의 관람객이 거의 일 년 내내 찾아오기 때문이다. 대적광전 뒤로 급경사 계단을 올라가면 경판을 보관하고 있는 一자 건물과 마주친다. 가운데를 뚫어 관람 편의를 위한 통로가 만들어져 있고, 오른편 높다란 곳에 시꺼먼 먹물을 뒤집어쓴 표본 경판 한 장이 덩그러니 걸려 있다. 주위에 붙어 있는 간단한 설명서를 읽어보고 나무창살 틈 사이로 건물 내부를 들여다보면 모양이 똑같은 수많은 경판이 끝도 없이 쌓여 있는 것에 모두 놀라고 감탄한다. 천 리 길을 달려온 관람객들과 수백 년 세월을 견뎌온 팔만대장경판과의 만남은 이렇게 간단히 끝나버린다.

팔만대장경판은 마음으로 그 값어치를 읽어내야 하는 유물이다. 경판은 석굴암이나 다보탑처럼 정교한 다듬이 솜씨를 자랑하는 예술품이 아니라, 우리 민족이 일찍부터 정교한 인쇄술을 가지고 있었다는 증거물이다. 그러나 경판의 실체와 고난의 역사를 얼마나 이해하고 알고 있는가? 이 물음에 우리 다 함께 부끄러움을 느낄 따름이다. 유물의 방대함에 비추어 대장경판에 관한 기록이 너무나 빈약하여 이에 관한 연구가 불충분하기 때문이다. 고려 고종 때 대장경판을 완성하고 강화도에서 축하 법회를 열었다는 것과 조선왕조 1398년(태조 7)에 대장경판을 강화도에서 한양으로 옮겨왔고 다음 해인 정종 원년에 해인사에서 경판의 인쇄를 시작했다는 것이 믿을 만한 기록의 전부이다. 사정이 이러하니 팔만대장경판은 아는 것보다 모르는 것이 더 많은 비밀투성이 유물이다. 누가 어디에서 어떻게 새겼으며 오늘날에도 여전히 산간오지에 해당하는 해인사에 있게 된 사연은 무엇일까? 만든 시기가 고려 고종 때라는 것 이외에는 우리가 궁금해 하는 대부분이 베일에 가려 있다.

  기록이 불충분한 유물이라면 남아 있는 현품에서 숨겨진 비밀의 열쇠를 찾을 수밖에 없다. 현품의 재질은 바로 나무이고, 나무 분석을 통해 필요한 많은 정보를 얻을 수 있다. 나는 목재조직학이란 학문으로 만들어진 타임머신을 타고 750년 세월을 거슬러 올라가보았다. 우선 어떤 나무로 만들었는가? 팔만대장경판은 자작나무로 만들어졌다는 속설과 달리 산벚나무와 돌배나무로 만들어졌다는 사실을 전자현미경을 통해

》 머리말

밝혀냈다. 그렇다면 어디서 만들었을까? 나무가 자라는 고유의 지역을 알아내면 경판 새긴 장소를 추정할 수 있다. 경판 나무의 재질과 제작과정 등을 살펴보면 강화도에서 새겨 보관하고 있다가 조선조 초 해인사로 옮겼다는 지금까지의 학설에 그대로 동의하긴 어렵다. 옮긴 것이 아니라 해인사 자체나 그 부근에서 새겨 처음부터 지금의 자리에 있었던 것으로 보인다.

    나는 오랫동안 경판의 재질을 다뤄온 내용을 바탕으로 1999년에 자그마한 단행본을 낸 적이 있다. 이 책은 그 사이 새롭게 밝혀진 연구결과와 자료를 보완하여 학자를 위한 전문서가 아니라 일반인이 쉽게 읽을 수 있는 대중서로 다시 썼다. 민족의 위대한 유산 팔만대장경을 이해하고 더 많은 관심을 갖는 계기가 되었으면 하는 바람이다.

2007년 5월
박상진

차례

머리말 현미경으로 들여다본 팔만대장경판의 숨겨진 이야기들_04

◎ 목판 인쇄의 새벽이 열리다

목판 인쇄, 해인사에서 시작되다_16   팔만대장경으로 승화시키다_18   일본이 달라고 조른 팔만대장경 인쇄본_20

◎ 나무, 석가모니와 만나다

석가모니의 탄생과 죽음을 지켜본 나무들_30   경판으로 나무와 다시 만나다_33   목판 대장경 새기기_40

◎ 자작나무 제작설의 진실 혹은 거짓

경판, 마법의 시작_52   경판 새김 나무의 조건_58   경판 나무 세포의 비밀을 찾아서_60   죽어서 경판으로 남은 나무들_63   팔만대장경판과 자작나무_88

◎ 다시 새기는 팔만대장경

경판 새김의 전말_97   팔만대장경의 이름과 내용_108   사용된 나무 양과 참가 인원_111   베어낸 나무 가져오기와 경판 만들기_115   대장경판 인쇄의 역사와 그 과정_138

◎ **경판의 탄생지를 둘러싼 미스터리**

강화도 새김의 근거_149 강화도 새김의 의문_150 해인사로 언제, 어떻게 옮겼을까?_153 옮기는 과정의 미스터리_158 경판 자체에서 옮김의 흔적 찾기_165 강화도 이외의 새김 가능성_167 경판 새김 장소의 진실_179

◎ **처음 모습 그대로, 750년 경판 보존의 비밀**

나무란 재료는 원래 잘 버틴다_185 판전을 지은 장인의 뛰어난 건축기술_186

◎ **옛 사람들의 완벽한 경판 관리 노하우?**

경판꽂이_214 경판의 함수율_218 먼지_220 먹딱지_222 경판 보관 과정에서 생기는 문제_225 경판의 썩음_228 경판의 벌레 먹음_229 옛 사람들의 경판 보존_231 경판 보존의 취약점_232

◎ **8만 1,258장의 생존 기록**

아예 일본에 주어버릴 생각도 했다_236 일본의 대장경판 약탈 모의_238 임진왜란과 대장경_240 일제 강점기의 반출 모의_241 한국전쟁 속의 팔만대장경_242 퇴암 스님의 실화 기록_246

주_248
참고문헌_250
찾아보기_253

목판 인쇄의 새벽이 열리다

우리나라의 목판 인쇄술은 세계에서 가장 오래된
'무구정광대다라니경'을 낳고 해인사 팔만대장경으로 만개했다.

1966년 9월 3일, 칠흑같이 어두운 깊은 밤이었다. 12명의 도굴꾼이 불국사 석가탑 앞에 살금살금 모여들었다. 탑 안에 든 사리를 꺼내서 한몫을 잡겠다는 간 큰 도둑들이었다. 탑의 기단과 기단 사이에 잭을 넣어 탑신塔身을 들어올리기 시작했다. 하지만 1,300년 동안 고이 모셔져 있던 사리는 쉽게 도굴꾼의 검은 손을 받아들일 리 없었다. 입을 굳게 다물고 있었던 것이다. 기단을 좀 더 높이 들려고 잭에 힘을 주는 순간 지렛대가 비뚤어지면서 탑신은 쿵! 소리를 내고 나가떨어져 버렸다. 혼비백산한 도굴꾼들은 그대로 줄행랑을 쳤다. 다음 날 나라 안은 온통 난리가 났다. 당연히 경찰은 눈에 불을 켰다. 보름 남짓 뒤 경주 일대의 도굴꾼들을 탐문 수사한 경찰은 9월 19일 범인들을 모두 잡아들였다.

　그러나 석가탑의 비극은 여기서 끝나지 않았다. 사건이 나고 한 달 조금 지난 10월 13일 석가탑의 보수·수리공사 현장에서 일어나서는 안 될 일이 일어난 것이었다. 작업 인부의 실수로 세 번째 옥개석이 땅에 떨어지면서 아예 깨져버렸다.

　두 번에 걸친 아픔을 겪은 석가탑은 우리나라 인쇄문화사에 일대 전환점이 되는 유물을 안겨주었다. 수습된 석가탑의 사리함에서 우리나라 인쇄문화의 역사를 바꾸어 써야 할 귀중한 유물이 나왔다. 2층 탑신부에 안치된 사리함 속에서 나무판에 돋을새김으로 글자를 새기고 먹물로 인쇄한 세계에서 가장 오래된 목판 인쇄물이 발견된 것이다.

이렇게 '무구정광대다라니경無垢淨光大陀羅尼經'은 1,300년의 긴 잠에서 깨어나 우리 앞에 모습을 드러냈다. 물론 아직도 간행 시기에 관해 논란이 있다. 하지만 올려 잡으면 700년대 초, 내려 잡아도 석가탑의 건립 연대인 751년에 간행된 인쇄물이다. 지금까지 세계에서 가장 오래된 나무판 인쇄물로 알려진 일본 호류사法隆寺에서 발견된 백만탑다라니百萬塔陀羅尼[1] 보다 적어도 20년이 앞선 셈이다.

무구정광대다라니경은 판광板匡*의 위·아랫변 길이는 5.3~5.5cm, 각 항의 글자 수는 7~9자, 종이 폭은 6.5~6.7cm, 전체 길이는 약 620cm에 이르는 닥나무 종이에 다라니경문을 적어놓은 것이다. 발견 당시 12장을 이어 만든 두루마리 상태로 비단 보자기에 싸여 있었는데, 보자기는 심하게 부식되고 다라니경도 벌레 먹고 썩어 있었다. 또한 앞부분 250cm는 같은 간격으로 1, 2항씩 썩어 없어져서 33조각이 난 상태였다. 발견 당시부터 보존처리가 시급했으나 보존처리 기술의 미흡으로 20년 동안 국립중앙박물관 창고에 보관되어오다가, 일본 교토박물관 기술진의 도움을 받아 최근 완전 복원에 성공했다. 현재는 새로 지은 용산 중앙박물관에 보관되어 있다.

무구정광대다라니경을 누가 어떤 과정을 거쳐 만들었는지는 기록이 없는 탓으로 아무도 모른다. 다만 나무판에 글자를 새겨서 찍은 목판 인쇄인 것만은 틀림없다. 옛 사람들은 주로 일일이 글자를 옮겨 쓰는

---

* 책장의 네 둘레를 싸고 있는 검은 선.

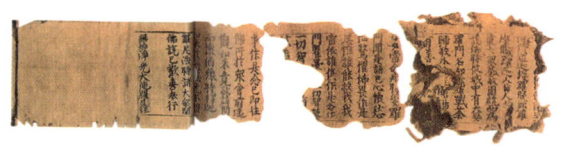
무구정광대다라니경

사경[2]에 의존하여 지식을 전달했는데, 이는 일부 귀족이나 선비의 전유물이었다. 그 후 선교의 목적으로 부처의 가르침을 많은 사람이 읽을 수 있는 방법을 찾게 되면서, 나무판에 의한 인쇄술이 발달했는데 이는 대량공급을 가능케 하는 획기적인 발명이었다. 목판 인쇄술은 660년경부터 중국에서 발달한 것으로 짐작된다.

목판 인쇄의 과정을 살펴보면 다음과 같다. 우선 나무를 일정한 크기로 잘라 판자를 만들고 표면을 고르게 다듬는다. 그리고 새길 내용을 얇은 한지에다 쓰고 뒤집어 나무에 붙인 다음 도장 파듯이 글자를 새긴다. 그러고 나서 그 위에 먹을 칠하고 종이를 얹어 말총이나 머리카락 같은 뭉치로 문질러서 찍어내면 목판본이라 부르는 인쇄물이 완성된다. 한 번 목판을 새겨놓으면 수십 수백 번 같은 내용을 반복하여 찍어낼 수 있으니 널리 보급이 가능했다.

세계에서 가장 오래된 목판 인쇄물, 우리가 문화민족임을 자랑할 수 있는 무구정광대다라니경이 무슨 나무로 만들어졌는지는 우리나라의 인쇄 역사를 아는 데 중요한 부분이다. 그러나 목판 자체가 남아 있는 것이 아니어서 추정해보는 수밖에 없는 상황이다. 현존하는 우리나라의 가장 오래된 역사서인《삼국사기》에는 인쇄 역사를 밝힐 수 있는 단서 하나가 실려 있다.《삼국사기》에는 신라에서는 벼슬의 높고 낮음에 따라 평소에 사용할 수 있는 물품을 제한했다고 기록되어 있다. 6두품과 5두품은 말안장으로 자단·침향 등의 수입나무는 물론 회양목·느티나무·산뽕나무 등의 국산재도 사용할 수 없었다. 여기서 관심 있게 보아야 할 나무는 회양목이다. 옛날에는 황양목黃楊木이라고도 불렸던 회양목은 오늘날에는 주로 정원의 가장자리를 장식하는 데 사용되는 자그마한 나무이다. 자연 상태에서 팔목 굵기 정도로 자라려면 백 년 이상 걸릴 만큼 자람이 늦다. 천연기념물 제459호로 지정된 여주 영릉寧陵의 회양목은 300년이 되었지만, 높이는 4.7m, 지름은 21cm에 불과하다.

 나는 무구정광대다라니경을 새긴 나무는 회양목이라고 짐작하고 있다. 어째서 회양목인가? 우리나라에서 자라는 천여 종의 나무 중에는 글자 새김에 적당한 나무들이 여럿 있다. 내가 다른 경쟁 나무들을 물리치고 자그마하고 볼품없는 회양목에게 영광이 돌아간 데는 이유가 있다.

 회양목은 특별한 세포 구조를 가졌기 때문이다. 회양목은 나무를 이

여주 영릉에 있는 회양목. 300년이나 되었지만 지름은 21cm에 불과하다.

루는 물관과 섬유의 크기가 거의 같은 작은 세포가 촘촘히 들어 있다. 굵은 물관과 가느다란 섬유로 이루어진 대부분의 나무와는 사뭇 다르다. 세포 크기가 들쭉날쭉하고 나이테의 한쪽에 몰려 있는 보통 나무들은 흉내 낼 수 없는 구조를 타고났다. 나무질이 곱고 균일하며 치밀하고 단단하다. 글자를 새기는 데는 상아나 옥에도 뒤지지 않는다. 우리 조상들은 글자 새김과 천생연분인 나무를 감별해낼 수 있는 식견을 가지고 있었다. 이렇게 시작된 나무판 글자 새김과 회양목의 만남은 훗날 가장 좋은 품질의 나무 활자를 낳았다.

◎ 목판 인쇄, 해인사에서 시작되다

신라 말기에 발달하기 시작한 목판 인쇄술은 고려 시대에도 이어졌다. 각 사찰마다 불경 간행이 경쟁적으로 이루어져 많은 인쇄 불경이 있었지만, 거란·여진·몽고의 잇따른 외침과 고려의 정정 불안으로 대부분의 간행물이 없어져버리고 탑이나 불상 안에 들어 있던 극히 일부가 전해질 뿐이다. 고려 시대 인쇄물 중 가장 오래된 것은 1007년(목종 10) 개성 총지사總持寺에서 간행된 '보협인다라니경寶篋印陀羅尼經'이다. 앞부분에 변상도變相圖*를 돋을새김으로 그렸으며 글자 획이 고르게 잘 새겨져 있어서 새김 기술이 상당한 수준임을 보여준다. 보협인다라니경은 판광의 위·아랫변 길이 5.4cm, 각 항의 글자 수 9~10자, 전체 길이 240cm인데, 나는 무구정광대다라니경과 마찬가지로 회양목으로 목판

---

* 불교 경전의 내용이나 교리를 알기 쉽게 표현한 그림.

을 만들었다고 추정한다.

경판 새김이 널리 유행할 즈음 해인사에서도 많은 불교 경전이 새겨졌다. 보협인다라니경보다 90여 년 뒤인 1098년(숙종 3)에 새겨진 화엄경판華嚴經板이 국보 제206호 해인사고려각판海印寺高麗刻板에 포함되어 있다. 화엄경판은 길이 50cm, 두께 2cm, 너비 24cm로 팔만대장경판보다 크기도 작고 새김 기술도 떨어진다. 최고의 경지에 이른 팔만대장경이 새겨지기 150여 년 전이니 기술이 서툴 수밖에 없다. 세월이 지나면서 해인사에는 경판 새김의 노하우가 차츰차츰 쌓여갔던 것이다.

경판의 너비가 5~6cm에서 24cm로 늘어나면서 새김 재료로 회양목을 더 이상 쓸 수 없게 된 것으로 보인다. 아무리 새김에 최고의 품질을 가진 나무이지만 굵어도 지름 20cm를 넘기기 어려운 회양목으로는 이런 크기의 판자를 아예 만들 수 없었다. 또한 신라 때부터 회양목을 많이 사용하여 자원이 고갈된 것도 큰 이유였을 것이다. 차츰 회양목으로 작은 글자를 새겨 넣어 두루마리 형태로 한 손에 들어가는 휴대용 불경은 만들기 어려워졌다.

다른 나무를 찾아야 했다. 산벚나무, 돌배나무, 거제수나무, 박달나무, 단풍나무 등 물관의 지름이 작고 나무 속에 고루고루 퍼져 있는 나무들이 새롭게 새김 나무로 등장했다. 이들은 재질로 보아서는 회양목보다 조금 못하지만, 굵은 나무로 자라고 얻기가 훨씬 쉬워 경판 나무로 널리 쓰이게 된다.

팔만대장경으로 승화시키다

사람과 사람 사이의 필연적인 관계를 인연因緣이라고 한다. 인연이란 불교에서 나온 말로, 어떤 일의 원인과 결과가 만들어지는 보이지 않은 힘을 일컫는다. 해인사와 대장경판의 인연은 일찍부터 있었다. 고려각판 이전인 신라 말에도 이거인이란 사람이 거제도에서 경판을 새겨 해인사로 운반한 것을 기념하는 축하 법회를 열었다는 사실이 〈해인사유진팔만대장경개간인유海印寺留鎭八萬大藏經開刊因由〉에 실려 있다. 이 기록은 내용상의 모순으로 설화 정도로 치부되기도 하지만 해인사에 경판과 관련된 역사가 있었음을 짐작할 수 있는 자료이다.

해인사와 경판의 인연을 명확히 증명하고 있는 것이 바로 팔만대장경이다. 다른 대장경들은 모두 원판인 나무 경판은 없어지고 인쇄물만 조금씩 전해질 따름이지만 팔만대장경만은 목판이 온전히 남아 있다. 인쇄물이 아닌 방대한 나무 원판이 그대로 보존된 것은 세계적으로 팔만대장경판뿐이다. 재조고려대장경판再雕高麗大藏經板, 고려대장경판, 정장正藏, 본장本藏, 국간판國刊板 등 여러 이름으로 불리며, 1962년 12월 20일 국보 제32호로 지정되어 수다라장과 법보전이라는 두 목조건물에 보관하고 있다.

1232년 몽고군의 침입으로 초조대장경初雕大藏經과 의천이 여러 불경 주석서와 연구서를 수집해 정리한 교장教藏이 모두 무참히 불타버리자, 개경에서 수도를 강화도로 옮긴 고려 조정은 부처의 힘을 빌려 외적을 물리치고 민심을 수습하기 위해 대장경을 새길 대장도감大藏都監을 세웠다. 이후 몽고와 전쟁을 하면서 1237년부터 1248년까지 12년 동안 대장경을 새겼다. 준비 기간까지 합치면 장장 16년에 걸쳐 지금의 해인사 팔만대장경판을 완성했다. 대장경판은 처음 강화도성 서문 밖의 대장경 판당板堂에 보관되어 있었는데 이후 선원사로 옮겨져 보관하다가 조선 초기에 한양의 지천사를 거쳐 해인사로 옮겼다고 한다. 그러나 경판의 새김 장소와 해인사 이동에 대해 나는 다른 견해를 갖고 있다. 이에 대해서는 뒤에서 다시 설명하겠다.

팔만대장경판은 세계의 어디에 내놓아도 자랑스러운 우리나라 제일의 문화재이다. 그러나 대장경판은 단지 웅장함이나 정교한 조각으로 감탄을 자아내는 예술품이 아니다. 민족적 자긍심을 가질 수 있는 인쇄문화의 정수가 녹아 있다는 점이 팔만대장경판의 값어치를 한층 더 높이고 있는 것이다.

우선, 팔만대장경은 13세기에 만들어진 세계 최대 규모의 인쇄용 원판이면서 빠진 부분이 없는 완벽한 전질이라는 점에서 그 가치가 높다. 많은 외침으로 전쟁의 소용돌이에 여러 번 휩싸였던 우리의 역사를 감안한다면 불타지 않고 온전히 보존되었다는 것은 기적에 가까운 일이다. 또한 팔만대장경에는 당시의 시대상을 엿볼 수 있는 자료가 고스란히 녹아 있다. 그리고 내용의 완벽함은 팔만대장경의 또 다른 가치이다. 초조대장경을 바탕으로 송·거란의 대장경과 비교하여 잘못된 곳을 바로잡고 빠진 곳을 찾아 넣는 등 다른 어느 대장경보다 광범위한 자료 수집과 교정에 충실하여 가장 완벽한 불교 경전으로 탄생한 것이 바로 팔만대장경이다.

규모의 방대함에서도 팔만대장경은 그 어떤 대장경과 비교되지 않는다. 경판을 가로로 눕혀 높이 쌓으면 거의 백두산 높이가 되고, 이으면 그 길이가 150리, 무게로는 280톤에 이르는 엄청난 규모이다. 이러한 규모의 방대함은 그 안에 5,200만 글자를 담고 있다는 사실로도 여실히 증명된다. 이것은 한자에 능숙한 사람이 하루 8시간씩 30년을 읽어야 내용을 파악할 수 있는 분량이다.

◉ 일본이 달라고 조른 팔만대장경 인쇄본

제대로 된 목판대장경판을 갖지 못했던 일본은 중국과 우리나라에 있는 대장경을 부러워했다. 일본은 고려 말 이후 계속해서 우리나라의 대장경을 인쇄해달라고 요구했다. 근세에 이르러 몇몇 활자본 대장경을 만들다가 1925~1936년 당시까지 알려진 불경을 집대성하여 활자본 《대정신수장경大正新修藏經》으로 아쉬움을 달래기도 했으나 결국 목판대장경은 만들지 못했다. 막대한 경비와 경판을 새기는 최첨단 기술이 필요했으나 국력이 따라주지 않아서였다.

일본이 우리나라에 대장경 인쇄본을 달라고 처음 요구한 것은 고려 말인 1388년(우왕 14) 우리나라에서 잡아간 포로 250명을 돌려보내면서였다. 이후 《조선왕조실록》에 실려 있는 내용만 보더라도 효종 때까지 80여 회에 걸쳐 끊임없이 요구했다. 효종 이후 일본의 대장경 인쇄본 요구에 대해 《조선왕조실록》에는 기록되어 있지 않지만 조선 후기까지 외교문서를 통해 대장경 인쇄본을 달라는 요구를 계속했다는 기록이 남아 있다.

대장경 인쇄본을 달라는 방법도 갖가지였다. 사신을 통해 일본 국왕 이름으로, 때로는 지방 호족들까지 대장경 인쇄본을 요구하여 조선은 항상 그 처리에 고심했다. 더 이상 불교를 숭상하지 않으므로 대장경을 인쇄하지 않는다는 등의 이유를 들어 일본의 요구를 거절하기도 했지만, 혹시라도 행패를 부릴까 두려워 때에 따라 대장경 인쇄본을 주기도 하면서 그들을 달랬다. 시달림의 정도가 얼마나 심했던지 태종·세종 때는 인쇄본이 아니라 아예 대장경판을 주자는 논의까지 있었다. 또한 대장경 인쇄본을 얻으려는 수차례의 요구가 좌절되자, 일본은 사신이 단식투쟁을 하거나 군사를 동원하여 대장경을 탈취할 계획까지 세우기도 했다. 《조선왕조실록》에서 일본의 대장경 요구 관련 내용을 몇몇 발췌해 살펴보면 다음과 같다.

- 1406년(태종 6)과 7년에 일본 국왕이 직접 사신을 보내 대장경을 요구했고, 태종 7년 9월 1일 돌아가는 사신 편에 1부를 보내주었다. 공식 기록상으로는 이때 처음 대장경을 주었다.

- 1408년(태종 8) 5월 22일 회례관回禮官으로 일본에 갔던 최재전이 돌아오는 길에 울산포에 이르러 "일본에 있는 동안 대접이 융성했고 (…) 우리나라에 대한 충성이 간절했습니다. 같이 데리고 온 사신은 다른 답례는 필요 없고 (…) 다만 청구한 대장경을 적당히 내려주소서"라는 글을 태종에게 올렸다.

- 1410년(태종 10) 1월 28일 일기주지주一岐州知州 원양희源良喜, 1411년(태종 11) 5월 26일 구주강주수九州江州守 창만가窓滿家, 7월 25일 원양희가 또다시 대장경을 요구했다. 같은 해 10월 21일 일본 국왕이 사신을 보내어 토산물을 바쳤으니, 대장경을 얻기 위함이었다. 대내전大內殿 다다량도웅多多良道雄도 사자를 보내어 수레와 병기를 바치고 대장경을 달라고 했다. 같은 해 12월 1일 일본 국왕의 사신이 돌아가는 편에 대장경 1부를 주었다.

- 1413년(태종 13) 3월 2일 대마도 태수 종정무宗貞茂의 사신이 와서 대장경 하사를 사례했다. 같은 해 6월 11일 축주筑州 등공藤公에게 대장경을 보내주었다.

- 1415년(태종 15) 7월 20일 일본 대내전이 대장경을 청구했으나, 인쇄해둔 것이 없고 요구하는 숫자가 너무 많다는 이유로 거절했다.
- 1424년(세종 6) 1월 2일 사신 규주主籌 등이 경판을 구할 수 없게 되자 단식투쟁을 벌였다. 이에 조정에서는 범자밀교 대장경판 1부와 주화엄경판 1부 80권을 주고 달래었다.
- 1485년(성종 16) 9월 16일 일본의 대내전이 자기의 선조가 원래 조선인이라며, 특별히 친밀한 관계를 강조하고 대장경을 요구했다.

조상이 조선인이라고……

1485년(성종16) 9월 16일 일본 대내전의 요구에 대해 성종은 신하들의 의견을 들었는데, 여기에서 당시 조정의 대장경에 대한 생각을 엿볼 수 있다.

정창손은 "우리 전하께서 부처를 좋아하지 않으시고 이단의 책은 우리나라에서는 보물이 못 됩니다. 하지만 요구하는 대장경은 그 수량이 많지 않지만 허락하지 않는 것이 어떠하겠습니까?" 했다.

한명회 등은 "대내전은 다른 섬 오랑캐 무리들과는 비교할 수 없습니다. 우리가 후하게 대접한 지 이미 오래되었으니 그 청을 따르지 않을 수 없습니다" 했다.

노사신은 "대장경은 이단의 책이므로, 비록 태워버린다 하더라도 아깝지 않습니다. 더욱이 인접한 나라에서 구하니 마땅히 아끼지 말고 주어야 할 것입니다. 그러나 대장경 1건을 만들려면 그 경비가 매우 많이 들어서 물자 조달이 쉽지 않습니다. 전에는 나라에 아무런 도움이 되지 않았기에 왜인들이 와서 달라고 하면 아끼지 않고 그대로 주었습니다. 인쇄해둔 대장경이 많이 있어서 가능한 일이었습니다만 지금은 모르기는 해도 얼마나 있습니까? 쉽사리 그 청을 따를 수가 없을 듯합니다. 대내전은 비록 우리나라에서 특별한 예로 후대했지만 거리가 멀리 떨어져 있습니다. 비록 뜻을 들어주지 않는다고 우리에 대한 노여움은 더하지는 않을 것입니다. 여러 섬에서 우리나라에 공물을 바치는 것이 한둘이 아니고 그들이 부처를 좋아하므로 대장경을 얻었다면 금과 옥같이 귀중하게는 여길 것입니다. 만약 이들은 대내전이 대장경을 하사 받은 것을 듣는다면, 벌떼같이 서로 달라고 아우성일 것입니다. 현재 있는 대장경이 부족하여 주려고 해도 다 주지 못하는 사태가 발생하면 '누구는 후대하고 누구는 박대한다'고 일컬으며 실망이 더 커질 것입니다. 이와 같은 때를 당하여 어떻게 또 인쇄해줄 수 있겠습니까? 신은 생각하건대 마땅히 그 사신에게 말하기를, '전일에 너희 나라에서 대장경을 청구한 것이 한 번이 아니었지만, 국가에서 인쇄한 것이 많이 있었기 때문에 일일이 그 청을 따랐었다. 그러나 지금은 모두 쓰고 남은 것이 없어서 청을 따를 수가 없다'라고 답하여 보내는 것이 어떠하겠습니까" 했다.

이파는 "대내전은 특별한 예로 후대해왔지만 이전에 비록 여러 번 대장경을 청했는데도 곧 보낼 수 없었던 것은 운반하는 형편이 어려웠기 때문이었습니다. 이와 같이 사실을 인편에 잘 알려주고 그 밖에 접대하는 절차에서 극진히 후대하는 것이 좋겠습니다" 했다.

정난종은 "대내전이 스스로 말하기를 선대의 세계世系가 우리나라로부터 나왔다 하고 이미 예전부터의 우호 관계가 있어 후대하는 것이 여러 추장과 달랐다고 했습니다. 지금 온 사신도 다른 것은 구하는 것이 없고 단지 대장경만을 청하니 따르는 것이 좋을 듯합니다. 대장경이란 비록 글자로 채워졌다고 하나 쓸모없는 질帙일 뿐입니다. 1건을

> 만드는 데에 드는 경비가 너무 많으며 지금 우연히 찾는 것뿐인데, 특별한 이유도 없이 갑자기 요구를 들어준다면 여러 추장이 벌떼같이 일어나서 너도 나도 달라 할 것이니 형편상 모두 들어주기가 어렵습니다. 다만 능엄경, 법화경, 금강경, 능가경 등과 같은 것을 뽑아서 주고 예조에서 이렇게 답서를 보내면 될 것입니다. '돌아보건대 이 대장경은 전부터 귀국의 여러 사신이 청하여 가지고 갔으므로 남은 것이 많지 않다. 지금 약간의 질을 가지고 간절한 요구에 응한다' 라고 한다면 우리에게는 저들이 청하는 것을 거절하는 실수가 없을 것이고 저들 또한 얻는 것이 있으니 양쪽이 모두 편할 것입니다" 했다.

일본은 대장경을 한 부라도 더 얻기 위해 왕과 왕비 이름으로 각각 청구하거나 여러 번진藩鎭에서 번갈아 가며 요구하는 등 온갖 방법을 동원했다. 그래도 그들이 필요한 만큼 얻을 수 없게 되자 구변국久邊國과 이천도국夷千島國이라는 존재하지도 않은 가짜 나라를 만들어 대장경을 요구하기도 했다.

구변국

구변국에 대해 영·정조 때의 실학자 이덕무(1741~1793)는 상세한 내막을 조사·연구하여 《청장관전서青莊館全書》에 기록했다. 이덕무가 밝힌 바에 의하면 지리적인 위치 및 동남아 여러 나라의 역사를 조사해 보더라도 구변국이란 나라는 없다. 이를 보아 구변국이란 교활한 왜인이 나라와 왕의 이름을 가짜로 짓고 진상품까지 준비하여 가짜 사신을 보내어 대장경 일부를 속여 빼앗으려는 술책에서 나온 이름일 뿐이다. 그러나 당시의 조정에서는 속임수임을 알고서도 효과적으로 대처하지 못했다. 더욱이 구변국 왕의 성을 이씨라고 사칭하기까지 했다. 우리나라의 대장경을 일본이 항상 탐내어도 쉽게 얻지 못하므로 이 같은 계략을 꾸민 것이었다.

구변국이라는 이름이 등장하는 것은 1478년(성종 9) 9월 1일 경상도 관찰사가 구변국 사신이 왔다는 공문을 예조에 올릴 때이다. 이에 조정에서는 "구변국 왕 이획이 이전까지 서로 통호가 없었다 할지라도, 이제 이미 사신을 보내왔으니 거절할 수 없습니다. 관찰사로 하여금 관할하는 토지의 크고 작음과 사신의 의복·언어를 모두 자세히 회답하게 한 뒤에 접대하는 절차를 다시 의논하여 시행하도록 하소서" 하니, 임금은 통사를 보내어 데리고 오게 했다. 같은 해 10월 15일 임금이 경연에서 말하기를 "구변국의 통신사로 온 자를 내가 믿을 수 없다" 하니, 이승소가 대답하기를 "대마도 도주에게 물어보아도 알지 못한다고 합니다. 신의 생각으로는 일본의 살마주나 박다 사람이 거짓으로 서신을 만들어서 온 듯합니다. 전에도 유구국 사자라 일컫는 자가 있었는데, 바로 박다 사람이 유구국에 청해 서신을 받아 가지고 온 것이었습니다. 지금 온 자도 아마 이러한 부류일 듯합니다" 했다. 임금이 말하기를 "그러나 접대는 할 수밖에 없다. 다만 이에 따라서 가짜 사자가 그치지 않을까 염려스럽다" 하니, 이승소가 말하기를 "사신이 도착하기를 기다려서 그 나라의 풍속과 국왕의 관계를 물으면 참됨과 거짓을 알 수 있습니다"라고 대답했다.

이와 같이 9월 1일에 들어온 구변국 사신은 조정의 의심으로 계속 국서 받기를 미루다가 11월 3일이 되어서야 국왕 이획이라는 자의 사신 민부를 접견했는데 내용을 보면 다음과 같다.

"신이 비록 불초하나 귀국과는 함께 명나라를 섬기고 있고 같은 이씨의 성을 쓰고 있으니, 이전부터의 인연이 아마 가까운 듯합니다. 저는 삼보三寶를 믿은 지가 오래되어 절를 창건했는데, 대장경을 더욱 희망하는 바입니다. 이제 존명을 받들어 보화를 싸 가지고 배를 보내어 이를 구하고자 하니, 삼가 회보를 기다리겠습니다."

11월 13일 경연을 마치고 동지사 이승소가 아뢰기를 "어제 구변국의 사신을 대접하면서 여러 가지를 물어보았는데, 임금의 파계派系에 대하여는 '저는 그 나라 사람이 아니고, 다만 서신만 받아 가지고 왔으므로 알지 못합니다' 라고 하고, 관복의 제도를 물었더니 '중국과 같습니다' 라고 하기에 '그대가 중국에 가보았느냐?'고 했더니 '못 가보았습니다' 라고 했습니다. 그래서 구변국의 서신을 가져오게 된 연유를 물으니 '장사하기 위해 갔는데, 그 나라 대신이 나에게 조선국이 있다고 들었는데, 도로가 막혀서 사절을 보낼 수 없다면서 찾아 뵙게 한 것입니다' 했습니다. 또 신이 그 나라의 풍속을 물었더니 사신이란 자가 대답하지 못하고, 수행원이 곁에서 가르쳐준 뒤에야 말을 했습니다. 그러므로 그들이 구변국의 사신이라 함은 참인지 거짓인지 알기 어려우니 굳이 인견할 필요가 없겠습니다" 하니, 임금이 말하기를 "그렇다. 진실로 믿을 수가 없다. 그 서시의 필적이 왜서와 다름이 없었다" 했다.

이처럼 조선 조정은 가짜 사신이라는 것을 파악하고도 적극적인 조치를 취하지 않고 어물거리고 있었다. 12월 1일 가짜 사신 민부가 하직 인사를 하자 예조를 통해 "요구한 대장경은 전에 여러 추장들이 구해 가서 거의 없으므로 요청대로 따르기 어렵다" 하고 대장경을 주지 않는 것으로 일단락지었다. 그러나 4년 후 다시 구변국에서 사신을 보내오자 접대 여부를 놓고 대신들 간에 또 논의가 있었다.

이천도국

1482년(성종 13) 4월 9일 일본 국왕과 이천도국의 왕 하차가 사신을 보내 토산물을 바치고 서신에 이르기를 "일본 국왕 원의정은 조선 국왕 전하께 삼가 회답을 올립니다. 대장경을 구하여 절 안에 안치하여서 한 나라의 복을 증식하는 땅을 삼고자 합니다. 바라건대 법보를 나누어주시어 변방의 백성에게 이득이 되게 하시고 자재를 주시어 불법을 일으키게 하시면, 상국의 감화가 지극하지 않은 바가 없겠습니다" 했고, "이천도의 왕 하차는 조선국 전하께 올립니다. 짐의 나라에는 원래 불법이 없었는데, 일본과 교류한 이래로 불법이 있음을 알게 되어 이제 3백여 년이 되었습니다. 일본이 가지고 있는 불상과 경전은 모두 구하여 가지고 있으나, 일본에는 원래 대장경이 없어서 그것을 얻지 못한 지가 오래되었습니다. 비록 귀국에서 구하려고 하여도 멀리 떨어져 있으므로 통하기 어려워서 지금까지 머뭇거리고 있었습니다. 듣건대 일본도 원래 귀국의 불법이 전해진 것이고, 짐의 나라도 일본의 불법이 전해진 것이라 하니, 이것으로 본다면 짐의 나라의 불법도 귀국에서 동쪽으로 전파된 것입니다. 삼가 대장경을 하사하시어 짐의 삼보를 완전하게 해주신다면, 귀국의 왕화와 불법이 멀리 동쪽 오랑캐에게까지 모조리 전파되는 것입니다. 만약에 주실 수 있다면 거듭 선물을 후하게 준비하여 배를 보내겠습니다. 짐의 나라가 비록 볼품이 없으나 서쪽 끝이 귀국과 인접하여 있는데, 야로포라고 합니다. 비록 성은을 입고 있으나, 걸핏하면 반역을 합니다. 만약에 전하의 명령을 받들게 된다면, 이들을 정벌하여 그 죄를 징벌하겠습니다. 짐의 나라 사람들은 말을 통하기가 어려워서 나라 안에 살고 있는 일본인에게 명하여 특사를 삼았습니다" 했다.

내용이 기가 막힌다. 가짜 나라라는 것이 들통날까봐 말이 통하지 않는다는 핑계로 일본인을 사신으로 보낸다 했으며 만약 보내주지 않으면 야로포의 왜구가 침입하도록 하겠다는 공갈도 잊지 않았다.

이에 대해 4월 25일 예조에서 아뢰기를, "이천도국의 왕 하차가 보낸 사신 궁내경에게 향연을 베풀고 그 섬의 형세를 물었더니 말이 앞뒤가 맞지 않는 것이 많고, 가지고 있는 국서의 필적이 궁내경의 필적과 같습니다. 그리고 그의 말도 '내가 친히 이 섬에 간 것이 아니고, 전해 받아 가지고 왔다'고 하니, 거짓인 것이 명백합니다. 그가 요구한 대장경도 주지 말고 답서도 보내지 않는 것이 좋겠습니다. 그러나 먼 곳의 사람이 와서 포구에 머문 지 이미 8삭이 되었으니, 만약 따라온 선원의 양곡을 주지 않으면 양식이 끊어질 것이 염려됩니다. 그러니 절반으로 주는 것이 어떻겠습니까?" 하여 여러 논의가 있었으나 이천도국의 왕 하차의 요구 사항을 일본 왕에게 물어보고 조처하도록 결정했다.

5월 12일 돌아가는 사신에게 답하기를 일본 국왕에게는 "요청한 조연助緣*과 대장경 1부는 돌아가는 사신 편에 부쳐 보낸다" 하고, 이천도국 왕에게는 "대장경은 일본 국왕이 사신을 보내서 구하여 갔고, 또 여러 추장들이 구하여 가서 거의 다 흩어지고 남은 것이 없어 부탁을 따를 수가 없다. 또한 귀하가 사는 이천도가 어디에 있는 섬인지 전에는 들은 바가 없고 사신의 말도 앞뒤가 맞지 않아 진위에 대한 의심이 없지 않다"고 하여 거절했다.

---

* 절을 지을 때 돈이나 재물을 시주하여 인연을 맺는 일.

》 목판 인쇄의 새벽이 열리다

나무, 석가모니와 만나다

탄생에서 열반에 이르기까지 여러 나무와 인연을 갖고 있는 석가모니!
그의 가르침은 나무로 된 대장경판에 고스란히 담겨 있다.

석가모니는 석가, 부처 등으로도 불리며 석존이라고도 한다. 석가는 민족의 명칭이고 모니는 성자라는 뜻이니, 석가모니는 석가釋迦(샤카야)족 출신의 성자라는 말이다. 석가모니의 본래 성은 고타마이고 이름은 싯다르타인데, 후에 깨달음을 얻어 붓다Buddha(불타)라고 불리게 되었다. 또한 절이나 신도 사이에서는 진리를 몸으로 체험하여 나타냈다는 뜻으로 여래, 존경의 뜻으로 세존·석존 등으로 불린다. 석가모니가 순수한 아리아인인지는 확실하지 않으며, 네팔계 종족이라는 추측도 있다. 그러나 압도적으로 아리아 문화의 영향 아래에 있었던 것은 의심할 나위가 없다.

석가모니의 탄생과 죽음을 지켜본 나무들

석가모니는 80년을 살다 돌아가셨다. 하지만 출생과 죽음의 시기는 여전히 논란이 있다. 우리나라 조계종에서 쓰는 불기佛紀로 따져보면, 기원전 544년에 태어나서 464년에 입적했다. 그는 현재 인도와 남부 네팔의 국경 부근인 히말라야 산 기슭 카필라바스투를 중심으로 하는 작은 나라의 슈도다나 왕과 마야 부인 사이에서 태어났다. 마야 부인은 해산달이 가까워오자 당시의 풍습대로 친정에 가서 아기를 낳고자 했다. 친정으로 가는 도중 아름다운 룸비니 동산에 이르렀을 때 갑자기 산통을 느낀 마야 부인은 옆에 있는 나무를 붙잡고 석가모니를 낳았다. 마야 왕비가 붙잡았던 나무, 산고의 고통을 덜어준 바로 그 나무가 무우수無憂樹이다. 인도 사람들은 아소카Asoca 혹은 아쇼카Ashoka 나무라고 부른다. 산스크리트어로 근심이 없다는 뜻이라고 한다.

　석가모니는 생후 7일 만에 어머니 마야 부인과 사별했다. 석가모니에게는 크나큰 충격이고 슬픔이었다. 그 후 이모의 손에서 왕족으로 품위를 지키는 데 필요한 학문과 기예를 배우며 성장했다. 그는 당시의 풍습에 따라 열여섯 살에 부인 아쇼다라와 혼인했고 곧 아들 라훌라를 얻었다. 이같이 한 나라의 왕자로서 안락하고 행복한 생활을 보내던 중, 석가모니는 자신의 삶에 차츰 회의를 갖게 된다. 새가 벌레를 잡아먹는 모습, 사람이 늙고 병들고 죽는 모습 등을 보면서 인생의 밑바닥에 잠겨 있는 '괴로움'이 무엇인지 고민하기 시작한 것이다. 석가모니는 스물아홉 살 때 괴로움의 본질 추구와 해탈을 구하고자 가족과 왕자의 지위 등 세상에서 누

마야 부인의 산고를 덜어준 무우수

리던 모든 영화를 버렸다. 출가를 단행한 것이다. 석가모니는 남쪽으로 내려가 갠지스 강을 건너서 마가다국의 왕사성으로 갔다. 그곳에서 신선 두 명을 찾아가 가르침을 받았으나 마음에 흡족함을 느낄 수 없었다. 그리하여 석가모니는 부다가야 부근의 숲 속에서 홀로 고행을 시작했다.

그러나 고행에 전념하여 신체가 해골처럼 되었어도 석가모니는 해탈을 이룰 수 없었다. 그는 작은 숲처럼 넉넉하게 가지를 펼친 커다란 나무 아래에 자리 잡고 깊은 사색에 정진하기 시작했다. 그리하여 출가한 지 6년 후, 나이 서른다섯에 마침내 깨달음을 얻었다. 이 깨달음이란 인간의 수많은 번뇌와 이로 인한 옥죔에서 벗어나서 아무런 근심이 없는 편안한 심경에 이름을 말한다. 흔히 해탈이라고 한다. 부처가 해탈의 경지에 이를 때 앉아 있었던 곳은 인도보리수 아래였다. 인도보리수의 학명은 'Ficus religiosa'이고, 인도를 비롯한 아열대 지방에 자라며 식물학적으로는 뽕나무과에 속한다. 높이 30m, 지름 2m까지 이를 수 있는 늘푸른잎나무로 가지를 넓게 뻗어서 한 그루가 작은 숲을 형성할 정도로 무성하게 자란다. 이 나무는 산스크리트어로 마음을 깨쳐준다는 뜻의 보드히드루아마Bodhidruama라고 하며, 핍팔라Pippala 혹은 보Bo라고도 부른다. 중국에 불교가 들어오면서 한자로 번역할 때 보리수菩提樹라는 이름이 생겼다.

석가모니의 인도보리수는 중국 중북부와 우리나라에서는 추위 때문에 자랄 수 없다. 따라서 불교가 들어오면서 인도보리수를 대신할 나무가 필요했다. 피나무였다. 사실 피나무는 여러 종류다. 피나무 외에 찰피나무, 염주나무, 보리자나무 등 한참을 헤아려야 한다. 식물학자가 아니면 피나무 종류는 매우 비슷하여 거의 구분하기 어렵다. 우리나라 절에서 보리수라고 부르는 나무는 진짜 인도 원산의 보리수와는 전혀 다르다. 피나무 종류 중 하나를 심고 보리수라고 부를 뿐이다.

석가모니는 도를 깨우친 후 고행을 같이했던 다섯 명의 수행자와 함께 무더운 중부 인도 각지를 45년의 긴 세월 동안 맨발로 걸어 다니면서 설교했다. 그러다 80세의 고령에 이르러 죽음을 맞이했다. 사라쌍수 아래에서 언제나 곁을 떠나지 않던 제자 아난의 지극한 보살핌을 받으면서 마지막 숨을 거두었던 것이다. 사방에는 모두 여덟 그루의 사라수娑羅樹가 있었는데, 석가모니의 죽음과 동시에 네 그루의 사라수가 말라죽었고 나머지 쌍을 이루는 네 그루의 사라쌍수만 무성하게 살아남았다고 한다. 사라수는 살sal 혹은 사라sala라고 부르며, 학명은 '*Shorea robusta*'이다. 우리나라의 참나무처럼 인도에서는 비교적 흔한 나무이다.《대반열반경》'공양'에는 갑자기 사라쌍수에 꽃이 피어나 부처에게로 떨어졌다는 구절이 있다. 그러나 살나무는 아름다운 꽃을 피우는 나무가 아니다. 크게 자라 재목으로 제 구실을 하는 나무이다. 사라수는 중국을 거쳐 우리나라에 불교가 들어오면서 보리수처럼 명확한 대용 나무를 찾지 못했다. 나라에 따라 지역에 따라 여러 가지 나무를 사라수라고 했으며 부처의 탄생과 관련 있는 아쇼카 나무와 상징이 뒤섞이기도 했다.

경판으로 나무와 다시 만나다

무려 45년에 걸친 석가모니의 설교 내용은 살아 있을 때에는 기록으로 만들지 않았다. 직접 들은 사람의 입에서 입으로 전해질 수밖에 없었다. 기록 재료가 마땅치 않았고 기록하여 남긴다는 것이 얼마나 중요한

지 아직 느끼기 전이었다. 그러나 기억이란 한계가 있는 법, 사람마다 들은 내용이 조금씩 달랐고 또한 전혀 엉뚱하게 변질되기도 했다.

제자들은 대책을 강구했다. 기억하고 있는 부처의 설교 내용이 희미해지기 전에 가르침을 확인하고 정리해야 했다. 제자들은 모임을 갖고 서로 의견을 교환하기로 했다. 이 모임을 '결집結集'이라 한다. 수제자 가섭은 석가모니 사후 얼마 지나지 않아 1차 모임을 가졌다. 이 모임에서 구체적으로 어떤 결정이 있었는지 알 수 없는데, 그 내용을 기록으로 남기지도 않았다. 하지만 1차 모임은 뒤 여러 차례 모임이 이어지면서 불교 경전의 체계를 잡는 디딤돌이 마련되었다. 모임에 참석한 제자들은 여시아문如是我聞,[3] 즉 '이와 같이 나는 들었다'라며 각자 석가모니에게 들은 내용을 말했다. 그 내용이 얼마나 정확한지는 죽음의 순간까지 가까이서 석가모니를 모셨던 아난이 확인했다. 차츰 석가모니의 말을 종합하여 체계를 세운 여러 가지 불교 경전이 만들어졌다.

세월이 흘러 기원전 1세기에서 1세기 중반에 이르면 여러 차례의 결집이 이어졌다. 그때까지 석가모니의 말씀은 수도승이 외워서 암송하는 것으로 만족할 뿐이었다. 기록의 대상으로 생각하지 않았던 것이다. 그러나 수도승의 전유물인 '석가모니의 말씀 외우기'는 한계가 있을 수밖에 없었다. 차츰 기록의 중요성에 눈뜨게 되었다. 서북 인도를 통일한 쿠샨 왕조의 3대 왕 카니슈카에 의해 주도된 여러 번의 결집 이후 석가모니의 가르침은 《패엽경貝葉經》이란 이름으로 드디어 문자로 기록되었다.

패엽경이란

인도를 중심으로 한 동남아시아의 아열대 지방에서는 아주 옛날부터

불경을 처음 새기는 데 쓰인 다라수

글자를 써 넣을 수 있는 재료로 야자나무 잎을 이용했다. 외떡잎식물인 야자나무는 원통 모양 줄기의 꼭대기에 접는 부채를 펴놓은 것처럼 생긴 잎을 매달고 있다. 이 잎은 나란히 잎맥을 갖고 섬유질이 많아 다른 어떤 잎보다 질기다. 글자를 새길 수 있는 야자나무는 세계적으로 약 3천여 종이 있으며, 다라수(多羅樹 : palmyra palm)라고 한다. 다라수의 잎은 산스크리트어로 잎이란 뜻의 파트라pattra를 중국어로 번역하면서 패다라貝多羅라고 했다. 패다라는 다른 식물의 잎사귀와 근본적으로 다르다. 잎 자체에 원래부터 수분이 굉장히 적고 습기를 잘 빨아들이지도 않으므로 자연 상태에서 거의 썩는 경우가 드물다. 그래서 패다라는 종이보다 더 오래 보관할 수 있을 만큼 보존성이 좋았다.

　글자를 새길 수 있는 다라수는 지방에 따라 여러 종류이다. 대표적인 것은 '*Corypha utan*' 과 '*Borassus flabellifer*' 란 학명을 가진 나무들이다. 이들 나무들에서 접힌 부채 모양을 한 채로 잎이 돋아날 때 어린 상태 그대로 잘라내어 잎을 하나씩 펼친다. 그리고 며칠 동안 음지에서 말린 다음 겹쳐서 한 달 정도 그대로 둔다. 그 후 쌀 뜨물로 쪄 바깥에서 건조시키고 너비 6~7cm, 길이 60~70cm 정도로 잘라낸다. 이것을 모아 나무판에다 고정하고 다시 가마에 넣어 삶아냄으로써 곰팡이가 피는 것을 방지한다. 마지막으로 고운 모래로 표면을 갈아내면 《패엽경》의 재료인 패다라가 되는 것이다.

　패다라에다 고대 인도의 문자인 산스크리트어로 부처님의 말씀을 하나하나 새겨 넣은 것이 《패엽경》이다. 산스크리트어는 소리글자로서 세로쓰기를 하는 한자와는 달리 가로쓰기를 한다. 글자를 새길 때는 끝이 날카로운 송곳으로 긁어내는 오목새김을 한다. 그대로는 글자가 보이지 않으므로 숯과 코코넛기름을 혼합한 먹을 먹이고 헝겊으로 닦아내어 글

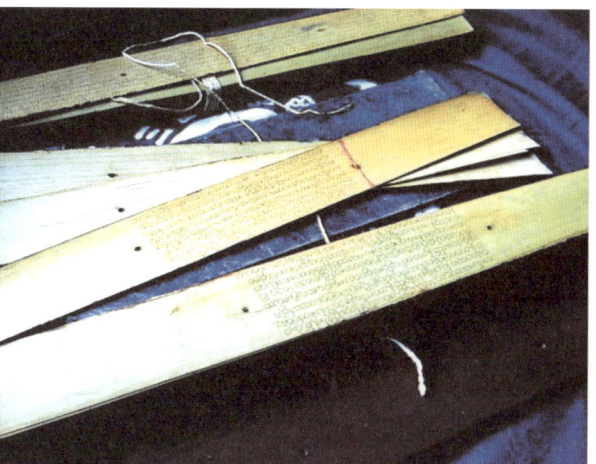

패다라에 산스크리트어로 쓴 불경

자 부분이 도드라져 보이게 한다. 그리고 양쪽에 구멍을 뚫어 실로 몇십 장씩 꿰어 묶어둔다. 《패엽경》 묶음 맨 앞과 뒷면에 글자가 새겨지지 않은 패다라 한 장씩을 붙이고 다시 나무판을 대어 보관한다.

《패엽경》은 이렇게 복잡한 과정을 거쳐 어렵게 만들어졌다. 하지만 일반인에게는 '가까이하기엔 너무 먼 당신'이었다. 어려운 산스크리트어나 팔리어로 씌어 있어 오랫동안 공부한 수도승이 아니면 읽을 수 없었기 때문이다.

대장경이란

처음 석가모니의 가르침을 기록으로 남기는 데는 패다라 외에도 나뭇잎, 대나무 등 여러 가지 재료를 사용했다. 불교의 발상지 아열대지방의 기후는 너무 덥고 습하여 좀처럼 썩지 않는 《패엽경》도 자꾸 문제가 생겼다. 다시 만드는 일이 반복되었고 기록의 내용이 조금씩 달라졌다. 자연발생적으로 생긴 불교의 여러 종파는 제각기 석가모니의 가르침을 다르게 기록했다. 그 후 불교의 여러 종파는 중생을 올바른 길로 이끌어 부처의 경지에 다다르게 하는 것을 이상으로 삼은 대승불교로 통합되었고, 경전의 내용을 정비하면서 인도를 중심으로 세력을 넓혀갔다. 그러나 통일된 체계를 가진 불교 경전은 완성되지 못했고 그 상태로 불교가 중국으로 전해졌다.

불교는 인도 북서쪽의 간다라를 지나 히말라야를 넘고 타클라마칸 사막을 건너는 실크로드를 따라 중국으로 들어갔다. 중국에 불교가 전해지면서 산스크리트어로 된 불경을 중국어로 번역하는 것이 당장 시급한 과제로 떠올랐다. 처음에는 산발적으로 진행되던 불경 번역 사업은, 포교 활동과 함께 지배층의 관심을 끌게 되면서 활기를 띠기 시작했다. 불경 번역 사업은 통치의 한 수단으로 국가적인 지원을 받게 되었던 것이다. 최초로 동진의 도안道安(312~385)은 한나라 이래의 각종 번역 불경의 총목록을 만들었고, 이후 당나라 때 《개원석교록開元釋教錄》[4]이라는 번역서 목록이 출간되었다.

대체로 2세기에서 11세기에 이르는 900여 년 동안 불경 번역 작업이 진행되었다. 초기 중국어를 아는 인도 사람이나 서역 사람의 손으로 이루어지던 번역은 《서유기》의 삼장법사로 잘 알려진 당나라의 현장玄奘(602?~664)에 이르러 꽃피웠다. 이후 송나라에 이르러 방대한 불교 경전의 번역은 마무리되었다. 그러나 안타깝게도 번역을 한 산스크리트어 원본은 대부분 없어져버렸고 중국어로 번역된 불경, 즉 대장경만 남아 불교 신앙의 지주가 되었다.

대장경은 한마디로 중국 사람이 읽을 수 있게 한자로 번역한 불교 경전의 총서를 일컫는다. 다른 이름으로 일체경一切經, 장경藏經, 삼장경三

藏經이라 부른다. '장藏'이란 산스크리트어 '피타카pitaka(바구니)'에서 연유한 말로, 많은 과일을 채운다는 의미가 변형되어 경전을 담는다는 뜻이 되었다. 대장경은 경장經藏, 율장律藏, 논장論藏의 삼장을 집대성한 것이다. 경장은 석가모니가 제자와 중생을 상대로 설파한 내용인 '경'을 담은 바구니, 율장은 제자들이 지켜야 할 논리 조항과 공동생활에 필요한 규범인 '율'을 담은 바구니, 논장은 '경'과 '율'에 관해 읽기 쉽게 주석한 '논'을 담은 바구니라는 뜻이다(영어로 대장경을 트리피타카 Tripitaka라고 한다).

대장경의 번역이 활발해지면서 번역자가 불경을 옮겨 쓸 수 있는 바탕 재료가 필요했다. 죽간, 목간, 나무껍질, 비단, 동물가죽 등 여러 가지 재료가 이용되었다. 이런 재료들은 오랫동안 보존하기 어렵고 가격도 비싸며 감질나게 조금씩밖에 구할 수 없었다. 그 무렵 중국에는 세계 최초로 발명된 종이가 있었지만 일부 사람들의 전유물이었다. 따라서 종이는 구하기도 힘들고 관리·보존은 더욱 어려웠다. 그래서 영구히 보존하기 위해 석판 대장경과 금속판 대장경을 만들기도 했다. 중국 운거사의 《방산석경房山石經》은 1만 4,278장의 돌에 새긴 대표적인 석판 대장경이다.

힘들게 대장경을 만드는 목적 중 하나는 많은 사람에게 불경을 널리 읽히고자 함이다. 그런데 필요한 사람이 베껴 써서 1본씩밖에 만들 수 없는 사경은 불교의 대중화에는 큰 걸림돌이었다. 좀 더 쉽게 대장경을 관리하고 보존하기 위해, 또한 인쇄하여 널리 알리기 위해 생각해낸 것이 바로 목판 대장경이었다.

목판 대장경 새기기

베껴 쓰기 불경으로는 석가모니의 가르침을 전파하는 데 한계를 느낀 승려들은 드디어 나무판으로 인쇄하는 획기적인 기술을 개발하기에 이르렀다. 목판 대장경이 탄생하는 순간이었다. 나무판에 대장경을 새겨두면 많은 양을 한꺼번에 인쇄할 수도, 필요할 때마다 수시로 찍어낼 수도 있었다. 비로소 많은 사람에게 비교적 쉽게 불경의 내용이 전달되어 읽을 수 있게 되었던 것이다. 아울러 똑같은 불경이 인쇄되고 여러 곳에 보관됨으로써 베껴 쓴 불경처럼 원본마저 없어져버리는 위험을 줄일 수 있게 되었다.

나무판 새김 기술이 어느 정도 자리 잡자 알려진 불교 경전 전체를 새기겠다는 의욕적인 계획을 세우게 되었다. 그러자면 우선 막대한 자금과 인력이 필요했다. 송나라의 태조가 첫 삽을 떴다. 최고 권력자의 지원 아래 10여 년에 걸친 대장경 새기기는 장인들의 헌신적인 노력으로 결실을 거두었다. 북송칙판대장경北宋勅板大藏經이 완성되었던 것이다. 곧바로 이웃 나라로 새김 기술이 전파되었다. 우리나라에서는 초조대장경, 의천의 교장, 팔만대장경 등의 새김으로 발 빠르게 이어졌다. 그 외 거란대장경, 몽고대장경, 티베트대장경, 서하대장경 등 나라마다 20여 종의 대장경이 만들어진다. 이처럼 목판 대장경은 불교의 대중화에 크게 기여했다.

팔만대장경 이외에 목판 대장경을 중심으로 널리 알려진 국내외 주요 대장경을 개략적으로 살펴보자.

북송칙판대장경

　송나라 태조 4년(972)에 시작하여 태종 8년(983)까지 11년에 걸쳐 완성한 대장경이다. 북송칙판대장경은 불교의 발생지인 인도는 물론 중국과 우리나라를 통틀어 최초로 나무로 만든 대장경이다. 이후 우리나라와 거란대장경의 효시가 된다. 북송칙판대장경은 개보칙판대장경開寶勅版大藏經, 촉판대장경蜀版大藏經, 관판대장경官版大藏經이라고도 불린다. 지승의《개원석교록》을 근거로 총 1,076부 5,048권의 불경이 들어 있다. 전체 대장경판은 13만 매에 이르고, 천자문 차례로 이름을 붙인 480개 함에 나누어 보관했다.

　북송칙판대장경의 제작은 한문문화권에서는 처음으로 이루어진 엄청난 규모의 불경 간행 사업으로, 중국에 전파된 불교가 비로소 체계적인 경전을 갖는 계기였다. 또한 불교가 사람들의 삶을 지탱하는 정신적 지주로서 역할하는 데 매우 큰 영향을 미쳤다. 북송칙판대장경은 송나라 휘종 때까지만 해도 잘 보존되어 있었으나, 금나라의 침입 이후 사회적 혼란기에 없어져버렸고 지금은 인쇄본 일부가 남아 있을 뿐이다. 북송칙판대장경이 만들어지자 중국과 왕래가 빈번했던 고려는 곧 이 사실을 알게 되었다. 991년(성종 10) 사신으로 송나라에 갔던 한언공이 귀국하면서 북송칙판대장경 481함 2,500권을 가지고 왔다. 이후 초조대장경이 만

북송칙판대장경의 인쇄본 일부

들어질 때까지 두 차례나 더 수입되었다고 하며, 외교 사절이나 상인을 통해서 북송칙판대장경의 인쇄본들이 계속 고려로 조금씩 들어왔을 것이다.

초조대장경

고려 초기 잠시 조용하던 국제 정세는 복잡하고 험난해졌다. 1007년 현종이 즉위한 후 거란족, 여진족, 몽고족 등 북방 오랑캐의 거듭된 침략으로 고려는 수없이 괴롭힘을 당했다. 현종은 북방 오랑캐의 침략을 퇴치하기 위해 군비를 확충함과 아울러 현화사라는 절을 창건했다. 그리고 우리나라에서는 처음으로 대장경판을 새겨 부처의 힘으로 외적을 물리치려는 안타까운 노력을 한 것 같다. 즉, 부처의 가르침을 받드는 온 국민의 정성으로 나라와 백성을 외적으로부터 지키겠다는 뜻을 담아 대장경을 새겼던 것이다. 《동국이상국집》에 "현종 2년 거란 왕이 많은 군사를 이끌고 침략했다. 힘에 밀려 임금이 남쪽으로 피난을 가면서까지 버티었으나 개성에 주둔하고 있는 거란군을 내쫓을 수 없었다. 이에 임금은 신하와 더불어 크게 소원을 빌고 대장경판을 만들겠다고 맹세했더니 거란군이 스스로 물러갔다"는 내용이 실려 있는데, 이는 우연의 일치 이하도 이상도 아니었다. 하지만 온 나라가 불교를 믿는 고려 사람들은 부처의 은덕이라고 생각할 수밖에 없었다.

1011년(현종 2)경부터 우리나라 최초의 대장경판 새김 작업이 시작되었다. 새김은 20여 년 후인 1031년에 일단 끝났고, 문종(1046~1083) 초기에 다시 시작되어 1087년(선종 4)에 이르러 비로소 완성되었다. 우리나라에서 처음으로 새겼다는 뜻으로 초조대장경初彫大藏經이라고 불리는 이 경판은, 983년의 북송칙판대장경에 이어 세계에서 두 번째로 만들어진 한자 번역 대장경으로서 문화사적 의의가 크다.

현종은 일종의 대장경 간행 관서라고 할 수 있는 반야경보를 설치하고 《대반야경》과 《화엄경》을 비롯한 여러 불경을 새기기 시작했다. 초조대장경을 새기면서 기본으로 삼은 것은 고려에 들여와 있던 북송칙판대장경이었지만, 거란대장경을 비롯하여 그 당시까지 발간된 경전의 대부분을 참조하여 수정·보완했기 때문에 매우 정확하고 풍부한 내용을 담고 있었다. 따라서 일부는 북송칙판대장경을 그대로 복사하여 새기기도 했지만, 대부분은 북송칙판대장경의 내용과 체제를 토대로 삼아 새롭게 제작한 것으로 보인다. 고려인들이 보완과 수정의 과정을 거쳐 원본보다 더 훌륭한 대장경을 만들려고 얼마나 피나는 노력을 했는지는 남아 있는 초조대장경 인쇄본을 보면 알 수 있다.

이렇게 완성한 초조대장경은 570개 함 6천여 권에 이르는 방대한 양이었다. 실제 이 작업을 총괄한 사람은 명확하지 않으나, 현종 때의 대장경 판각 사업은 당시 별감이었던 최사성崔士成의 책임 아래 추진되었다고 짐작된다. 최사성은 목종을 섬기는 동안 관직을 여러 번 옮겼는데 현종 대에는 현화사의 창건과 초조대장경을 새기는 총책임을 맡았다고 한다.

완성된 초조고려대장경은 대구 팔공산에 있는 부인사에 고이고이 잘 보관되어오다가 1232년(고종 19) 살리타가 이끄는 몽고의 2차 침입 때 의천의 교장과 함께 아깝게 불타버리고 말았다. 다만 인쇄본은 일본의 난젠지南禪寺 및 안고쿠지安國寺 등에 부분적으로 남아 있으며, 국내의 호암미술관 및 성암고서박물관 등에 일부 소장되어 있다. 국내 초조대장경 인쇄본은 135종 223권이라고 하며 지금도 간간히 발견되고 있다. 경판 자체는 불타 없어져버렸지만, 인쇄본으로나마 초조대장경의 내용을 엿볼 수 있는 것은 그나마 다행이다.

거란대장경

11세기 초 중국 대륙은 남쪽의 송나라와 북쪽을 다스리는 거란으로 나뉘어 대치하고 있었다. 송나라의 선진 문화를 따르고 싶었던 거란은 북송칙판대장경을 근간으로 여러 불경을 참조하여 새로운 대장경을 만들었다. 대체로 흥종(1031~1054) 때 시작하여 도종(1055~1100) 때 완성한 것으로 보인다. 사용 언어는 자신들의 언어가 아닌 한문 대장경으로서 거란장 혹은 거란대장경이라 한다. 1063년(문종 17) 거란은 이 대장경을 고려에 천여 권 보내왔다고 한다. 《개원석교목록》과는 함호函號 배열이 다르고 일부 없어져버린 불경이 수록되어 있는 등 북송칙판대장경이나 초조대장경 및 의천의 교장과는 또 다른 문화사적 의미가 있는 귀중한 대장경으로 평가받고 있다. 거란대장경은 대부분 없어져버렸으나, 1974년 중국 산시성 응현에 있는 불궁사 석가탑(1056년 건립)이란 세계에서 가장 오래된 목탑에서 일부 발견되었다.

거란대장경의 인쇄본 일부

《동문선》 113권에는 거란대장경과 관련된 기록이 보인다. "거란대장경은 간결하여 200함 남짓하며 작은 글씨로 촘촘하게 씌어 있으며 책 수가 1천 권이 채 되지 않는다. 그러나 그 정교함으로 말하자면 사람의 솜씨가 아니라 귀신의 힘을 빌려 만든 것 같다." 이것으로 보아 새김 기술이 뛰어났다는 것을 알 수 있다. 거란대장경은 내용이나 형식이 독특하여 잇달아 나온 다른 대장경을 만드는 데도 크게 영향을 미쳤다. 의천의 교장 원본으로도 활용되었고 해인사팔만대장경의 새김을 주관했던 수기 대사도 널리 참조했다.

고려교장(고려속장경)

초조대장경을 현종과 선종 대에 걸쳐 완성한 후 이에 만족하지 않고 고려 조정은 문종 때 대각국사 의천(1055~1101)에게 명하여 새로운 형식의 대장경을 간행했다. 이것을 고려교장高麗敎藏 혹은 교장이라 하며 고려속장경, 의천의 속장경, 속장경 등으로도 부른다.

초조대장경은 북송칙판대장경을 원본으로 하여 경·율·논의 삼장을 모아 기록했다. 그러나 교장은 경·율·논을 모은 정식 불경과는 달리 승려들의 저서나 삼장을 해석·정리한 장소章疏를 모아 간행한 것이 특징이다. 삼장은 잘 알려지고 경판까지 만든 반면, 장소는 정리하여 간행되지 않았을 뿐만 아니라 차츰 흩어져 없어질 위기에 처해 있었다. 이에 의천은 1073년(문종 27)에서 1090년(선종 7)까지 약 25여 년에 걸쳐 국내는 물론 일본이나 송나라와 거란에서 널리 장소를 수집했는데, 특히 1085년에는 송나라에 들어가서 3천여 권을 직접 모아 오기도 했다.

실제 작업은 흥왕사에 교장도감을 설치하여 진행해나갔다. 교장은 고려가 삼장 이외에 또 다른 대장경판을 새겼다는 것을 보여준다. 독실한 불교 국가이었던 고려에서 이들 대장경판은 삼장 못지않게 널리 읽히고 여러 번 출판이 있었을 것이다. 하지만 이후 이어지는 몽고의 침입을 비롯한 잇따른 외환으로 경판은 모두 없어져버렸다. 다만 인쇄본의 일부가 일본 나라의 도다이사東大寺에 전하고 있다.

해인사의 사간판

해인사에는 우리가 흔히 알고 있는 팔만대장경판 이외에 사간판寺刊板(또는 私刊板)이라는 또 다른 귀중한 경판이 함께 보관되어 있다. 부처에게 가까이 가 있는 사람들은 시주施主란 말에 익숙하다. 아무리 욕慾을 모두 내던진 승려라도 먹고 사는 문제는 해결해야 하며 절 건물도 때때로 수리하고 크기도 넓혀야 한다. 이런 일에 필요한 재물을 바치는 것이 시주이다. 요즈음이야 간단히 돈으로 내놓을 수 있지만 옛날에는 먹는 양식에서 땔나무까지 주로 현물을 내놓았다. 시주의 한 방법으로 '경판시주'라는 것이 있다. 자신과 가족의 안녕을 부처에게 직접 빌면서 마음에 드는 문구가 들어 있는 불경을 새겨 경판을 절에 영구 보존하는 것이다. 대체로 이런 시주를 할 수 있는 사람들은 부자이거나 지방 유지이다. 절로서는 세력을 과시할 수 있고 인쇄하여 다른 가난한 신자에게 나누어줄 수도 있었다. 그래서 웬만한 역사를 가진 절에는 개인이 새겼다는 뜻의 사간판私刊板 대장경이 있다.

개인이 새긴 경판이 좀 더 발전하여 절이 주체가 되어 필요한 경판을 새기는 경우가 있다. 이런 경판은 초조대장경이나 팔만대장경처럼 국가적인 지원을 받아 대규모로 이루어진 것과는 다르다. 개인의 시주를 받아 간행하거나 절 자체의 예산으로 적게는 몇 장씩 많게는 수백 장씩 그때그때 필요한 경전을 새겨서 보관하는 경판이다. 이런 경판은 절에서 새겼다는 뜻으로 사간판寺刊板이라고 한다. 이 두 종류의 경판은 명확히

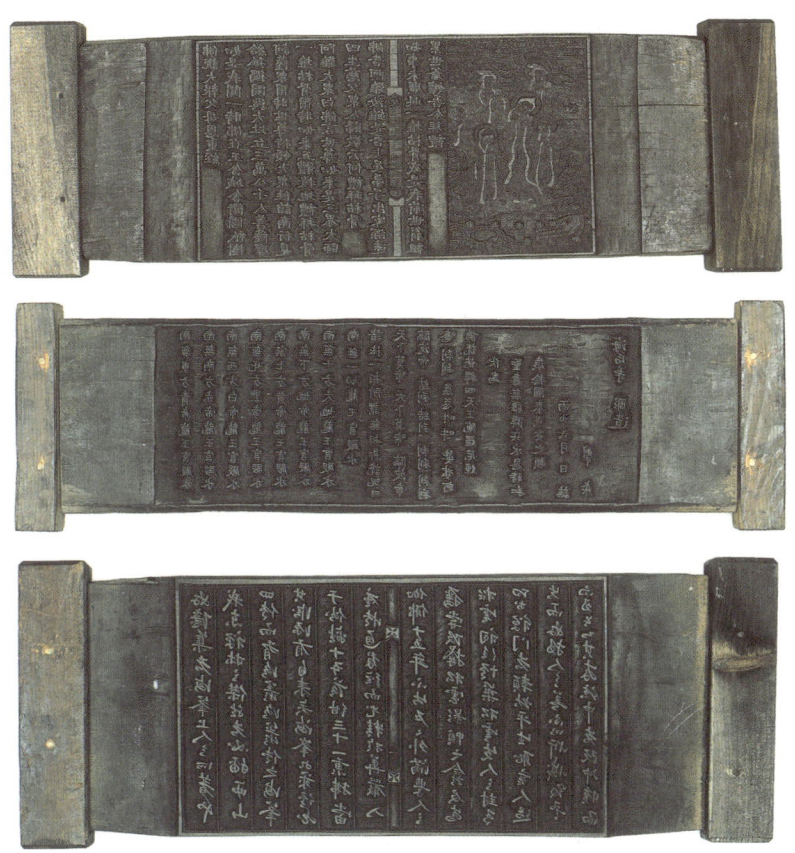
여러 모양의 사간판. 글자 크기나 새겨진 글자 수가 다르고 그림이 들어 있는 경우 등 일정하지 않다.

구분하기도 어렵고 같이 보관되는 경우가 많으므로 엄밀히 구분하지 않고 그냥 '사간판'이라고 부른다. 이들은 간행 목록이나 경판을 새긴 연대는 물론 시주자의 이름마저 없는 경우가 있어서 때로는 잡판雜板이란 명예롭지 못한 이름을 달고 천시되어왔다.

해인사에는 팔만대장경판만 있는 것이 아니다. 동서로 나란히 가로 뻗음을 한 수다라장과 법보전 두 건물이 팔만대장경판을 보관한 건물이

고, 두 건물 사이를 막아 ロ자 모양을 만든 작은 건물이 해인사 사간판이 보관되어 있는 곳이다. 자리한 위치에 따라 동사간전과 서사간전으로 불리는 두 채의 건물로 이루어져 있다. 언제부터 보관되고 있는지는 정확히 알 수 없다. 다만 해인사 고문서인 〈해인사대장경판개간인유〉에 의하면 사간판의 연대는 신라 말기까지 올라간다. 그러나 여러 자료로 보아 해인사의 사간판은 대부분 고려 중기쯤 만들어진 것으로 짐작하고 있다.

사간판 중에서 특히 고려 때 새긴 것이 명확한 경판을 고려각판이라고 부른다. 모두 54종 2,835장에 이르는데, 큰스님의 문집 및 불교 경전들이다. 이중 28종 2,725장이 국보 제206호, 나머지 26종 110장이 보물 제734호로 지정되어 있다. 여기에는 고려 숙종 3년(1098)의 간기刊記가 새겨 있는 《화엄경》을 비롯하여 충정왕 원년(1349)에 간행된 《화엄경약신중》까지 고려 시대 목판이 포함되어 있다. 이 가운데 《화엄경》과 《시왕경》의 변상도 등 한국 전통 판화 자료와 원효·의상·대국국사의 문집 등 고승들의 저술은 한국 불교 역사 및 사상의 연구뿐만 아니라 한국 전통 문화의 귀중한 자료이다.

사간판은 팔만대장경판과 크기도 다르다. 길이 46~64cm, 두께 1.5~2.4cm 정도이며 마구리가 없는 경판도 많고 마구리가 있더라도 매끈하지 못하고 엉성하다. 정장이 아니라는 이유로 관리가 소홀하여 갈라지고 휘고 글자가 마모된 경판도 여럿 있었다. 일제 강점기에는 경판꽂이도 없이 맨 흙바닥에 마구 쌓여 있어서 일부 경판이 썩어갔으며 광복 후에도 사간판의 관리는 여전히 부실했다. 최근에 동·서사간전 건물을 수리하고 경판꽂이를 교체했으며 마구리가 없는 경판은 새로 만들어 넣는 대대적인 보수 작업을 했다. 특히 장마철에 흔히 곰팡이가 피어 문제가 되었던 동사간전은 1998년 11월 막힌 동쪽 벽 일부를 트고 구조를 개선하여 보존 환경을 경판에 알맞게 바꾸어주었다. 사간판이 팔만대장경판 못지않은 값어치가 있다는 사실을 깨닫고는 이제야 겨우 팔만대장경판 수준으로 보존되고 있는 셈이다.

내가 임의로 선정한 10매의 사간판 수종을 조사한 결과 5장의 경판은 가야산에서 흔히 자생하는 거제수나무였다. 표본의 숫자가 너무 적어 단정적으로 말하기는 어렵지만, 사간판은 해인사 자체에서 만든 것임을 짐작할 수 있는 지표이다.

자작나무 제작설의 진실 혹은 거짓

대장경판은 어떤 나무로 만들어졌을까?

또한 그 나무 종류가 의미하는 바는 무엇일까?

한자 문화권으로 들어온 불교는 부처의 가르침을 집대성한 대장경 만들기에 온 정성을 쏟는다. 원시적인 베껴 쓰기 사경寫經에 의한 포교에서 한꺼번에 수백 수천 장의 복사가 가능한 불경 인쇄라는 새로운 포교 체제로 들어간 것이다. 이때 대장경판, 줄여서 경판經板이라고 하는 획기적인 인류의 인쇄 발명품이 등장한다.

경판, 마법의 시작

경판은 부처의 가르침을 새긴 나무판이다. 인쇄하여 세상에 널리 퍼뜨리는 것이 목적이다. 그래서 인쇄가 손쉬운 돋을새김이 원칙이다. 도장처럼 글자는 거꾸로 새겨야 바른 글자로 인쇄된다. 경판의 모양은 직사각형이고, 글자가 새겨진 경판 몸체 부분과 손잡이에 해당하는 마구리로 이루어진다.

》 자작나무 제작설의 진실 혹은 거짓

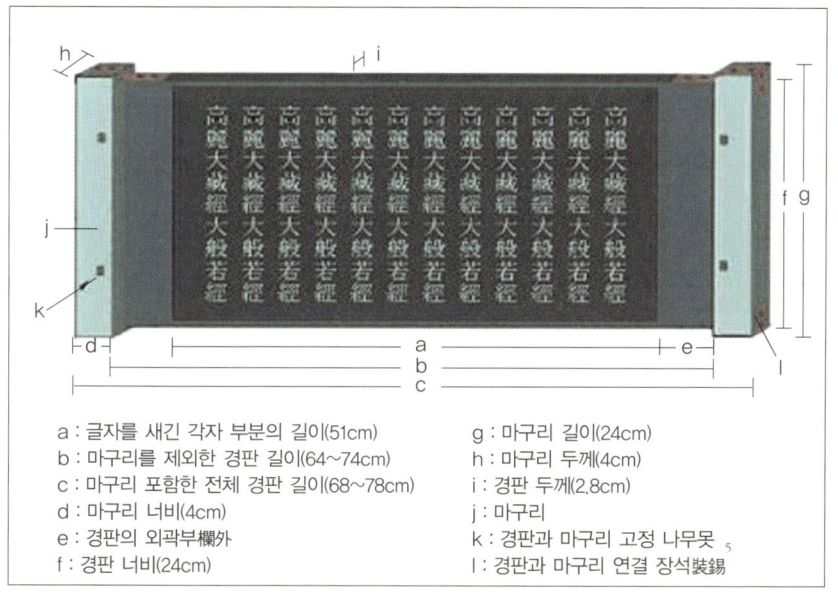

a : 글자를 새긴 각자 부분의 길이(51cm)
b : 마구리를 제외한 경판 길이(64~74cm)
c : 마구리 포함한 전체 경판 길이(68~78cm)
d : 마구리 너비(4cm)
e : 경판의 외곽부欄外
f : 경판 너비(24cm)
g : 마구리 길이(24cm)
h : 마구리 두께(4cm)
i : 경판 두께(2.8cm)
j : 마구리
k : 경판과 마구리 고정 나무못
l : 경판과 마구리 연결 장석裝錫

경판의 크기와 무게

마구리를 포함한 경판 길이는 대부분 78cm 혹은 68cm이다. 너비는 약 24cm 정도이고 두께는 2.8cm 전후이다. 무게는 평균 3.4kg, 경판 길이와 사용한 나무의 비중[6]에 따라 차이가 크다. 흔히 사용하는 컴퓨터 자판보다 1.5배 정도 더 크고 두껍다. 무게를 식육점에서 흔히 쓰는 관貫으로 나타내면 1관보다 약간 가볍다.

경판의 크기를 더 상세하게 알아보자. 마구리를 포함한 길이는 표본으로 조사한 1천여 장의 경판 중 78cm짜리가 절반 정도였고 68cm가 약 1/3 정도였다. 75cm, 73cm, 70cm 경판도 있었으나 얼마 되지 않았다. 경판 너비는 대부분 23~25cm 정도였다. 평균 너비는 24cm로 경판 종류에 따른 차이가 거의 없이 일정했다. 경판의 두께는 조사 경판의 60%가 2.6~3.0cm 정도였다. 나머지 3.0~3.4cm 및 2.0~2.6cm가 각각 반반이며, 2.0cm 이하는 얼마 되지 않았다. 경판의 평균 두께는 2.8cm 정도였다. 무게는 경판에 따라 변동이 매우 심했다. 적게는 2.3kg에서 많게는 4.4kg까지 거의 두 배에 달하는 무게 차이가 있었다. 길이 68cm 경판은 2.6~3.3kg, 78cm 경판은 3.2~3.8kg의 범위였다. 무게는 경판 길이나 두께 및 사용한 나무 종류의 비중에 따라 차이가 크다. 경판 길이를 고려하지 않고 전체적으로 본다면 경판 한 장의 무게는 2.6~3.6kg의 범위이며, 평균 무게는 약 3.4kg이다.

마구리는 인쇄할 때 경판의 취급이 편하도록 만든 손잡이인 동시에 경판을 보관할 때 다른 경판의 글자 부분과 서로 맞닿지 않도록 해주는 역할을 한다. 마구리 길이는 경판 너비와 거의 같거나 약간 길어 23.5~25.5cm이며, 너비는 3.8~4.9cm, 두께는 3.4~4.4cm 정도였다. 마구리의 평균 길이는 경판 너비보다 약간 길어 24.5cm, 너비와 두께는 각각 4cm 정도였다. 마구리의 가운데는 깊이 2cm 정도의 요凹자형 홈을 파 글자가 새겨진 경판 몸체를 끼워 넣게 되어 있다.

경판 몸체의 네 귀퉁이를 ㄴ자 혹은 ㄱ자로 따내고 마구리를 홈에 끼우게 되어 있다. 한쪽의 마구리 안으로 들어가는 부분이 2cm이니 양쪽 마구리로 들어가는 부분은 합쳐서 4cm이다. 따라서 실제 경판 몸체의 길이는 마구리를 포함한 길이보다 4cm씩 짧다. 78cm 경판의 몸체 길이는 74cm, 68cm 경판의 몸체 길이는 64cm이다.

글자 수

경판에서 실제로 글자를 새긴 부분은 세로 22~23cm, 가로 51cm 전후이다. 세로는 경판 너비보다 1~2cm 작고 가로는 경판 길이에 따라 좌우로 각각 7~14cm의 여유가 있다. 글자는 대부분 가로 23줄이고, 세로로 쓴 한 줄의 글자 수는 14자이다. 그 외 24줄×17자의 경판도 있고, 특수한 경우는 가운데 세로 경계선을 넣어 한 면이 46줄×21자인 경판도 있다. 각 권의 마지막 경판은 한쪽 면만 새겨져 있는 경우도 있으나, 대부분은 앞뒷면에 글자가 새겨져 있다.

팔만대장경 경판 한 장에 새긴 글자 수는 한쪽 면에 322자, 양면은 644자이다. 경판 전체 장수인 8만 1,258장을 곱하면 전체 글자 수는 약 5,200만 자 전후이다. 한쪽만 새겼거나 줄의 수가 더 많은 경판도

가로 23줄, 세로 14자가 새겨져 있다.

있으므로 개략적인 숫자이다. 이는 공교롭게 조선 시대 나랏일을 적어 놓은 《조선왕조실록》 전체 글자 수와 거의 비슷하다. 《조선왕조실록》은 약 7만여 쪽이며 한쪽마다 700~900자가 적혀 있다. 800자를 평균으로 잡는다면 글자 수는 모두 약 5,600만 자이다. 《조선왕조실록》이 500여 년 동안 기록된 것에 비해 팔만대장경은 불과 16년, 실제로는 12년 남짓의 짧은 기간에 그것도 몽고와 전쟁하면서 이룬 결과물이다. 얼마만한 노력과 정성이 들어갔는지 짐작할 수 있다.

글자 크기

팔만대장경판에 새긴 글자 한 자의 크기는 가로 세로 1.5cm 정도, 대

체로 40포인트 크기이며, 글자 한 획의 두께는 약 1.5mm이다. 또 글자의 새김 깊이는 1.6~2.3mm의 범위이나 평균 2mm로서 해인사 사간판이나 다른 절에 보관된 경판보다 훨씬 깊다. 이런 조건은 경판의 인쇄 품질을 높이고 반복 인쇄할 수 있는 횟수를 끌어올릴 수 있다. 인쇄를 여러 번 할 수 있느냐가 대장경을 많은 사람들에게 널리 읽히는 데 가장 중요한 요소였다.

현미경으로 나무를 들여다보면 가운데가 비어 있는 작디작은 세포로 이루어지며 힘을 받은 부분의 뼈대는 세포벽이다. 셀룰로오스를 주성분으로 하는 세포벽은 단단함에 한계가 있으니 금속활자처럼 작게 만드는 데는 어려움이 따른다. 그래서 목판 새김은 글자 크기에 제약을 받을 수밖에 없다. 또한 한자漢字와 같이 여러 개의 선으로 이루어지는 문자는 나무의 재질을 충분해 파악하여 글자의 크기를 결정해야 한다.

팔만대장경판의 글자 크기는 나무의 특성을 고려해서 정해졌다. 두께 1.5mm의 획 하나에는 물관과 목섬유 세포를 중심으로 약 40~50개의 세포가 들어 있다. 이들 세포 하나하나가 서로 떨어지지 않고 버틸 수 있는 것은 세포 사이에 들어 있는 리그닌 성분의 접착 능력 때문이다. 세포 크기와 배열의 상태에 따라 접착 능력이 달라진다. 우리 선조들은 산벚나무를 비롯한 경판용 나무의 성질을 잘 알아내어 획의 굵기와 글자 크기를 결정한 것으로 보인다. 경판을 새긴 글자 크기 하나에도 옛사람의 경험과학이 들어 있다. 흔히 도장 나무로 쓰는 회양목은 세포 크기가 작고 치밀하므로 훨씬 작은 글자를 새길 수 있다. 하지만 회양목은 나무판을 만들 수 있는 굵기로 자라지 않고 자원도 많지 않아 경판 새김 나무로는 쓰이지 않았다.

경판은 몇 장인가

해인사 수다라장과 법보전의 건물에는 경판이 옆으로 켜켜이 쌓여 있다. 그 엄청난 규모를 보고 일반인은 부질없는 호기심을 보인다. 경판에 새긴 내용보다 도대체 매수가 얼마인지부터 알고 싶어 한다. 이름에 팔만이란 숫자가 들어갔으니 어림잡아도 8만 장일 것이라는 짐작은 누구라도 해본다. 하지만 정확한 숫자를 대라면 제대로 아는 사람이 없다. 직접 경판을 조사한 학자들 간에도 의견이 다르기 때문이다. 아무리 많아도 하나 둘 세어나가면 금방 몇 장이라고 알 수 있을 텐데 어찌하여 정확한 숫자가 나오지 않는단 말인가? 중복판이 있고 판전 안에는 들어 있지만 팔만대장경판에 넣을지 말지 분간하기 어려운 경판 등 그 구성이 복잡하여 그렇다.

지금까지 팔만대장경의 숫자를 조사한 사례를 살펴보자. 믿을 만한 첫 조사는 1915년 일제 강점기 때 이루어졌다. 그 결과 《반야심경》, 《금강경》 등 불교 경전이 1,512종, 새김의 편의를 위해 나눈 함이 6,819권, 경판 매수는 8만 1,240장이라 했으며, 대장 목록에는 있으나 경판이 없는 18장을 새로 새겨 넣고 합쳐서 실제 8만 1,258장이라고 했다. 1955년 박영수는 1,511종에 6,802권이며 경판 매수는 8만 1,258장이나 중복판 121장을 제외하면 실제로는 8만 1,137장이라는 조사 결과를 발표했다. 그러나 1975년 문화재관리국의 의뢰를 받아 조사한 서수생은 경판 매수가 총 8만 1,348장이며 이 가운데 108장은 중복된 것이므로 실제로는 8만 1,240장이라고 했다.

해인사에서 발표하는 자료에는 8만 1,258장을 공식 숫자로 하고 있다. 한국정신문화연구원에서 총괄하여 펴낸 《민족대백과사전》에는 팔만대장경의 수량을 정장 1,497종에 6,558권, 보유 정장 4종에 150권, 총

경판 8만 1,258장으로 적고 있다. 현재 문화재청에서 발표하는 공식 자료에는 1,496종, 6,568권, 전체 경판 매수 8만 1,258장이다. 해인사 대장경판 소개 입간판에는 1,501종, 6,708권, 8만여 매로 정확한 숫자도 나타내지 않았다. 이렇게 총 매수에 차이나는 근본적인 이유는 팔만대장경 자체의 대장 목록[7]에 책의 종류와 그에 따른 권수와 1장·2장 하는 장의 수만 표시되어 있고, 총 몇 매라는 경판 장수 표시가 없기 때문이다. 대장 목록에서 계산하면 1,524종에 6,569권인데 목록과 각 경판의 실제 수량은 약간의 차이가 있고, 후세에 다시 목록을 새겨 넣은 보유판補遺板[8]까지 있으니 혼란이 생길 수밖에 없다. 오늘날 팔만대장경판의 전체 매수는 8만 1,258장으로 셈하는 경우가 대부분이다. 학자들 간에 정확한 매수에 대한 연구결과가 나올 때까지는 이 숫자로 통일하는 것이 바람직하다고 생각한다.

◎ 경판 새김 나무의 조건

《패엽경》에서 시작한 불교 경전 만들기는 돌이나 금속에 새기는 과정을 거쳐 마침 발명된 종이에 글자를 손으로 옮겨 쓰는 사경으로 발전했다. 그러나 사경만으로는 한계가 있었다. 한꺼번에 많은 양을 찍어낼 필요를 충족시킬 수 없었던 것이다. 그리하여 넓은 판에다 글자를 새겨 찍어내는 새로운 인쇄 방식을 찾아냈다. 이렇게 오직 동양에만 있는 목판 인쇄술의 새벽이 열린 것이다.

나무판에다 글자를 새긴 이유는 나무가 손쉽게 구할 수 있고 글자 새기기에 비교적 쉬운 재료이기 때문이다. 나무는 적당히 가볍고 탄력성이 있어서 취급이 편리한 것도 큰 장점이다. 또한 한 번 만든 나무 글자판은 여러 번 찍을 수 있으며 수백 년을 보관할 수 있다.

머리카락보다도 더 가느다란 작은 세포 수억 만 개가 이리저리 얽히고설켜 나무의 속살을 만든다. 살아 있을 때는 세포 속이 꽉 차 있지만 베어 넘겨져 말라 죽은 나무는 세포 속이 텅 비어버린다. 우리가 흔히 보는 벌집과 거의 비슷하게 된다. 물론 나무의 종류에 따라 세포의 크기나 배열은 천차만별이다. 경판 새김에 쓰일 나무는 나무질이 일정하고 세포 하나하나의 크기가 들쭉날쭉하지 않으며 균일한 것이 좋다. 너무 큰 세포와 너무 작은 세포가 섞여 있으면 글자 한 획 한 획이 깨끗하게 파지지 않는다. 또 너무 단단하여 글자 새기기가 어려워서도 그 많은 양의 대장경판을 만드는 원료 나무로는 제약을 받는다. 그렇다고 너무 연한 나무는 글자 새기기는 쉬우나, 나중에 인쇄할 때 조그마한 부주의로도 글자의 끝 부분이 떨어져 나가버릴 수 있으므로 적당하지 않다. 아울러서 경판 너비의 판자가 나올 수 있는 굵은 나무라야 한다.

우리나라에는 1천여 종의 나무가 자라고 있다. 하지만 경판 새김에 알맞은 조건을 두루 갖춘 나무는 많지 않다. 우선 우리 산에 가장 흔한 소나무를 비롯한 바늘잎나무는 쓸 수 없다. 전체적으로 나무가 너무 무르고 봄에 자란 세포와 여름에 자란 세포의 크기 차이가 뚜렷한 탓이다. 약한 부분과 단단한 부분이 하나의 나이테 안에서도 섞여 있어서 글자 새김에는 적당하지 않다.

경판 새김 나무는 넓은잎나무에서 찾아야 한다. 그러나 넓은잎나무라고 모두 경판을 새길 수 있는 것은 아니다. 물관 세포의 배열 상태를 보아야 한다. 흔히 보는 참나무, 느티나무, 물푸레나무, 밤나무 등은 쓸 수 없다. 이런 나무들은 지름이 큰 물관 세포가 나이테의 시작 부분에 몰려 있고 바깥쪽은 반대로 작고 단단한 세포들만 있는 구조이기 때문이다. 환공재環孔材라고 부르는 이런 나무들은 재질이 고르지 않아 경판 새김 나무로 쓸 수 없다.

새김 나무로 적당한 나무는 물관의 크기가 작고 다른 세포들도 나이테 전체에 걸쳐 고루고루 분포하는 나무, 즉 산공재散孔材가 가장 바람직하다. 우리나라 나무 중 2/3는 산공재이다. 버드나무, 단풍나무, 서어나무, 거제수나무, 박달나무, 산벚나무, 돌배나무, 후박나무, 녹나무 등 이름을 알고 있는 넓은잎나무의 대부분은 산공재에 속한다. 물론 이런 나무들이라고 모두 쓸 수 있는 것은 아니다. 몇 가지 조건을 더 갖추어야 한다.

첫째, 세포 종류별로 지름의 차이가 크지 않아야 한다. 둘째, 굵기가 아름드리 가까워서, 인쇄하여 책을 만들려면 한 쪽 분량을 한 판자에 새길 수 있어야 한다. 따라서 너비가 한 뼘 반 정도의 판자를 켤 수 있는 굵기가 필요하다. 셋째, 아무리 경판 새김에 적당한 나무라도 주위에서 구하기 어려우면 쓸 수 없다. 방대한 대장경판을 새기려면 엄청난 양의 나무가 필요하다. 따라서 손쉽게 구할 수 있는 나무여야 한다.

◎ 경판 나무 세포의 비밀을 찾아서

팔만대장경판은 어떤 나무로 만들었을까? 이에 대한 답은 단순히 궁금증을 해소하기 위한 흥밋거리 수준의 문제가 아니다. 나무는 종류마다 재질이 차이나고 자라는 곳도 다르다. 이런 나무의 정보를 분석하면 여러 가지 비밀을 간직한 팔만대장경의 실체에 보다 과학적으로 접근할

》 자작나무 제작설의 진실 혹은 거짓

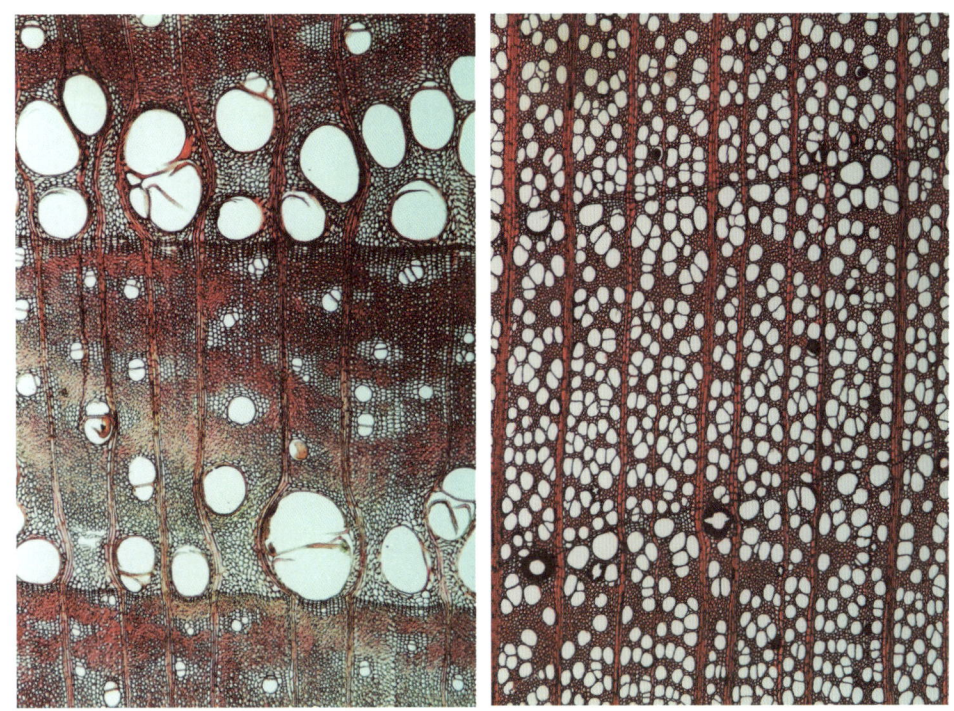

환공재(왼쪽)와 산공재(오른쪽). 환공재는 경판 새김 나무로 쓸 수 없다.

수 있다. 비밀을 풀 수 있는 상당 부분은 경판 나무가 갖고 있는 셈이다.

　살아 있는 나무의 종류를 알아내는 것은 잎사귀와 꽃의 특징을 연구하는 수목분류학으로 간단히 풀 수 있다. 그러나 잎과 가지가 모두 없어지고 판자로만 남은 경판은 간단치 않다. 더욱이 여러 차례 인쇄하느라 시커먼 먹물을 온통 뒤집어쓰고 있는 대장경판의 나무 종류를 어떻게 알 수 있을까? 이는 나무의 세포 모양과 배열을 현미경으로 연구하는 목재조직학木材組織學의 몫이다.

　모든 생물체가 세포로 이루어져 있듯이 나무도 마찬가지이다. 이해를 돕기 위해 조금 전문 영역으로 들어가보자. 우선 흔히 활엽수라고 부르는 넓은잎나무의 세포 종류부터 알아보자. 가장 중요한 세포는 물관인데, 짧고 통통한 모양으로 아래위로 끝없이 연결되어 동물의 혈관처럼 나무 속의 수도 파이프, 물길을 만드는 세포이다. 물관 세포의 지름은 0.05~0.3mm, 길이는 아무리 길어도 1mm를 넘지 않으며, 나무 종류마다 크기와 배열 및 모습이 구구각색이다. 다음은 목섬유木纖維 세포이다. 수천 톤이 훌쩍 넘는 우람한 덩치의 나무가 비바람에 넘어지지 않고 버티고 서 있을 수 있으려면 단단한 뼈대 역할을 해줄 세포가 필요하다. 목섬유 세포는 세포벽이 두껍고 단단하다. 철근 콘크리트 건물과 비교하면 철근에 해당하는 셀룰로오스와 콘크리트에 해당하는 리그닌으로 세포벽을 무장하고 있다. 세포의 지름은 0.02~0.03mm, 길이는 1~2mm 정도이다. 넓은잎나무의 세포 중 약 2/3는 목섬유 세포이다. 세 번째는 유세포柔細胞이다. 나무가 살아 있는 동안 양분을 저장하고 이동시켜주는 역할을 한다. 상하좌우로 거미줄처럼 연결되어 다른 세포가 굶어 죽지 않게 먹이를 대주는 세포이다. 크기는 일정하지 않다. 이런 기본적인 세포 이외에도 나무 종류에 따라서 차별화한 특별한 세포가 들어 있기도 한다.

  우리나라에 자라는 모든 나무의 세포적 특징을 조사하여 데이터베이스화한 연구 결과가 있다. 종류가 무엇인지 알아야 할 나무의 특징을 조사하여, 이미 발표된 자료와 비교해나가는 작업을 거친다. 물론 오랜 경험과 숙련이 필요하다. 작업 과정은 대장경판에서 작은 나무 조각을 수집하는 일부터 시작한다. 현미경으로 들여다볼 수 있는 프레파라트 만드는 일이다. 여기에 들어 있는 세포의 종류, 모양, 배열 등을 기록하고 검토하여 나무 종류를 찾아내는 것이다. 표본이 너무 작아 프레파라트를 만들 수 없을 때는 전자현미경이나 특별한 실험 장치를 이용하기도 한다. 이런 과정을 거치면 750년 세월을 묵묵히 견뎌온 대장경판의 나무가 어떤 종류인지 알게 된다.

◎ 죽어서 경판으로 남은 나무들

선거철이 가까워질 때 혹은 나라에 큰 문제가 있을 때 여론조사를 한다. 전문기관에 의뢰하여 불과 천여 명 남짓한 사람을 대상으로 조사한 결과를 우리나라 국민 4천만의 뜻으로 해석한다. '신뢰 수준 95%에 오차 범위는 ±3~4%'라는 전제조건을 달아 국민의 몇 퍼센트가 찬성하고 반대한다는 발표를 하는 것이다. 전문가가 아닌 보통 사람들은 95%라는 숫자에 믿을 만한 발표 자료라고 생각한다. 표본조사를 가지고 이렇게 말할 수 있는 것은 통계학적 전문 지식을 기본 바탕으로 조사대상자를 선택하여 질문하고 최첨단 분석 기술을 도입하기 때문이다.

팔만대장경판에 쓰인 나무의 종류를 알아내는 데 가장 정확한 방법은 말할 것도 없이 전체를 몽땅 조사하는 것이다. 그러나 이런 모두 조사는 특별한 경우가 아니면 할 필요가 없다. 시간과 돈의 낭비일 뿐이며 현실적으로 가능하지도 않다. 또 나무 종류를 알아내기 위해 경판을 그대로 두고 비파괴로 조사하는 방법이 아직 개발되어 있지 않다. 최근 의학 부문에서 사용하는 컴퓨터 단층촬영법을 이용한 비파괴 기술로 나무 세포를 검사했으나, 아직은 해상도가 너무 낮고 특정 부분만 관찰해야 하는 등 실용화에 이르지 못하고 있다. 결국 팔만대장경의 재료 나무를 조사하려면 아직까지는 표본을 채집하여 조사할 수밖에 없다.

나는 1993~1994년 팔만대장경판에서 작은 표본을 수집하여 경판을 만든 나무의 종류를 분석했다. 귀중한 유물에서 표본 채집은 어떻게 했으며 얼마만한 양을 했는지 많은 사람들이 궁금해 한다. 경판의 과학적인 보존을 위한 기초조사로서 경판의 길이와 두께와 너비를 재고 무게를 다는 등의 작업 과정이 있다. 그 첫 단계가 먼지를 털고 표면의 상태를 관찰하는 일인데, 오래된 나무판이라 먼지 속에 경판에서 떨어져 나온 작은 나뭇조각이 가끔 포함되어 있다. 털어낸 먼지를 모아 실체현미경으로 들여다보면서 이리저리 들추면, 1~2mm 정도의 작디작은 나무조각이 흔히 들어 있다. 먼지 속에서 보물을 찾은 셈이다. 이런 표본도 얻을 수 없을 때는 마구리와 연결된 경판의 끝 부분에서 머리카락 몇 올 굵기 남짓한 표본을 채집했다.

이제부터는 마이크로의 세계로 들어가야 한다. 광학현미경과 전자현미경을 붙잡고 오랫동안 씨름해야 하는 일은 나처럼 '나무조직학'이란 희귀한 공부를 하는 사람들의 업보이다. 물론 이런 표본은 크기가 너무 작아 분석 후 정확성에 문제가 생기고 다시 확인해야 할 경우가 많다. 그런데 이런 확인 작업을 할 수 있는 경판이 가끔씩 현신現身한다. 현신이란 석가모니가 어리석은 대중을 구하기 위해 자기 몸을 드러내는 일, 이런 고마운 경판과의 만남을 연구원들은 석가모니의 은덕이라고 즐거워한다. 보존 상태가 나빠 일부 썩은 부분이 있거나 마구리가 헐거워진 경판이 현신 경판이다. 손톱 크기에 이르는 행운의 큰 표본을 얻을 수 있기 때문이다. 이렇게 '머리카락 표본'과 '손톱 표본'을 서로 비교하면서 경판을 만든 수종을 찾아나간다.

팔만여 장에서 도대체 몇 장의 경판을 조사했는가? 국보로 지정된 문화재는 과학적인 조사도 중요하지만 그보다는 훼손 없는 완벽한 보존이 우선이다. 표본 수집에 제약이 따를 수밖에 없다. 여러 가지 표본선정

방법 중 무작위추출법random sampling이 있다. 말 그대로 선입견 없이 무작위로 표본을 선정하는 방법이다. 물론 난수표를 이용하는 완벽한 통계적인 방법을 사용할 수 없었다. 경판 209장, 마구리 27개, 나무못과 부위 불명 표본 8개 등 모두 244매를 대상으로 조사했다. 이 숫자는 팔만대장경판의 대표 수종을 말하기에 충분한 것은 아니다. 그러나 국보를 과학적인 조사 대상으로 삼은 탓에 어쩔 수 없었다.

이와 같은 방법으로 팔만대장경의 수종을 조사한 결과 다음의 〈표 1〉과 같은 분석 결과를 얻었다. 경판은 산벚나무 135장(64%), 돌배나무 32장(15%), 거제수나무 18장(9%), 층층나무 12장(6%), 고로쇠나무 6장(3%), 후박나무 5장(2%), 사시나무 1장(1%)의 비율을 보였다. 이처럼 경판을 만든 나무는 대부분 산벚나무와 돌배나무로, 표본 조사한 전체 나무의 79%를 차지했다. 이 결과는 전체를 조사한 것이 아니고 표본조사

〈표 1〉 팔만대장경판 구성 수종

(단위 : 장, %)

수종	경판 수량	경판 비율	마구리 수량	마구리 비율	나무못 외 수량	전체 표본 수량	전체 표본 비율
산벚나무	135	64	15	56	1	151	62
돌배나무	32	15	1	3	0	33	14
거제수나무	18	9	1	3	1	20	8
층층나무	12	6	3	12	1	16	6
고로쇠나무	6	3	1	3	1	8	3
후박나무	5	2	2	7	0	7	3
사시나무	1	1	0	0	0	1	1
소나무	0	0	2	7	1	3	1
잣나무	0	0	2	7	3	5	2
계	209	100	27	100	8	244	100

이므로 표본 숫자를 늘리면 수종별 비율에 다소 변동이 있을 것이다. 그러나 팔만대장경판의 대부분이 산벚나무와 돌배나무로 만들어졌음을 나타내는 지표로는 충분한 값어치가 있으며, 이는 '팔만대장경판 자작나무 제작설'의 일반 상식을 뒤엎는 것이다. 팔만대장경판은 결코 자작나무로는 만들어질 수 없다. 보다 상세한 내용은 뒤에서 설명하겠다.

벚나무 종류의 맏형 산벚나무

우리가 흔히 벚나무라고 부르는 나무에는 종류가 많다. 산벚나무, 올벚나무, 왕벚나무, 벚나무, 개벚나무, 섬벚나무, 꽃벚나무 등 20여 종이 우리나라에서 자란다. 봄날 화려한 꽃으로 앞산과 뒷산을 장식하는 산벚나무, 가로수로 흔히 심는 왕벚나무, 다른 벚나무보다 꽃이 먼저 피는 올벚나무 정도가 흔히 보는 벚나무들이다. 다른 벚나무는 식물학을 전공하지 않은 일반인은 이름을 들어본 적도 없고 좀처럼 구별해낼 수 없는 비슷비슷한 나무들이다. 이렇게 겉모습이 서로 속 빼닮았으니 나무 세포의 모양도 거의 구분이 안 될 만큼 비슷하다. 세포 모양으로 나무 종류를 찾아내는 목재조직학의 지식으로 벚나무 종류를 하나하나 구분하기는 어려우므로 경판을 새긴 벚나무의 대표를 산벚나무로 했다. 우리나라 산에서 가장 흔하게 만나는 벚나무가 산벚나무이며, 비교적 곧고 굵게 자라고 나무의 여러 특성이 경판을 새기기에 모자람이 없는 나무이기 때문이다.

산벚나무는 높은 산꼭대기가 아니면 전국 어디에서나 자란다. 크게 자라면 높이 20m, 지름이 거의 1m에 이르기도 한다. 일반적으로는 높이 10여m, 지름 50~60cm이다. 산벚나무를 잘라보면, 가운데는 짙은 적갈색인 심재心材가 대부분이고 바깥 부분은 색깔이 연한 변재邊材가

봄날 꽃핀 산벚나무

좁게 이어져 있다. 잘 썩지 않고 나무질이 좋은 심재 부분이 많으며 조직이 치밀하고 세포가 고르게 분포하여 전체적으로 고운 느낌을 준다. 비중이 0.6 정도로 너무 단단하지도 무르지도 않으며 잘 썩지도 않는다. 이런 특징은 경판재로서의 적합함을 보여주는 지표이다.

　대장경판의 대부분이 산벚나무로 이루어진 데는 그만한 또 다른 이유가 있다.

　첫째는 나무질에서 찾을 수 있다. 산벚나무의 세포를 현미경으로 관찰하면 물관이 하나의 나이테 안에 고루 흩어져 있는 전형적인 산공재이다. 물관은 하나씩 독립적으로 분포하거나 불규칙하게 2~3개씩 모여 있고 물관의 지름은 0.05~0.07mm 정도이다. 또한 물관 속은 대부분의 나무가 텅 비어 있는 모습과는 달리 갈색 진흙으로 채워 넣은 것처럼 막혀 있다. 이것은 여러 종류의 다당류가 결합된 고분자인 검gum 물질이라 하는데, 글자를 새긴 후 인쇄할 때 인쇄 품질을 좋게 하는 역할을 할 것으로 생각된다. 물관의 속이 비어 있으면 표면이 고르지 않아 먹물의 묻음이 일정하지 않게 되는 경향이 있으나 검 물질로 속이 막혀 있으면 이런 단점을 줄일 수 있다. 그 외 나무를 단단하게 해주는 목섬유 세포는 비교적 세포벽이 두껍고 하나의 나이테 안에서 치우침이 없이 고루 흩어져 있다. 살아 있을 때 양분의 이동과 저장을 담당하고 있던 축방향 유 세포도 양은 적지만 한 곳에 몰려 있지 않다. 방사 조직도 1~5세포가 방사 방향으로 배열해 있다.

한마디로 산벚나무는 경판을 새기기에 꼭 맞는 특성을 타고난 나무이다. 그렇다면 오늘날처럼 현미경이 있던 시절도 아닌데 선조들은 경판을 새기기에 좋은 특성을 지니고 있는 나무를 어떻게 알고 있었을까? 바로 경험과학의 힘이며, 역사 이래 면면히 이어져오던 나무를 다루는 우리 선조들의 기술이 만개했었던 것이라고 할 수 있다.

둘째는 아무리 경판 새김에 좋은 나무라도 깊고 높은 산 깊숙이 꼭꼭 숨어 있으면 그야말로 꿰지 않은 구슬인데, 산벚나무는 흔할 뿐더러 쉽게 찾을 수 있다. 바로 나무껍질의 독특함 때문이다. 대부분의 나무는 나무껍질이 세로로 갈라지지만, 산벚나무는 가로로 갈라진다. 나무줄기의 숨구멍인 피목皮目이 약간 진한 적갈색을 띠고 가로로 짧게 혹은 길게 분포한다. 따라서 멀리서도 다른 나무와 쉽게 구별하여 찾아낼 수 있다. 나라가 온통 몽고군에게 유린당한 당시로서 내놓고 나무를 베어 올 수도 없는 형편이었는데, 몰래몰래 한 나무씩 베기에도 안성맞춤이다. 또 이른 봄에 다른 게으른 나무들은 꿈쩍도 않을 때 분홍빛 꽃을 지천으로 피우니 껍질 특징이 아니라도 꽃으로 쉽게 찾을 수 있다.

현미경으로 본 산벚나무

관공管孔은 고립관공이거나 불규칙하게 2~3개씩 복합하여 나이테 전체에 고루 분포한다. 접선 방향 지름은 0.05~0.07mm 정도이다. 머리카락 굵기가 0.1mm 정도이니 그 반 남짓하다. 단천공單穿孔이며 도관 요소에는 검 물질이 관찰된다. 목섬유는 더 가늘어 굵기 0.02mm 남짓하다. 나선비후는 명확하고 바bar의 간격이 넓어서 현미경적인 특성이 비슷한 단풍나무 종류와 구별된다. 축방향유 조직은 산재상散在狀, 짧은 접선상 또는 종말상終末狀이다. 도관 상호 간의 벽공壁孔과 도관 방사 조직 간의 벽공은 불규칙한 유연벽공有緣壁孔이다. 방사 조직은 동성同性형과 이성異性 Ⅲ형이 주로 나타나며 이성 Ⅱ형도 관찰할 수 있다. 방사유 세포는 높이가 높으며 간혹 평복平伏 및 방형方形 세포 안에 있는 능형菱形 결정을 관찰할 수 있고 1~5세포 너비이다.

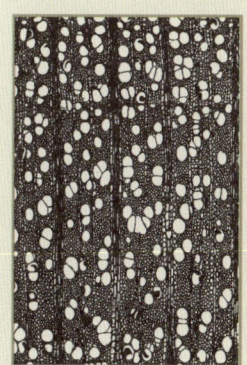  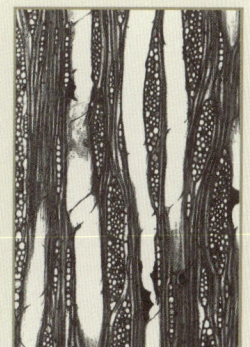

배나무 종류를 대표하는 돌배나무

돌배나무 종류인 돌배나무와 산돌배나무는 예부터 우리나라 산에서 자라는 나무이다. 우리가 먹는 굵은 배가 달리는 과수원에서 재배하는 참배나무는 이들을 개량한 원예 품종이다. 돌배나무는 주로 중부 이남에서 자라고 산돌배나무는 중부 이북의 보다 추운 지방에서 자라지만 경계가 명확한 것은 아니다. 둘 다 높이 10여 미터, 지름 한 아름 정도 자랄 수 있다. 돌배나무는 열매에 꽃받침이 없고 익으면 색깔이 조금 진한 갈색으로 되지만, 산돌배나무는 꽃받침이 달려 있고 노랗게 익는 것이 차이점이다. 그러나 실제로 돌배나무와 산돌배나무의 구별은 간단치 않다. 당연히 세포 모양으로 두 나무를 구별할 수 없으며, 대장경판을 만든 나무가 돌배나무인지 산돌배나무인지는 구분도 가능하지 않고 별다른 의미도 없다. 따라서 편의상 돌배나무로 나타냈다.

돌배나무는 산벚나무와 세포 배열이 비슷하다. 물관의 지름이 약간 작고 물관에 검 물질이 없으며, 비중이 0.73 정도로 산벚나무보다 약간 무겁고 단단한 편이다. 예부터 나무질이 좋아 가구재나 각종 기구로 널리 쓰였다. 산벚나무보다 구하기가 어렵고 나무의 굵기도 약간 가늘어 대장경판의 재료로 산벚나무만큼 많이 쓰이지 않은 것으로 보인다. 옛날부터 돌배나무는 과일나무로서의 값어치가 더 컸다. 배는 제사상의 맨 앞줄의 과일 중 하나가 될 만큼 사랑을 받아왔다. 이처럼 돌배나무는 사람들 곁에 가까이 있으면서 과일 이외에도 죽어서는 좋은 몸체를 대장경판의 재료로 보시해주는 고마운 나무이다.

《해인사 사적기》에 따르면 해인사의 창건 설화에 배나무와의 인연이 나온다. 다음과 같은 이야기이다.

신라 때 애장왕의 왕비가 등창이 났는데, 온갖 약을 다 써보았지만 효

돌배나무

험이 없었다. 임금은 깊은 산골에서 도를 닦는 기인을 비롯하여 병을 고칠 수 있는 성인을 찾아오도록 명령했다. 명을 받은 관리들이 전국을 헤매다가 가야산 꼭대기로 상서로운 기운이 뻗친 것을 보게 되었다. 발원지를 찾았더니 마침 가야산 아래서 도를 닦고 있던 순응과 이정 스님의 거처에서 나오는 것이 아닌가? 놀란 관리들은 두 스님을 찾아 같이 가기를 권하니 거절은 못하고 한 가지 방법을 일러주었다. 스님은 전대 속에서 분홍 실을 꺼낸 후 건네주면서 "이 실의 한 끝을 궁궐 후원에 자라는 배나무에 묶고, 다른 한 끝은 종기에 붙여놓으면 바로 나을 것이다"라고 했다. 관리는 한달음에 궁궐로 돌아와 그대로 했더니 배나무는 말라 죽어버리고 왕비의 종기는 깨끗이 나았다. 애장왕이 두 스님에게 은혜를 갚고자 하니 해인사를 세워주기를 청하므로 유명한 목수를 동원하여 나랏돈으로 절을 창건했다.

현미경으로 본 돌배나무

관공은 대부분 고립관공이고 외형이 약간 각형角形이다. 관공은 접선방향 지름이 0.04~0.05mm 정도이며, 나이테 전체에 고루고루 흩어져 있다. 목섬유의 굵기는 산벚나무와 마찬가지로 0.02mm 정도인데,

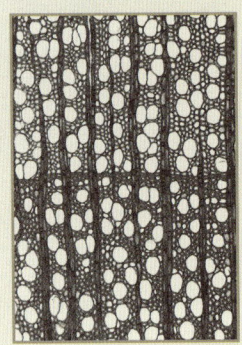  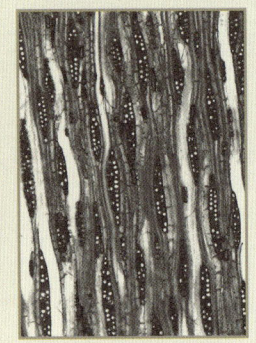

≫ 자작나무 제작설의 진실 혹은 거짓

다만 세포벽이 약간 두껍다. 단천공이고 도관에 드물게 나선비후가 있다. 축방향유 조직은 산재상 또는 짧은 접선상이고 축방향유 세포에는 쇄상의 능형 결정이 들어 있다. 방사 조직은 여러 열列의 평복 세포로 이루어진 동성형이고 평복 세포 안에 결정을 가지며 세포 높이가 낮고 너비는 1~3세포 정도이다.

자작나무 종류인 거제수나무

자작나무 종류에 속하는 주요 나무들은 자작나무, 거제수나무, 박달나무 및 물박달나무 등이다. 자작나무와 거제수나무는 하얀 껍질을 가지고 있어서 서로 비슷하다. 박달나무는 진한 갈색의 껍질이 비늘처럼 떨어지고, 물박달나무는 얇은 흑갈색 종이를 더덕더덕 붙여놓은 것 같은 독특한 껍질을 하고 있다. 자작나무, 거제수나무, 박달나무 및 물박달나무는 식물학적으로 아주 가까운 친척들이다.

자작나무는 백두산과 개마고원을 비롯한 북부 지방의 추운 곳에서 자라는 대표적인 넓은잎나무다. 나무껍질은 새하얀 얇은 종이를 켜켜이 발라놓은 것 같다. 자작나무를 흔히 볼 수 있는 곳은 시베리아 벌판이다. 광활하게 펼쳐진 눈밭에서 간간이 휘몰아치는 눈보라와 의연히 맞서서 쭉쭉 뻗은 늘씬한 몸매와 하얀 피부를 한껏 자랑하는 나무 미인들의 군상이 바로 자작나무이다. 껍질로 흔히 지붕을 이으며 화피옥樺皮屋이라고 부른다. 그뿐만 아니다. 자작나무는 거제수나무와 함께 이른 봄 줄기를 따라 위로 올라가는 생명수를 인간에게 빼앗긴다. 고로쇠나무처럼 물 빼먹은 나무이기 때문이다. 미네랄이 풍부하여 건강에 좋다는 이유로 자작나무는 몸통에 파이프가 박히는 아픔을 당한다. 그러고도 찬바람과 의연히 맞서 있어서 흰 껍질 때문에 다가오는 처량함과

자작나무

아울러 생명의 경외마저 느끼기도 한다.

자작나무는 흰 껍질의 특성을 살린 쓰임새와 나무로서 쓰임새를 갖는다. 두께 0.1~2mm 남짓한 흰 껍질은 매끄럽고 잘 벗겨지므로 종이를 대신하여 불경을 새기거나 그림을 그리는 용도로 사용되었다. 또한 껍질은 기름기가 많아 잘 썩지 않을 뿐만 아니라 불을 붙이면 잘 붙고 오래 간다. 자작나무의 한자 표기는 화樺 또는 백화白樺인데, 결혼식에 불을 켤 수 있는 나무란 뜻으로 화혼華婚이나 화촉華燭 등 남녀의 만남과 연관짓기도 한다. 높이 20m, 지름 1m까지 자랄 수 있는 큰 나무이며 기온이 영하 20~30℃ 정도 떨어지는 추운 지방의 대표적인 나무이다. 자작나무는 껍질만큼이나 몸속도 거의 흰빛에 가까운 연한 황갈색이고 균일하며 옹이 하나 없이 깨끗하다. 자작나무가 주로 자라는 북부 지방의 사람들은 이 나무를 쪼개어 너와집의 지붕을 이었으며 죽은 이를 껍질로 싸서 매장했다고 한다.

이렇게 자작나무에 대해 길게 설명하는 것은 지금까지 '해인사 팔만대장경판을 새긴 나무는 자작나무'라고 알려졌기 때문이다. 나는 경판을 만든 나무가 자작나무라는 이야기를 처음 들었을 때 고려인들은 참 멋쟁이라고 생각했다. 몽고의 말발굽 아래 온 나라가 유린당하는 처절함 속에서도 석가모니의 가르침을 한 자 한 자 새겨 넣을 경판 나무만은 하얗고 깨끗한 자작나무를 베어다 쓸 마음의 여유를 갖다니! 그러나 전자현미경이라는 첨단기기로 정밀 조사해본 결과 실망스럽게도 자작나무는 대장경의 새김 나무로 쓰이지 않았다. 식물학적인 입장에서 본다면 사돈의 팔촌도 넘는 산벚나무와 돌배나무가 대부분이었다. 현재 남한의 산 속에서 자연 상태로 자라는 자작나무를 만날 수 없다. 추운 곳을 좋아하는 나무의 특성상 한반도 중남부는 자랄 터가 아니다. 가로수나 일부러 심은 나무로 만날 수 있을 뿐이다.

거제수나무는 주변에서 흔히 볼 수 있는 나무는 아니다. 깊은 산골의 높은 산, 사람의 발길이 뜸한 숲 속에서 자기들만의 세상을 만들어 살아가는 나무이다. 하얀 껍질을 가졌으며 곧바르게 자라는 나무라 자작나무와 거의 구분할 수 없이 비슷하다. 그러나 가까이 가보면 얇은 껍질 하나하나가 종이처럼 벗겨지고 너덜너덜 할 때도 있어서 약간 다르다. 껍질의 색깔도 흰색을 자주 보지만 약간 황갈색을 띠는 것도 많다. 그래서 한자로 황자작이란 뜻으로 황화수黃樺樹이라고 하며, 황단목黃檀木라고도 부른다. 일본에서는 아예 자라지 않으며 중국 이름은 석화樺碩樺인데, 자작나무보다 더 크게 자란다는 뜻으로 짐작된다. 우리나라의 높은 산을 비롯하여 멀리 아무르 지방에 이르는 넓은 땅에 걸쳐 자란다. 얇고 흰 껍질로 몸을 감싸고 있어서 겨울 날 거제수나무를 보기가 애처롭다. 저런 얇은 옷 하나 달랑 걸치고 몰아치는 찬 바람을 어떻게 버티는지? 그러나 그런 걱정은 하지 않아도 좋다. 기름기가 많은 얇은 껍질로 수십 겹옷으로 만들어 입고 있으니 말이다. 자작나무가 북쪽 지방에서 자란다면, 거제수나무의 자람 터는 남쪽으로 조계산, 백운산, 지리산, 가야산에서 출발하여 소백산, 두위봉, 가리왕산, 오대산, 설악산으로 이어진다. 우리나라 중남부 지방의 높은 산으로 알려진 유명한 산 대부분이 거제수나무의 안식처이다. 하지만 산 밑자락부터 자리 잡는 일은 흔치 않다. 적어도 중간 이상의 높은 지대를 좋아한다. 거제수나무의 90% 이상이 표고 600m보다 더 높은 곳에서 자라며 1,000m 전후가 가장 좋아하는 자람 터라고 한다.

자람의 방식도 혼자가 아니라 형제자매를 주위에 거느리고 함께 터전을 잡는다. 능선보다는 바람막이가 있으면서 땅 힘이 좋고 경사가 급하지 않은 곳을 좋아한다. 작게는 30~40그루, 많게는 수백 그루가 무리를 이룬다. 그래도 거제수나무 무리는 소나무나 전나무처럼 철저히 자기들끼리만 살아가겠다고 다른 나무가 들어오는 것을 엄격히 통제하는 얌체는 아니다. 동족 사이사이에 사촌나무인 물박달나무나 박달나무, 사스래나무가 끼어들어도 탓하지 않고, 물푸레나무·신갈나무·산벚나무 등 족보가 한참 먼 나무가 근처에 와도 별로 탓하지 않는다. 무리는 이루지만 이웃과 함께 살아가야 한다는 평범한 진리를 알고 있다. 그러나 어쩌다 피해를 받아 동족을 모두 잃어버리고 한두 그루씩 고군분투하는 거제수나무가 만나기도 한다.

거제수나무는 크게 자라면 높이 30m, 굵기 두 아름을 넘는다. 자작나무 종류 중 크게 자라는 나무의 하나이다. 4월 말이나 5월 초쯤의 곡우 때가 되면 사람들은 거제수나무의 줄기에 구멍을 뚫고 파이프를 꽂아 물을 받아 마신다. 곡우물이라는 이 물을 마시면 병 없이 오래 산다고 전해지고 있다. 선조들은 여기에다 재앙을 쫓아낸다는 뜻을 하나 더 부여하여 거제수나무를 '거재수去災水'로 표기하기도 했다고도 한다. 또 하나의 한자 이름 혼란이 있다. 거제수나무를 '巨濟樹'라고 쓰고 거제도와 관련짓는다. 그러나 우연히 이름이 같을 뿐 아무런 관련이 없다.

박달나무는 전국 어디의 계곡 등 비교적 비옥한 곳에 널리 분포한다. 설화에 등장하는 도깨비방망이는 대부분 박달나무로 만들었으며 다듬이, 방망이, 홍두깨 등 단단한 나무의 대명사는 박달나무이다. 경북 지방의 양반가에 보관된 조선 후기 목판의 상당 수가 박달나무로 제작되었는데, 다른 나무에 비해 내구성이 크기 때문인 것으로 생각된다.

물박달나무는 나무껍질의 모양이 마치 종이를 더덕더덕 붙여놓은 것

거제수나무 껍질 모습과
거제수나무 숲

같은 나무로서 원래는 강원도 이북에 자라는 한대성 나무이다. 남부 지방에도 단목單木으로 자라기는 하나 분포 중심지에서 멀리 떨어져 있으므로 자람이 좋지 않아 크고 좋은 나무가 거의 없다.

지금까지 설명한 자작나무 종류 중에 팔만대장경판의 제작에 쓰일 수 있는 나무는 자작나무나 거제수나무 및 박달나무 중 어느 하나일 것으로 짐작할 수 있다. 그러나 세포의 모양이나 배열 상태만으로 이 세 나무 중 어느 것인지를 찾아내는 일은 간단치 않다. 나는 1993년 팔만대장경판 표본을 정한 이후 10년 넘게 이들의 분류 작업을 계속해왔다. 최근 내가 내린 최종 결론은 자작나무나 거제수나무 중 어느 하나로 압축할 수 있었다. 이렇게 복수로 이야기하는 것은 세포 모양으로는 두 나무의 구분이 불가능하다는 뜻이다. 다른 쪽에서 접근해보아야 한다.

그런데 자작나무가 자라는 지역은 백두산 원시림을 비롯한 북한 내륙의 고산 지방, 중국의 북동부, 사할린에서 시베리아에 걸쳐 있다. 추운 곳을 좋아하는 한대 수종이기 때문이다. 이런 자작나무의 천연 분포 지역은 경판을 만들던 750년 전이나 지금이나 마찬가지일 것이다. 만약에 자작나무를 베어다 경판을 만들었다고 가정한다면, 생각해볼 수 있는 지역은 북한 내륙의 고산 지방이다. 벌채한 나무는 압록강이나 대동강에 뗏목을 띄워 황해로 내려와 강화도로 가져와야 한다. 우리가 알고 있는 고려 역사의 상식으로는 대장경판을 새길 당시 몽고군에게 수도 개성을 비롯한 육지를 점령당하고 있었다. 따라서 이런 가정은 성립되지 않는다. 또한 이렇게 위험을 무릅쓰고 꼭 자작나무를 가져다 새겨야 할 이유가 있는 것도 아니다. 비슷한 품질을 가진 산벚나무나 돌배나무 등 다른 나무들로도 새김에 아무런 문제가 없기 때문이다. 따라서 자작나무는 결코 경판에 사용될 수 없는 나무임을 알 수 있다. 결국 대장경판을 만드는 데 쓰인 자작나무 종류는 거제수나무로 최종 추정할 수 있다.

현미경으로 본 거제수나무

관공은 고립관공과 2~6개의 방사복합관공으로 이루어진다. 고립관공의 접선방향 지름은 0.08~0.1mm 정도이고 고립관공의 외형은 약간 각형이다. 관공은 나이테 안에서 고루 분포하며 가끔 방사성의 경향도 있다. 도관 상호 간 벽공은 매우 크기가 작은 유연벽공이 서로 유합癒合해 있는 독특한 형태를 나타내므로 비슷한 다른 수종과 주요한 구별점이 된다. 도관 방사 조직 간 벽공 역시 도관 상호 간 벽공과 비슷한 형태의 유연벽공이 전체 방사 조직에 걸쳐서 관찰된다. 계단상 천공을 가지며 바bar의 수는 10~15개이다. 방사 조직은 주로 동성형이고 1~3세포 너비이다. 거제수나무 *Betula costata*와 자작나무 *Betula platyphylla* var. *japonica*로 대표되며 목재조직 특징만으로는 두 수종의 구분이 불가능하다.

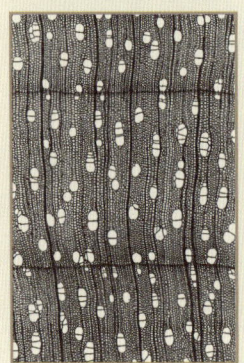 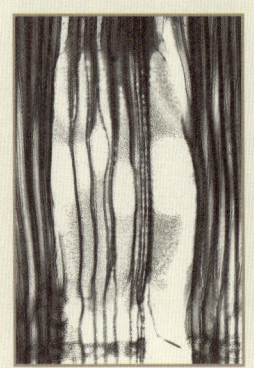 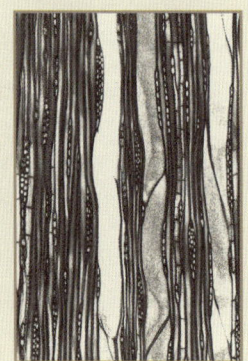

후박나무 종류의 대표 후박나무

대장경판 새김 나무에는 자라는 곳이 남해안 지방인 나무가 일부 들어 있다. 대장경판을 어디서 새긴 것인지에 대한 논란이 있는 현실에서 이런 나무들은 중요한 의미가 있다. 후박나무는 남해안이나 다도해의 섬 지방, 제주도에 걸쳐 자란다. 겨울날 남부 지방을 여행하다 보면 잎이 두껍고 짙푸르며 윤기가 흘러 마치 흔히 보는 감나무의 작은 잎처럼 생긴 상록수를 만날 수 있다. 이 나무가 후박나무로서 추위에 약하여 내륙으로 들어오면 거의 자라지 못한다.

후박厚朴나무는 이름 그대로 인정이 두텁고 거짓이 없다는 뜻이 들어 있다. 거제수나무처럼 산 속 깊숙이 자라는 것이 아니라 사람들 곁에서 그들의 애환을 말없이 지켜보던 남해안의 흔한 나무 중 하나였다. 나무의 껍질은 오래되어도 갈라지지 않고 매끄러워 나무를 보는 느낌도 편안한 나무이다. 다 자라면 높이는 20m, 지름이 거의 1m까지 달하기도 하는 큰 나무이다. 목재는 옅은 갈색이고 결이 약간 어긋나기를 하나 나무질이 좋아 널리 쓰인다. 비중은 0.6 정도로 적당히 부드럽고 질김이 있어서 글자 새김에 적당하다. 물관의 배열이 고른 산공재이며 기름세포라는 다른 나무에서는 찾을 수 없는 특별한 세포를 가지고 있다. 녹나무 함께 기름 세포에 들어 있는 후박나무의 장뇌樟腦

후박나무. 인가와 멀지 않은 산에서 아름드리로 자란다.

성분은 벌레의 침입을 막는 역할을 해주므로 가구를 비롯해 여러 용도로 쓰였다.

그러나 후박나무의 옛 쓰임새는 주로 약재였다. 껍질을 벗겨 위장병을 다스리는 데 쓰였다. 《세종실록 지리지》에 실린 생산지를 보면 전라도, 경상도, 제주도에 한정된다. 옛날에는 아름드리나무가 꽤 있었을 것이나 껍질이 약재인 탓에 지금은 천연기념물로 지정된 몇 나무 이외는 큰 나무를 볼 수 없다.

현미경으로 본 후박나무

관공은 대부분 고립관공이지만 드물게 2~3개씩 복합하며 산공재이다. 도관 벽이 후벽인 특징이 있으며 단천공이다. 축방향유 조직은 1~2층 세포로 이루어져 도관의 주위를 둘러싸고 있다. 도관 방사 조직 간 벽공은 원형 내지 타원형의 벽공이 존재하며 드물게 계단상을 나타내기도 한다. 방사유 세포에는 방사단면 혹은 접선단면에서 방사 조직의 가장자리에 독특한 기름세포 oil cell가 관찰되는 것이 이 수종의 주요 특징이다. 방사 조직은 동성형과 드물게 이성 III형이 관찰되며 1~2세포 너비이다.

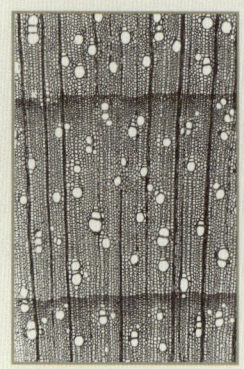  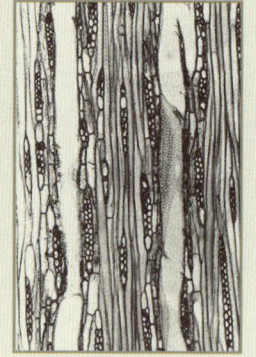

》 자작나무 제작설의 진실 혹은 거짓

층층나무 종류의 대표 층층나무

여름 날 숲에서 나뭇가지가 층층으로 달려 있는 나무가 혼자 우뚝 솟아 있는 것을 볼 수 있다. 바로 층층나무이다. 전국에 걸쳐 자라는 낙엽활엽수 큰나무로 키가 20m, 지름이 한 아름에 이르기도 한다. 키 자람이 주위에 있는 다른 나무보다 훨씬 빠르고 쑥쑥 올라가면서 가지가 넓게 퍼진다. 혼자서 태양빛을 독차지하겠다는 놀부 심보를 가진 나무라 이름도 섬뜩하게 폭목暴木이라 부르기도 한다. 층층나무 종류에는 산딸나무, 말채나무, 층층나무 등이 있는데, 경판 새김에 쓰인 나무는 층층나무일 가능성이 높다.

층층나무의 목재는 안팎의 구별 없이 연한 황백색이며 나이테가 잘 보이지 않고 나무질이 비교적 치밀하다. 물관의 크기가 일정하고 나이테마다 고루고루 분포하는 산공재이다. 특별한 쓰임은 알려져 있지 않은 숲 속의 평범한 나무이다. 나무 속살이 깨끗하고 단단함도 적당하여 글자 새김 나무로서 흠 잡을 것은 없으나 많은 양을 구할 수 있는 나무는 아니다. 다른 용도로도 잘 쓰이지 않은 층층나무가 대장경판이 된 것은 일시적으로 적당한 나무가 부족할 때 부분적으로 적은 양이 사용된 것으로 생각된다.

층층나무

현미경으로 본 층층나무

관공은 고립관공이거나 2~3개씩 방사방향으로 복합한다. 관공의 수가 많고 나이테 전체에 고루 분포한다. 고립관공의 바깥 모양은 약간 각형이고 접선방향의 지름은 0.08~0.09mm 정도이다. 도관 상호 간 벽공은 대상벽공이 명확하며 도관 방사 조직 간 벽공은 전체 방사 조직에 분포한다. 축방향유 조직은 산재상 또는 짧은 접선상이다. 계단상 천공을 가지며 바의 수는 약 30~40개에 이른다. 방사 조직은 이성 II, III형이며 1~4세포 너비이다.

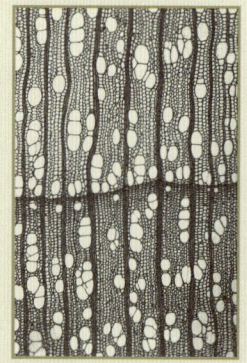 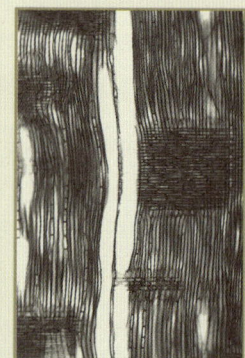 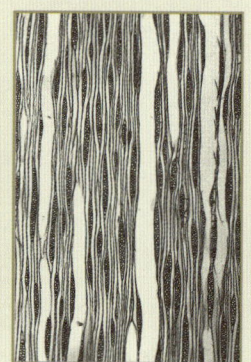

단풍나무 종류인 고로쇠나무

우리나라에는 약 25종류의 단풍나무가 자란다. 단풍나무 종류는 전국 어디에서나 볼 수 있다. 나무 재질이 좋아 가을 단풍보다 몸체가 훨씬 쓸모가 많은 단풍나무도 여럿 있다. 가을에 붉은 잎으로 물드는 진짜 단풍나무를 비롯하여 수액을 채취하는 고로쇠나무, 높은 산에 주로 자라는 복자기나무 등이 단풍나무 종류이다.

≫ 자작나무 제작설의 진실 혹은 거짓

단풍나무는 비중 0.6~0.7 정도로 비교적 단단한 편이며 약간 질긴 성질까지 갖고 있다. 물관이 고루 분포하는 산공재이다. 옛날에는 소반, 간단한 기구, 목판 제조 등에 이용됐고 요즈음은 피아노의 액션 부분을 비롯하여 테니스 라켓, 볼링 핀으로 쓰이며 체육관의 바닥재로는 최고급품으로 친다. 대장경판에 쓰인 단풍나무 종류는 주로 고로쇠나무인 것으로 보인다. 대장경판 이외에도 조선 시대 양반가의 문집 목판 중 상당 부분, 그리고 충남 갑사에 보관 중인 보물 제582호 선조 2년간 월인석보판목 등을 단풍나무 종류로 만들었다.

현미경으로 본 고로쇠나무

관공은 고립관공이거나 2개 내지 수 개씩 복합하는 것도 섞여 있으며, 나이테 전체에 산재한다. 관공의 접선방향의 지름은 0.07~0.08mm 정도로 비교적 크며, 고립관공의 외형은 약간 각형이다. 단천공이며 도관 벽에는 가늘고 촘촘한 나선비후가 있다. 도관 상호 간의 벽공은 교호상의 유연벽공이 관찰되며, 도관 방사 조직 간 벽공은 원형 내지 타원형의 유연벽공으로 방사조직의 상하단에 명확하다. 방사 조직은

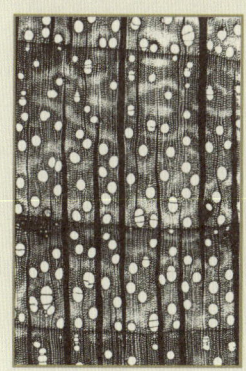
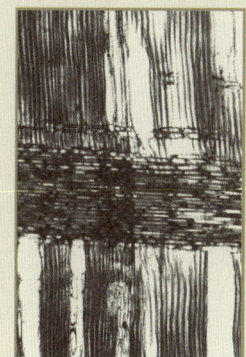
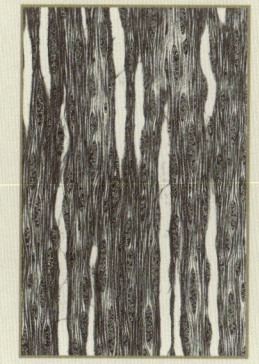

여러 열의 평복 세포로 이루어진 동성형이다. 방사유 세포는 세포 높이가 낮고 너비는 1~5세포 정도이다. 축방향유 조직은 2~3세포 너비의 종말상이고 유세포에 쇄상의 결정과 수반점이 관찰된다. 단풍나무 종류에서 교목으로 크게 자라는 수종은 고로쇠나무 *Acer mono*, 단풍나무 *Acer palmatum*, 복자기나무 *Acer triflorum*가 있다.

이 밖에도 대장경판을 만드는 데 사용한 나무에는, 조사 경판 중 1판에 불과하지만 사시나무 종류가 있다. 재질이 너무 약하여 경판 새김에는 적합하지 않다. 따라서 처음부터 경판재로 선택된 것이 아니라 막대한 양의 나무를 벌채·운반하는 과정에서 나무를 잘못 알았거나 갑자기 대용 나무가 필요하여 쓰인 것으로 보인다.

나는 사시나무로 경판을 만든 이유에 대해 상상의 나래를 펴본다. 수많은 경판을 새기느라 피로에 지친 새김이가 마감 시간을 앞두고 '돌이킬 수 없는 실수'를 했다. 전체를 총괄하는 스님으로부터 혼이 나지 않으려면 이유를 불문하고 시간에 맞추어야 한다. 사시나무 종류는 주변에 흔하여 손쉽게 나무를 베어 판을 만들 수 있다. 금세 찾아내어 판을 만들고, 건조도 빨리 시킬 수 있는 나무로는 사시나무가 제격이다. 벼락치기로 경판을 새겨 다른 경판 사이에 한 장을 끼워 넣는다고 해서 들킬 염려도 거의 없다.

여기서 '종류'란 말에 대한 이해가 필요하다. 우리가 소나무, 잣나무, 떡갈나무 등으로 부르는 것은 종種이 다르다는 뜻이다. 식물학적으로 종을 구분하는 기준은 꽃인데, 꽃 모양이 다르면 별개의 종으로 구분한다. 그래서 비슷한 꽃모양을 가지면 가까운 친척 종으로 간주한다. 몇

단풍나무 중에는 비교적 굵게 자라는 복자기나무

가지 종은 묶어서 속屬이라고 한다. 마찬가지로 비슷한 속을 묶어서 과科라고 부른다. 그러나 나무의 세포 모양을 보고 무슨 나무인지 알아내는 방법은 꽃으로 종을 구분하는 방법과 비교하면 기본적인 한계가 있다. 나무줄기 몸체에서 떼어낸 세포 모양을 보고 찾아내는 방법이니 정확한 종 구분의 어려움은 태생적인 한계다.

그래서 세포 모양으로 무슨 나무인지를 구분하는 목재조직학에서는 '종류' 혹은 '류類'라는 말을 쓴다. 정확하게 식물분류학 단위인 속과 완전히 일치하지 않지만 비슷한 성질을 가진 나무들의 묶음을 나타내는 말이다. 따라서 자작나무 종류란 말은 자작나무, 거제수나무, 사스래나무, 박달나무, 물박달나무 등에서 어느 나무인지 확정짓기 어렵다는 뜻이다. 자작나무와 자작나무 종류는 전혀 다른 뜻임을 분명히 밝혀두고자 한다.

◎ 팔만대장경판과 자작나무

앞에서 살펴본 것처럼 나무의 분포 지역으로 보아 팔만대장경판 새김에 쓰인 나무가 식물학적으로 말하는 진짜 자작나무일 가능성은 거의 없다. 그러나 '팔만대장경판은 자작나무로 만들었다'고 널리 알려져 있다. 각급 학교의 교과서는 물론 대장경 관련 대부분의 문헌에는 '자작나무 제작설'을 그대로 받아들인다. 심지어 해인사 수다라장의 관람 통로 안에 있는 경판 제작 표본 나무도 자작나무라고 소개하고 있다. 과학적인 조사 결과에서도 자작나무가 아니고, 제작 당시의 역사적인 배경과 나무의 자람 터를 보아서도 결코 자작나무일 수는 없다. 팔만대장경판

≫ 자작나무 제작설의 진실 혹은 거짓

수다라장 관람 통로의 경판과 자작나무 표본

자작나무 제작설이 왜 이렇게 질긴 인연으로 계속 이어지는지 그 과정을 알아보자.

20세기 초에 들면서 서지학자를 중심으로 대장경판에 관심을 가진 연구자들이 현대 학문의 체계를 도입하여 연구하고 논문을 발표했다. 몇 연구자의 논문 내용에서 경판 나무 관련 부분을 살펴보자.

해인삼매는 〈내 본산 자랑―해인사의 장경각과 경판〉이라는 글에서 "경판의 전면에 칠을 하고 용재는 백화(자장나무)인데 제주도, 완도, 거제도 등에 산출한 것이라 한다"고 했고, 한용운은 〈해인사 순례기〉라는 수필에서 "체재로 말하면 백화(자작나무 혹은 거재나무)의 질인데……"라고 했으며, 이기영은 〈고려대장경, 그 역사와 의의〉에서 "목재는 제주도, 완도 및 거제도산인 자작나무를 썼는데……"라고 했다. 또한 이능화는

〈이조불교사〉에서 "용재는 장목樟木(조선에서는 후박이라 칭함. 제주도, 완도, 거제도, 울릉도에서 생산)인데……"라고 했고, 조명기는 〈국보고려대장경의 가치〉에서 "용재는 제주도, 완도, 거제도, 울릉도 등지에서 산출하는 후박厚朴, 樺(자작나무 혹은 거재나무라고도 함)이다"라고 언급했으며, 서수생은 〈가야산 해인사 팔만대장경 연구〉에서 "용재는 백화인데 자작나무라고 한다. 일명 거제나무라고도 한다. 이 나무는 제주도, 완도, 거제도, 울릉도 등지에서 많이 생산된다"라고 했고, 지관 스님은 《가야산 해인사지》에서 "거제도 등지에서 자작나무白樺木 일명 거제목巨濟木을 찍어서……"라고 서술하는 등 예를 들자면 끝이 없다.

이처럼 많은 연구자들이 대장경판을 만든 나무는 자작나무라고 주장했고 몇몇은 후박나무라고 했다. 그러나 믿을 만한 다른 문헌에서 인용한 것인지, 직접 실험한 것인지를 밝히지 않아 주장의 근거를 알 수 없다. 또한 나무의 이름은 물론 나무의 자람 터나 특징을 설명한 내용이 오늘날 우리가 알고 있는 식물학 상식과는 전혀 맞지 않다. 심지어 늘푸른활엽수인 후박나무와 낙엽지는 활엽수인 자작나무를 혼동하고 있는 정도이다. 이러한 글들이 그대로 받아들여져서 대장경판 자작나무 제작설의 진원지가 되었다. 일부에서는 이능화·조명기의 주장에 따라 대장경판은 모두 후박나무로 만들었다고도 알려져 있다.

어째서 이런 혼란이 생겼을까? 첫째, 자작나무의 한자 표기에서 혼란이 발생했다. 오늘날 우리가 알고 있는 '樺(화)'는 자작나무이다. 그러나 옛 문헌의 樺는 자작나무 종류일 경우도 있고 벚나무 종류일 경우도 있다. 한 마디로 선조들은 자작나무와 벚나무를 명확히 구분하지 않고 같은 樺로 표현한 경우가 많았다. 이유는 두 나무의 껍질이 종이처럼 얇게 벗겨지는 특징을 살려 활을 만들거나 나무그릇의 바깥을 매끄럽게 하는 데 사용하는 등 같은 쓰임새를 가졌기 때문이다.

《조선왕조실록》세종 10년(1428) 6월 9일조를 보면, 함경도 경차관 정분이 물난리를 아뢰는 내용 중에 "경성 관아의 문 앞에 버드나무가 있었는데, 하루는 갑자기 하늘이 어두워지고 공기는 찌는 듯이 뜨겁더니, 베필布匹 같은 한 물건이 공중에서 길게 쭉 뻗치어 내려왔습니다. 바로 불타는 화피樺皮이었습니다. 버드나무가 그 열기에 부딪혀 죽었다고 합니다"라는 기록이 있다. 여기서의 화피는 자작나무 껍질을 말하는 것으로 추정된다. 왜냐하면 함경도는 자작나무가 널리 자라는 북쪽 지방이고, 자작나무 껍질에는 기름기가 많으므로 불에 잘 탈 수 있어서이다.

그러나《세종실록》오례五禮의 활·화살 관련 기록은 "붉은 칠을 한 활은 '동궁'이라 하고, 검은 칠을 한 것은 '노궁'이라 한다. 혹은 화피樺皮로써 바른다"라고 되어 있다. 또한 나무 박사 임경빈은 《임원경제지》에서의 화는 자작나무에 대한 것과 벚나무에 대한 것을 함께 수록하고 있다"라고 지적했다. 그 외에도《본초강목》을 보면 "화는 산도山桃와 비슷하여 색은 황색이고 분홍의 작은 반점이 있다. 나무껍질은 두껍고 부드러우며 신발의 뒤창에 붙이고 때로는 칼집에 이것을 쓴다. 또 말안장이나 활을 싸기도 하고 껍질은 밀랍을 감아서 초를 만들어 불을 붙이기도 한다"는 내용이 있다. 이때의 화는 자작나무로 볼 수 있으나 벚나무 껍질도 비슷한 쓰임이 있으므로 어느 쪽인지 명확하지 않다고 했다. 서호수는《해동농서》에서 "화는 깊은 산중에 나는데 이것을 뜰에 옮겨 심을 수 있고 크게 자란다. 3월에 엷은 분홍색의 꽃이 피고 열매를 맺는데 열매는 처음에는 푸르나 뒤에는 분홍색으로 된다. 앵두와 거의 같은 시기에 익는데 일본 사람들은 이 꽃을 무척 소중하게 여긴다"라고 했는데, 이때는 화는 벚나무이다. 이처럼 여러 문서에서 옛 사람들은 자작나무와 벚나무를 같은 글자인 '樺'로 표기하여 뒤섞어 사용했다.

그러나 일반적으로 '樺'를 벚나무 종류로 알고 있는 경우는 드물며 대부분은 자작나무로 알고 있다. 지금까지 알려지지 않은 대장경판의 재질을 기술한 옛 문헌의 어딘가 벚나무 종류로 만들었다는 뜻으로 '화목樺木'이란 표기가 있었거나 구전으로 화목이라고 알려졌을 것이다. 그러다 근세에 들어 대장경판 연구자들이 '樺'가 벚나무 종류가 될 수도 있음을 미처 알지 못하고 '자작나무 화樺'로 의심 없이 번역함으로써 대장경판의 재질이 자작나무로 알려지지 않았나 생각해볼 수 있다.

두 번째의 추정은 거제목巨濟木이라는 거제도에서 생산된 나무란 의미가 거제수나무로 변형된 과정에서 찾아볼 수 있다. 거제도는 기후나 지형적으로 보아 예부터 좋을 나무가 많이 자랄 수 있었다고 생각된다. 시대적으로 팔만대장경판의 경판을 새긴 시기와는 맞지 않아 전설처럼 알려지고 있는 〈해인사대장경판개간인유〉의 이거인 관련 기록에는 거제목으로 경판을 만들었다는 내용(羅王招致工匠亦運梓板於巨濟島成列不止時入指云杞梓皆稱巨濟木至今仍名焉)이 실려 있다. 대장경판을 새길 당시에도 몽고군에게 유린된 육지보다는 수집과 운반이 손쉬운 거제도, 남해도, 완도, 진도, 멀리는 제주도에 이르기까지 섬 지방에서도 많은 나무가 조달되었을 것이다. 거제목이란 거제도에서 나오는 나무란 일반명사일 뿐 거제수나무라는 특정 수종을 나타내는 말은 아니다. 거제도에서 가장 높은 가리산은 580m에 불과하다. 또 거제수나무는 이렇게 따뜻한 남부지방에서는 자라지 않는다.

그런데 〈해인사대장경판개간인유〉에서 거제목을 인용하면서, 거제도의 거제수巨濟樹를 실제의 거제수나무와 혼동한 것이다. 자작나무와 거제수나무는 나무껍질이 종이처럼 벗겨지는 모양이 거의 비슷하여 구분이 어렵다. 한자로도 자작나무를 화, 거제수나무를 황화로 엄밀히 구분하지 않고 그냥 같은 '화'라고 표기하는 경우도 많다. 따라서 거제목이 거제수를 거쳐 자작나무로 알려진 계기가 된 것으로 추정한다.

다시 새기는 팔만대장경

왜 팔만대장경을 새겼을까? 또한 얼마만한 나무가 사용되었을까?

그 제작 과정을 추적해보자.

송나라의 북송칙판대장경을 기틀로 초조고려대장경과, 이어서 의천의 교장을 만들면서 불교 국가인 고려의 임금과 국민은 온 정성을 다 바쳤다. 이렇게 만들어진 경판은 중국, 우리나라, 일본의 동양 삼국은 물론 불교의 발상지인 인도를 포함하여 세계 어디에 내놓아도 전혀 손색이 없는 자랑할 만한 우리의 문화유산이었다.

　초조대장경을 새기면서 침략군 거란이 물러가자 이를 기적이라 여긴 고려인은 부처의 은덕을 가슴 깊이 새겨두는 것으로 만족한 것 같다. '부처님 감사 대회'라도 열어봄 직하건만 새롭게 교장까지 새기고도 조용히 내실을 다지고 있었을 뿐이다. 이후에도 마찬가지였다. 고려 역사에서 대장경에 관한 기록을 보면 예종·인종·의종·명종 때 도량道場을 궁중에서 열었다는 정도이고, 다시 대장경 새김 기념사업을 크게 한 흔적은 보이지 않는다. 중국 대륙에서 벌어지는 크나큰 정치적 변동을 조용히 지켜보고 있었던 시대였다.

　아시아 대륙의 한 귀퉁이를 차지하고 있는 우리나라는 항상 중국 대륙의 정치적 변동에 국가의 흥망이 달려 있는 현실은 예나 지금이나 마찬가지이다. 대륙의 야심만만한 정복자들은 한반도에서 평화롭게 오순도순 살아가는 고려를 그대로 놓아두지 않았다. 1231년(고종 18) 8월 몽고 태종의 명령을 받은 살리타는 압록강을 넘어 청천강 이북의 여러 성을 함락시켰다. 이어서 12월에는 수도 개경까지 단숨에 밀고 내려와 온 나라를 하루아침에 쑥대밭으로 만들어버렸다. 이후 약 30여 년 동안 일곱 차례에 걸쳐 몽고의 고려 침략이 이어졌다.

개경이 몽고군에 포위되는 위급한 상황에 이르자 고려 조정은 치욕을 무릅쓰고 화해를 청하여 간신히 평화 조약을 맺었고, 다음 해 1월 몽고군이 철수했다. 당시 권력을 잡고 있던 최우는 기마전에는 당할 자가 없으나 수전水戰에 약하다는 몽고군의 약점을 간파하여 서울을 강화로 옮기고 주민은 산간오지와 섬으로 피난시켜 결사 항전에 들어갔다. 그러나 이때의 고려 조정은 최충헌에서 이어져온 수십 년의 무신정권이 부패하여 민심을 얻지 못하고 있었다. 강화 천도 자체가 집권세력의 안녕을 도모한 데 불과하여 민심은 완전히 조정을 떠나 있었다. 강화 천도를 빌미 삼아 몽고군은 같은 해 가을 다시 살리타를 선봉으로 세워 2차 침입을 감행했다. 고려 조정은 변변한 대응 한 번 하지 못했고, 수도 개경을 위시한 전 국토가 몽고군의 말발굽에 처참하게 짓밟혔다. 1·2차 몽고 침략 이후에도 1254년까지 7차에 이르는 침략을 받으면서 처참한 백성의 삶은 도저히 눈뜨고 볼 수 없는 지경에 이르렀다.

◎ 경판 새김의 전말

1231년은 고려가 몽고군의 말발굽 아래 처절하게 유린된 첫 해였다. 이후 몇 차례의 침입에 저항다운 저항 한 번 제대로 못해보고 고려 조정은 강화도로 도망가버린다. 육지에 남겨진 백성은 아무런 보호도 받지 못한 채 온갖 고초를 겪을 수밖에 없는 처지에 놓이게 되었다. 그야말로 국가 존망의 위기였다. 이럴 때는 병기를 만들고 군사를 훈련시켜 침략군을 물리칠 방도를 찾는 것이 지도자가 선택해야 할 올바른 길이다.

그러나 무신정권의 우두머리 최우는 지금의 상식으로는 도저히 이해할 수 없는 엉뚱한 계획을 세웠다. 몽고군의 침략으로 하루아침에 불타 없어져버린 초조대장경을 다시 새기자는 것이었다. 최우를 비롯한 집권세력은 백성의 마음을 한 곳에 모을 커다란 이벤트가 필요했던 것이다. 영문도 모르고 전쟁에 휩싸인 고려의 불쌍한 백성은 믿을 곳도 의지할 곳도 없는 절망의 현실에서 무엇을 어떻게 해야 할지 모르는 상황이었다. 참담한 현세에서 그래도 희망을 가질 수 있다면 불교에서 말하는 극락왕생의 유토피아였다. 그때까지 유일한 종교였던 부처에게 의존할 수밖에 없었다. 그럴 즈음 집권세력은 '불타버린 대장경을 다시 새기자!'는 깃발을 높이 들었던 것이다.

이보다 앞서 초조대장경을 새기자 공교롭게도 거란군이 물러갔으므로 이 슬로건은 백성의 지지를 얻을 수 있었을 것이다. 이 같은 종교적인 믿음은 없어진 초조대장경판을 다시 새긴다는 엄청난 일을 시작하는 원동력이 되었다. 드디어 나라의 곳곳에서 나무를 베고 톱질하고 대패로 다듬어 대장경을 나무판에 새기기 시작했다. 그러나 대장경을 다시 새겨 부처의 힘으로 몽고군을 내몰자는 것은 표면적인 이유였을 뿐, 실제로는 정치적인 계략이 숨어 있었다. 이것을 역사학자 문경현은 "최씨 무신정권의 안보와 강화 천도의 합리화, 정권의 수탈체계 유지와 사상세계의 장악, 민심의 수습과 일체감의 강조에 참 목적이 있다"라고 표현했다. 북한 학자들은 한 걸음 더 나아가 "불교 교리를 선전하며 부처의 힘을 빌려 외적을 물리친다는 종교적인 미신에 기인한 일"이라는 극단

≫ 다시 새기는 팔만대장경

적인 평가를 하고 있다.

비판적인 시각에서 본다면 경판을 새겨 부처의 힘으로 외적을 물리치겠다는 소극적인 자세를 나무랄 만도 하다. 그러나 불교 국가인 고려인의 경판에 대한 종교적인 신뢰와, 절망의 구렁텅이에서 오직 내세밖에 희망이 없었던 당시의 상황을 오늘날의 잣대로 단순히 판단하기는 어려울 것 같다. 어쨌든 최우를 비롯한 당시 지도자들의 진짜 속마음은 알 길이 없고, 전쟁 중에 국가의 모든 힘을 경판 새기기에 기울인 공식적인 이유는 《동국이상국집》에 실려 있는 이규보의 〈대장각판군신기고문大藏刻板君臣祈告文〉에 잘 나타나 있다.

임금은 태자와 재상을 비롯한 문무백관과 더불어 목욕재계하고 향을 피우며, 먼 하늘을 우러러 온 누리에 무량하신 여러 보살님과 천제석天帝釋을 비롯한 삼십삼천三十三天의 모든 불법을 지키는 영관靈官에게 비옵나이다. 몽고군이 우리에게 가한 난동질이 너무 잔인하고 흉포하여 어찌 말로서 나타낼 수가 있겠습니까? 세상의 망나니는 다 모아놓았다 하겠으며 금수보다도 더 혹심하옵니다. 이러하오니 어찌 천하가 다 존경하는 석가모니의 가르침이 있는 줄을 못된 몽고군이 알 리가 있습니까? 몽고군의 더러운 말발굽이 지나가는 곳마다 불상이고 불경이고 가릴 것 없이 모조리 다 불살라 없어지고 말았으며, 부인사에 소중히 모셔두었던 처음 만든 대장경판 본도 이들의 마수에 걸려 하나도 남은 것 없이 재가 되었나이다. 윗대로부터 이어온 수십 년의 공적이 하루아침에 없어지고 나라의 크나큰 보배를 순간에 잃고 말았습니다. 비록 여러 보살님들과 하늘의 임금님들이 아무리 대자대비하신 마음을 가지고 계신다고 하온들 이렇게 못된 짓이야 어떻게 참을 수 있겠습니까?

생각해보건대 우리 중생은 지혜가 모자라고 식견이 얕아서 일찍이 오랑캐를 막을 계략을 스스로 세우지 못했습니다. 힘이 모자라서 불법의 큰 보배를 지키지 못한 것이니 이 모두 우리의 잘못이므로 이제 와서 후회한들 무슨 소용이 있겠습니까?

그러나 부처님의 말씀에 따르면 본래 이루어짐과 잃어버림이란 없는 것, 잠시 대장경판을 머무르게 하신 것으로 압니다. 경판을 만들고 또 망가지는 것은 자연의 이치로서, 망가지면 다시 만들어야 하는 일은 당연히 우리 중생이 해야 합니다. 하물며 나라를 지니고 있고 집을 가지며 불법을 지극히 숭상하고 있는 우리로서는 없어진 대장경을 다시 만드는 일에 주저하고만 있을 수는 없습니다. 이 귀중한 보배를 잃어버렸는데 어찌 감히 공사가 거창할 것을 두려워하여 다시 만드는 작업을 꺼리고 망설이겠습니까? 이제 여러 재상 및 문무백관과 더불어 큰 소원을 세우고 주관하는 관청으로서 귀당관사句當官司를 두어 공사를 시작코자 하옵니다.

처음 대장경을 새기게 된 연유를 살펴보면, 1011년(현종 2)에 거란군이 대거 침입하여 난을 피해 남쪽으로 가셨으나 거란군은 송도에 머물면서 물러가지 않았습니다. 이에 임금과 신하가 합심하여 대장경을 새기기 시작했더니 놀랍게도 거란군이 스스로 물러갔나이다. 생각하건대 대장경은 예나 지금이나 오직 하나이며 새기는 것도 다를 바 없을 것입니다. 임금과 신하가 합심하여 발원함 또한 마찬가지이니 어찌 그때에만 거란군이 물러가고 지금의 몽고군은 물러가지 않겠습니까? 다만 모든 부처님과 하늘의 보살피심이 한결같으시기를 바랄 뿐입니다.

이제 지성을 다해 대장경판을 다시 새기는 것은 그때의 정성에 비해 조금도 부끄러움이 없습니다. 모든 부처님과 성현 및 삼십삼천께서 이 간절한 기원을 들으시고 신통의 힘을 내려주십시오. 저 추악한 오랑캐 무리의 발자취를 거두어 멀리 달아나 다시는 이 강토를 짓밟지 못하게 하옵소서. 그리하여 나라 안팎이 모두 편안하고 모후와 태자가 만수무강하시며 나라의 운이 영원무궁케 하소서. 우리 중생은 마땅히 더욱 노력하여 불법을 지키면서 부처님 은혜의 만분의 하나라도 갚고자 할 따름입니다. 이와 같이 우리 중생이 엎드려 비옵나니 굽어 살피옵소서.

언제 팔만대장경을 새겼을까

팔만대장경판이 만들어진 시기는 문헌기록과 팔만대장경판의 각 권 끝에 있는 간지干支에 의해 명확히 밝혀져 있다. 《고려사》 고종 38년(1251) 9월 25일조에는 "현종 때 만든 초조대장경 판본이 임진년 몽고의 난 때 불타버린 후 임금과 신하가 도감都監을 세우고 발원하여 16년간에 걸쳐 경판을 완성했다. 이에 임금은 백관을 거느리고 성의 서문 밖에 있는 대장경 판당에 행차하여 낙성기념회를 열었다幸西城門外 大藏經板堂 率百官行 顯宗時板本 燬於壬辰蒙兵 王與群臣 更願立都監 十六年而功畢"라는 기록이 있다. 이를 근거로 낙성식을 거행한 고종 38년은 대장경판을 완성한 해이므로, 경판을 새기기 시작한 시기를 거꾸로 계산해보면 16년 전인 고종 23년(1236)이 된다.

한편 지금의 해인사 팔만대장경판 각 권의 마지막 경판 맨 끝에는 대부분 정유, 무술, 기해, 경자, 신축, 임인, 계묘, 갑진, 을사, 병오, 정미 등의 간지가 새겨 있다. 이를 통해 경판을 실제로 만든 연도를 알 수 있다. 예를 들어 기해년에 새겼다면 '기해세 고려국대장도감 봉칙조조奉勅雕造'라 하여 기해년 고려국 대장도감에서 임금의 명을 받아 새겼다는 명확한 연대를 기록하고 있다. 봉칙조조 이외에 고려국이라는 나라 이름이 빠지고 그냥 조조라고만 한 경우도 있으며, 때로는 개판開板이라

기록하기도 했다.

경판 자체에 새겨진 간지를 살펴보면, 16년에 걸쳐 이루어졌다는《고려사》의 기록과는 경판 새김 기간이 약간 다르다. 간지로 본 새김 기간은 1237년(고종 24)에서 1248년(고종 35)까지의 12년간으로,《고려사》의 16년과는 4년의 차이가 있다. 또한 연도별로 경판을 새긴 양도 크게 다르다. 1243년에서 1246년까지 4년간 새긴 것이 4,264권에 이르러, 전체 대장도감 새김 대장경판 6,265권의 68%에 다다른다. 물론 각 권의 경판 장수가 일정한 것은 아니므로 8만 1,258장의 68%가 완성되었다는 뜻으로 볼 수 없지만, 4년 동안 집중적인 경판 새김이 있었던 것은 틀림없다. 분사대장도감의 경판도 같은 기간에 대부분 새겨졌다.

〈표 2〉에서 보는 것처럼, 1248년 실제로 경판이 완성되었지만 낙성기념식은 3년이나 뒤인 1251년(고종 38)에 이루어진다. 여러 가지 이유를 추측할 수 있지만 팔만대장경 판각을 주관했던 최우가 1249년에 죽는 등 정치적 격동기였기 때문이라는 이야기가 가장 널리 알려져 있다.

경판을 새기기 시작한 연도가《고려사》에는 1236년으로 기록되어 있다. 하지만 1237년에 쓴 이규보의 〈대장각판군신기고문〉에는 "귀당관사를 두고 이를 중심으로 공사를 시작코자 하옵니다"라고 했으니, 그해에 새김이 시작된 것으로 추측할 수 있다. 간지의 분석 결과에 따르면, 새김 시작 연도는 1237년이다. 따라서《고려사》의 기록, 이규보의 〈대장각판군신기고문〉, 대장경판의 간지 분석 등의 자료를 종합해보면 팔만대장경판이 실제로 만들어진 기간은 1237~1248년의 12년 동안이라는 결론에 도달한다.

그러나 경판 새김의 준비 기간은 기록이나 간지를 통해서는 전혀 알수 없다. 나무 선정, 베기, 판자 켜기, 하산, 판자 말리기 등은 막대한 경

〈표 2〉 팔만대장경 연도별 판각 권수

(단위 : 종, 권, %)

연도	대장도감			분사대장도감		
	판각 종류	권수	권수 비율	판각 종류	권수	권수비율
1237	2	115	1.8	–	–	–
1238	42	509	8.1	–	–	–
1239	103	306	4.9	–	–	–
1240	74	292	4.7	–	–	–
1241	107	298	4.8	–	–	–
1242	176	381	6.1	–	–	–
1243	466	1,313	21.0	38	214	42.3
1244	281	1,734	27.7	33	264	52.2
1245	280	769	12.3	4	5	1.0
1246	169	448	7.2	3	22	4.4
1247	32	99	1.6	1	1	0.2
1248	1	1	0.0	–	–	–
계	1,733	6,265	100.0	79	506	100.0

비 조달 문제, 종사할 수많은 사람의 동원 등을 해결해야만 가능한 대규모 사업으로 대장경 새김에 들어가기까지 적어도 3~5년이 소요되었을 것이다. 따라서 새김을 결심하고 준비한 시기는 1232년 초조대장경이 불탄 직후로 보아야 할 것이다. 결국 실제로 경판을 새긴 기간의 앞뒤 준비와 정리 기간을 합치면, 경판 새김은 1232~1251년까지 약 20년에 걸친 대장정이었다.

팔만대장경을 만든 사람들

온갖 정성과 노력을 들여 엄청난 팔만대장경판 제작 작업을 끝냈으니, 으레 관여한 사람들의 공적을 기리고 크게 상을 내려서 자손만대에 자랑으로 삼을 만도 하다. 하지만 대장경판 새김에 관여했던 그 많은 사람들은 누구이며 어디서 어떤 일을 담당하여 그 엄청난 경판을 만들었는지 어느 곳에도 명확한 기록이 남아 있지 않다. 대장경판의 외곽부에는 새김 작업을 했던 사람들의 이름으로 짐작되는 글자가 남아 있는데 이를 분석하거나 전해 내려오는 몇몇 문헌을 통해 팔만대장경판 제작에 관여한 사람들을 어렴풋이 알 수 있을 따름이다.

경판을 새기는 일은 막대한 돈과 많은 사람을 동원해야 한다. 새김만 담당하는 행정기관의 설치가 필요했다. 《고려사》 또는 팔만대장경판의 함이나 권의 끝에는 도감, 대장도감, 분사도감, 분사대장도감, 남해분사대장도감 등 행정 관서로 짐작되는 기관 이름이 나오고, 이규보의 글에도 '귀당관사에서 새긴다'라고 적혀 있다. 이런 이름들로 보아 경판 새김을 지원하는 기관이 크게 대장도감과 분사대장도감으로 나뉘어 있었던 것으로 짐작된다. 그러나 해당 기관의 규모와 위치뿐만 아니라 실제로 어떤 일을 했는지 명확하지 않아 학자들마다 주장이 다르다. 최우가 강화도에 세운 선원사나 그 부근에 팔만대장경판 제작을 전체적으로 통할하는 대장도감이 있었고, 남부 지방에 분사도감이 있었을 것이라는 주장을 대체로 인정하고 있다.

그러나 어떤 학자들은 선원사가 경판 새김이 시작된 1237년보다 8년이나 뒤인 1245년에 창건된 점을 들어 그곳이 대장도감의 위치가 아니라는 견해를 내놓고 있다. 분사대장도감의 위치에 대한 학설도 최우의 식읍食邑이었던 진주 지방에 정안이 세운 정림사, 남해도, 단속사, 남부 지방 일원 등 여러 가지이다. 경판 새김도 강화도의 중앙 대장도감에서 대부분을 했다는 주장과 분사대장도감에서 실제로 새김을 진행하고 강화도 대장도감은 지휘·감독만 했다는 주장으로 나뉜다.

　대규모 경판의 제작은 국가적인 뒷받침이 없으면 불가능한 사업이므로 고려 조정의 적극적인 지원이 반드시 필요하다. 그러나 당시는 몽고와 전쟁 중이라 국고가 바닥나 있었을 뿐만 아니라 왕실은 실권이 없는 상태라서 대장경판 제작에 직접 관여하기는 어려웠을 터이다. 실제적으로 경판 새김을 계획하고 필요한 경비를 부담한 것은 최우(최이)와 최항 부자였다는 것이다. 최우는 무신정권의 실질 권력자였으며 강화로 도읍을 옮기는 일을 주도했다. 그 공으로 진양후가 되고 몇 년 뒤에는 진양공이 되어 진주를 식읍으로 받았다. 최우와 그의 사위 정안이 경판 새김을 지원하고 필요한 경비를 조달했다고 알려져 있다. 《고려사》에는 대장경이 완성된 후 1253년(고종 41)에 내린 조서의 내용이 들어 있다.

　진양공 최우는 나의 선친이 왕위에 있을 때, 그리고 내가 즉위한 이후 충성으로 사직을 보위했고 보좌의 사명을 다했다. 신묘년에 변방의 장수가 국토를 수비하지 못해서 몽고군이 침입했을 때에는 현명한 전략을 홀로 결정하고 뭇 사람의 시비를 물리치고 터를 잡아 수도를 옮겼다. 그리고 수 년 사이에 궁궐과 관아를 모두 건설했으며 국법을 진흥시켜 나라를 다시금 바로잡게 했다. 또 역대로 전해 내려오던 대장경판이 적병에 의해 모두 불타 버렸지만 나라에서는 변고가 많아 다시 만들 겨를이 없었는데, 최우는 대장도감을 따로 두고 자기 재산을 바쳐서 경판 새기는 일을 거의 절반이나 완료하여 나라에 복을 주었으니 그 공적은 잊기 어렵다. 그 아들 시중 최항은 가업을 이어 임금을 돕고 국난을 막았으며 필요한 재물을 내놓고 대역사를 완성하여 바치는 의식을 거행함으로써 온 나라가 복을 받게 했다.

이처럼 《고려사》의 기록은 최우와 최항 부자의 재정적 지원으로 경판 새김이 완성되었음을 명백히 하고 있다. 또 정안에 대해서는 "남해에 물러가 살면서 부처를 좋아하여 명산의 큰 절을 두루 돌고 자기 사재를 희사하여 대장경을 나누어 새겼다"라고 기록하면서 그 역시 재정 지원을 했음을 밝히고 있다. 이러한 기록들을 통해 최우를 비롯한 무신정권의 실세들이 국가 행정기관의 전폭적인 지지를 받아 실제로 경판 새김을 입안하고 진행시켰으며 재정적인 지원까지 담당했음을 알 수 있다.

그러나 지원만 있어서는 경판이 만들어질 수 없다. 실제로 새기는 일을 담당할 실무자가 필요하다. 팔만대장경에 들어갈 불경의 종류를 결정하고 새기는 과정을 총감독하여 경판을 완성시킨 현장 책임자는 누구였을까? 알려진 바로는 충남 논산의 천호산 개태사 주지인 수기守其대사가 이 역할을 담당했다고 한다. 수기대사에 대해 자세히 알려진 것은 없으나 고종 때 발간된 《보한집》에는 "개태사의 승통僧統 수기는 학식이 넓고 아는 것이 많아 칙명을 받들어 대장경의 옳고 그름을 가리는데 마치 자기가 직접 번역한 만큼이나 착오가 없었다"라고 실려 있다. 물론 수기대사 혼자서 한 것은 아니다. 홍왕사의 천기라는 승려를 비롯해 약 30여 명의 학승과 전문가가 역할을 분담하여 철저히 교정을 보았다.

경판이 완성된 후 수기대사는 팔만대장경 총 목차에 해당하는 《고려국 신조장경 교정별록校正別錄》 30권을 발간했다. 《고려국 신조장경 교정별록》은 초조대장경, 개보칙판대장경, 거란대장경 등을 서로 비교하고 여러 경전을 참고하여 경전의 잘못된 곳, 중복된 부분, 빠지거나 생략된 부분을 바로 잡아 수록하고 있다. 간단히 교정목록, 교정별록 혹은 대장목록이라고 부르는 이 목록집은 많은 수의 대장경판을 일목요연하게 알 수 있는 귀중한 자료로서 팔만대장경판의 값어치를 한층 더 높이고 있다. 이와 같이 수기대사는 경판에 새길 불경의 종류를 결정하고 교정을 보았으며 실제로 작업을 진행한 총괄책임자였다.

그렇다면 경판이 될 나무를 베어오고 판자를 만들며, 판하본板下本을 쓰고 글자를 새기는 등의 실무를 담당했던 이들은 어떤 사람들이었을까? 이 역시 기록으로 알려진 바는 없다. 그런데 팔만대장경판에는 불경이 새겨진 바깥 좌우 외곽부에 오목새김으로(드물게는 돋을새김으로) 한두 자의 글자가 새겨 있다. 직접 새긴 사람의 이름이거나 경판 새김에 필요한 재물을 낸 시주자의 명단으로 생각된다. 보통 한 사람의 이름이 보이나 드물게 십여 사람의 이름이 나오기도 한다. 그러나 이 부분은 경판을 인쇄할 때 일부러 먹물을 바르지 않으면 글자가 잘 인쇄되지 않는다. 온갖 정성을 다해 경판의 글자는 새길망정 자신의 이름을 드러내려고 하지 않았기 때문이리라.

또한 외곽부에 있는 새긴이의 이름 글자는 경판과는 달리 약간 조잡하다. 어떤 글자는 일부러 획을 4~5cm쯤 길게 늘여놓기도 했다. 아무리 부처를 공경하는 믿음 하나로 경판을 새겼다고 하지만 힘들고 지겨운 작업이었을 것이다. 한 장의 경판을 완성하고 그 동안 쌓였던 스트레스를 자기 이름을 새기면서 풀지 않았나 생각해본다.

최근 경판 외곽부의 글자를 연구한 학자들은 이 글자가 단순히 새긴이의 이름만은 아니고 경판을 새기는 데 참

새긴이로 짐작되는 경판 외곽부의 이름

여한 다양한 신분층의 사람을 나타낸다고 주장한다. 왕족과 관료, 하급 장교인 대정隊正, 향리층인 호장戶長, 지식층인 진사, 승려, 최씨 일가의 가노家奴 등이 대장경판 판각 사업에 관여했다는 것이다.

◎ 팔만대장경의 이름과 내용

석가모니가 40년에 걸쳐 설교를 하다 보니 그 가르침의 분량이 엄청나다. 이를 정리하고 체계를 세운 것이 대장경인데, 석가모니의 말씀을 모두 대장경판에 새겨 넣을 수 없을 것이다. 어차피 조금은 간추려야 한다. 그리하여 8만여 장이 된 것이다. 불가에서 팔만 혹은 팔만 사천이란 숫자는 특별한 의미가 있다. 부처의 많은 가르침을 일컬을 때 팔만 사천 법문法門이라 하며 세상에서 일어나는 여러 가지 번뇌도 팔만사천 번뇌라고 한다. 팔만이라는 숫자는 부처의 법문을 새겨서 인간의 번뇌를 씻어내는 뜻도 포함되어 있고, 단지 많다는 것을 나타낼 때 쓰이기도 한다.

처음부터 팔만대장경이란 이름을 붙인 것은 아니었다. 대장경판의 새김을 마치고 1251년 기념식까지 하면서도 공식적인 이름은 붙이지 않았다. 근사한 이름 하나 붙여주어도 좋으련만 선조들은 조촐하게 그 동안의 노고를 치하하는 것으로 끝냈다. 일반 명칭인 그냥 '대장경'으로 쓰다가 조선조에 들면서 비로소 팔만대장경이란 이름을 얻었다. 조선 성종 원년(1470)에 나온 《천안전씨세보天安全氏世譜》에 팔만대장경이란 이름이 처음 나온다. 이후 16~17세기의 문헌에도 여러 번 팔만대장경이란 이름이 나오고 18세기 이후에는 해인사대장경판의 다른 이름으로 널리 알려졌다. 해인사대장경은 초조대장경이 불타고 다시 새겼다는 뜻으로 재조고려대장경라고도 부르는데, 이는 학술적이고 공식적인 이름으로 쓰일 뿐이고 일반인은 경판 숫자를 암시하는 별명 '팔만대장경'으로 가장 널리 부르고 있다.

팔만 장이 넘는 대장경의 정리는 이렇게!

만 원짜리 지폐로 경판 숫자만큼 헤아리면 8억 1천만 원이 넘는다. 보통 사람이야 평생 그렇게 많은 현금을 만져볼 기회도 없을 것이다. 이처럼 지폐의 헤아림과 비교해도 8만 1,258장은 엄청나게 많은 숫자이다. 하물며 각 장마다 내용이 다른 글자가 새겨진 경판이니 정리를 제대로 하지 않으면, 필요할 때 찾을 수 없어서 아무런 쓸모가 없어진다.

어떻게 정리해야 할 것인가? 8만 장이 넘는 경판을 새기는 당시부터 배열 방법을 여러 가지로 고심한 것 같다. 새김의 실무 책임자였던 수기대사는 대장경의 목록부터 작성했다. 우선《금강경》,《화엄경》등과 같이 불경의 종류로 나누었다. 불경마다 분량이 일정하지 않으므로 짧은 것은 몇 개의 경을 합치고, 600여 권으로 이루어진《대반야경》처럼 아주 많은 것은 몇으로 나누었다. 그 하나하나를 함函이라 하고 새로 이름을 붙이고 순서를 정하고자 했다.

어떻게 순서를 정할 것인가? 오늘날이라면 아라비아숫자로 1, 2, 3······ 번호를 붙였을 것이다. 대장경판은 중국 양나라의 주흥사가 쓴《천자문》의 순서를 활용했다. 이는 북송칙판대장경 및 초조대장경이《천자문》순서 배열 방식이므로 그대로 본뜬 것이다. 수기대사가 정리한 함의 개수는 총 639함이었다.《천자문》순서에 따라 첫 번째 함은 천天, 두 번째 함은 지地, 세 번째 함은 현玄, 네 번째 함은 황黃······이라고 했고, 637함은 거鉅, 638함은 야野, 마지막 639함은 동洞이라 했다. 각각의 함은 경의 내용에 따라 다시 분류하여 권卷으로 나누었다. 권마다 경판의 일련번호를 나타내는 장張으로 경판 숫자를 표시했는데, 요즈음으로 말하면 책의 페이지(쪽)에 해당한다. 권과 장은 한자 숫자 一, 二, 三, 四……로 적었다.

어떤 불경을 새겼나

함별로 어떤 불경이 들어 있는지 그 내용을 간략하게 알아보자.

- 천함天函(001번)~영함英函(480번) : 지승의 《개원석교록》에 수록된 불경. 번역 불경의 목록을 다시 정리한 내용으로 대장경판의 기초가 된다.
- 두함杜函(481번)~곡함穀函(510번) : 송나라 때 새로이 한자로 번역된 불경을 수록했다.
- 진함振函(511번)~치함侈函(515번) : 거란대장경의 내용을 싣고 있으며 경전의 오자나 탈자를 바로잡고 내용을 정확히 한 것으로 유명하다.
- 부함富函(516번)~경함輕函(520번) : 송 태종이 친히 지은 《연화심륜》 28권 등 왕이 관여한 불경이 들어 있다.
- 책함策函(521번)~정함丁函(560번) : 《개원석교록》 이후 번역된 불경을 모은 《정원석교록》의 내용을 담았다.
- 준함俊函(561번)~밀함密函(563번) : 수기대사가 팔만대장경판의 원본을 만들면서 그때까지 나온 여러 대장경을 참조하여 틀린 곳을 바로잡아 편찬한 30권의 《교정별록》이 들어 있다.
- 물함勿函(564번)~식함寔函(567번) : 팔만대장경에만 있는 36권의

《대반열반경大般涅槃經》이 실려 있다.
- 영함寧函(568번)~초함楚函(570번) :《정원석교록》중에서《불명경佛名經》30권을 따로 떼어 수록했다.
- 경함更函(571번) : 고려재조대장경 목록을 실었으며 함과 권의 수, 인쇄종이의 수량, 번역한 사람의 이름 등이 실려 있다.
- 패함霸函(572번)~하함何函(585번) : 불교의 백과사전이라고 할 수 있는《법원주림法苑珠林》을 수록했다.
- 준함遵函(586번)~색함塞函(628번) : 북송칙판대장경을 새긴 이후 새로 번역된 불경을 실었다.
- 계함鷄函(629번) :《일체경음의一切經音義》에 들어 있지 않은 불경에 관련된 숙어를 정리한《속일체경음의》의 내용이 실려 있다.
- 전함田函(630번)~동함洞函(639번) :《개원석교록》에 실린 경전을 비롯한 불경에 나오는 숙어를 해설한《일체경음의》의 내용이 들어 있다.

사용된 나무 양과 참가 인원

해인사 팔만대장경판이 보관되어 있는 수다라장과 법보전 안을 들여다보면 엄청난 경판의 양에 우선 놀란다. 사람 키의 두 배도 넘는 높이에, 지나다니는 통로를 빼고는 그야말로 빈틈없이 빼곡히 쌓여 있다. 750여 년 전 지금처럼 기계톱이 있었던 것도 아니고 도끼와 손톱만으로 도대체 어디서 얼마만큼의 나무를 베어 왔기에 이렇게 많은 경판이 쌓여 있을까? 현재의 팔만대장경판의 부피를 계산해보고 이를 바탕으로 경판을 만드는 데 들어간 나무의 양을 추정해보자.

몸체 길이가 74cm인 경판과 64cm인 경판이 대부분이므로 따로 구분하고 나머지 길이는 대체적으로 69cm를 평균으로 잡았다. 이들 각각은 전체 판수의 59%, 32%, 9%를 점유하므로 평균 두께 및 너비를 곱하여 나무 부피를 추정했다.

추정한 경판 몸체의 총 부피는 약 384m^3, 마구리의 총 부피는 경판 한 장에 마구리가 2개이므로 양쪽을 합쳐서 약 62m^3이다. 따라서 경판과 마구리에 사용한 목재의 총 부피는 약 446m^3에 달한다. 이것은 차곡차곡 쌓았을 때는 사방 10m, 높이 4.46m에 달하는 부피이다. 경판의 전체 무게는 전체 경판 숫자 8만 1,258장에다 평균 무게 3.4kg을 곱하여 약 280톤이라는 계산이 나온다. 무게로만 따져서 4톤 트럭에 실으면 70여 대, 대형 10톤 트럭에 싣는 데도 28대의 분량이다. 기계로 모든 작업이 이루어지는 목재공장에서 단순 판자를 만든다고 해도 몇 달은 족히 걸릴 분량이다. 하물며 사람의 손으로 만든 판자이며, 그냥 판자가 아니라 모두 글자가 새겨져 있다는 것은 얼마만한 피땀 맺힌 노력이 들어갔는지 짐작하고도 남는다.

이제, 446m^3에 달하는 경판 몸체와 마구리를 만드는 데 어느 정도의 원목을 벌채해야 하며, 경판을 새기는 장소까지 옮겨오는 데 얼마만큼의 인원이 동원되었는지 따져보자. 자라고 있는 큰 나무 하나를 잘라내어 경판 판재와 마구리를 만들 수 있는 판자의 양은 나무의 직경에 따라 다르다. 옹이의 있고 없음, 줄기의 곧은 정도 등에 따라서도 달라진다. 베어낸 통나무에서 경판 판자를 만들어낼 수 있는 비율을 수율收率이라고 한다. 판자 수율은 나무의 생김새나 굵기 등 너무나 많은 조건에 영향을 받으므로 일률적으로 말하기는 어렵지만, 적게는 십 몇 퍼센트, 많

<표 3> 경판 및 마구리의 총 부피 계산표

(단위 : cm, %, 장, m³)

경판 몸체						마구리			
길이	두께	너비	점유율	추정 판수	추정 부피	길이	너비	두께	양마구리 추정 부피
74	2.8	24	59	47,942	238.4	24	4	4	36.8
64	2.8	24	32	26,003	111.8	24	4	4	20.0
69	2.8	24	9	7,313	33.9	24	4	4	5.6
계	-	-	100	81,258	384.1	-	-	-	62.4

게 잡아도 40~50%를 넘을 수 없다. 따라서 대장경판을 만드는 데 사용한 전체 통나무는 부피로만 따져 적게 잡아 1,000m³, 많게는 3,000~4,000m³ 이상이 필요했을 것이다.

좀 더 구체적으로 몇 본의 나무를 베어내었을까를 추정해보자. 마구리를 제외한 실제 경판 길이는 대부분 64cm 혹은 74cm이므로 벌채하여 통나무 토막으로 자를 때의 길이는 건조하여 정밀하게 자를 때 없어지는 부분을 고려하여 90cm 이상은 되어야 한다. 경판재로 주로 쓰인 산벚나무와 돌배나무는 자람의 특성이 지하고枝下高[10] 약 1~2m 정도를 넘지 않는다. 이것은 나무 한 그루를 벌채하여 경판재로 켤 수 있는 통나무를 1~2토막 정도 얻을 수 있음을 말한다. 따라서 한 나무에서 평균 1.5개의 통나무 토막을 얻을 수 있다고 볼 수 있다.

다음으로 벌채한 나무의 수량을 짐작해 보기 위해 통나무 한 토막으로 몇 장의 경판을 만들 수 있을지 알아보자. 나무의 굵기에 따라 나올 수 있는 경판의 숫자는 최소 2장에서 수십 장까지 크게 차이가 난다. 경판은 평균 너비 24cm, 두께 2.8cm이므로 처음 원목에서 켤 때의 판자는 적어도 너비 30cm, 두께 5cm는 되었다고 볼 수 있다.

또 나무를 켜서 판자로 만들 때 배꼽(樹心) 부분이 포함되어 있어서는 안 된다. 마르면서 갈라지고 비틀어지는 경향이 많으므로 이 부분을 제외하고 판자를 켜기 마련이다. 그렇다면 최소 굵기가 어느 정도 되어야 경판재로 만들 수 있을지 계산할 수 있다. 굵기가 40cm 이상은 되어야 한다. 이를 좀 더 구체화하기 위해 굵기별로 횡단면에다 판자를 일일이 그려 넣으면서 채취 가능한 경판의 숫자를 알아보았더니 〈표 4〉와 같은 결과가 나왔다.

즉, 지름이 40cm인 원목만 벌채하여 사용했다면 한 나무 당 채취 가능한 판자 수가 2장이므로 전체 약 2만 7천 그루, 지름 50cm의 나무라면 채취 가능 판수가 6장이므로 9천 그루, 나무의 지름이 100cm라면 1,400그루 정도로도 경판을 만들 수 있는 판자가 나온다. 그런데 산벚나무와 돌배나무의 자람 특성이 지름이 1m에 가까운 큰 나무는 흔치 않으

배꼽(수심)이 포함된 판자는 건조 과정에 거의 갈라진다.

〈표 4〉 통나무 굵기별 채취 가능한 경판의 수

(단위 : 장, 그루)

구분	지름(cm)						
	40	50	60	70	80	90	100
채취 가능 판수	2	6	8	14	24	28	38
필요 통나무 개수	27,086	9,029	6,772	3,869	3,600	2,257	1,426

며 또 운반이나 취급의 편의성을 고려한다면 40~70cm 사이의 원목이 주로 사용된 것으로 볼 수 있다.

지름 50~60cm를 평균으로 잡아 개략적인 실제 벌채된 나무의 본수를 추정해보면 한 나무에서 1.5개의 통나무 토막이 생산되므로 대체로 1만 그루에서 1만 5천 그루의 원목을 벌채한 것으로 볼 수 있다.

경판 만들기에서 실제로 경판을 새기는 과정을 제외하고서도 시작 단계인 베어낼 나무의 선정, 벌채, 운반하는 데만도 이렇게 엄청난 인원이 동원되었다.

◎ 베어낸 나무 가져오기와 경판 만들기

1997년 어느 여름날 나는 불쑥 경남 남해 군수를 찾아갔다. 어려운 청탁이 있어서였다. 나무를 베어다 경판 만드는 과정을 재현하여 당시 사람들이 얼마나 힘들었는지를 실제로 알아보고 싶었다. 이런 일은 행정 관서의 도움이 꼭 필요하다. 나무를 베어야 하니 허락을 받아야 하고 운반 과정을 재현해보려면 많은 사람이 있어야 하기 때문이다. 쥐꼬리만 한 연구비로 이런 실험은 엄두도 낼 수 없다. 군수님의 협조해주라는 한

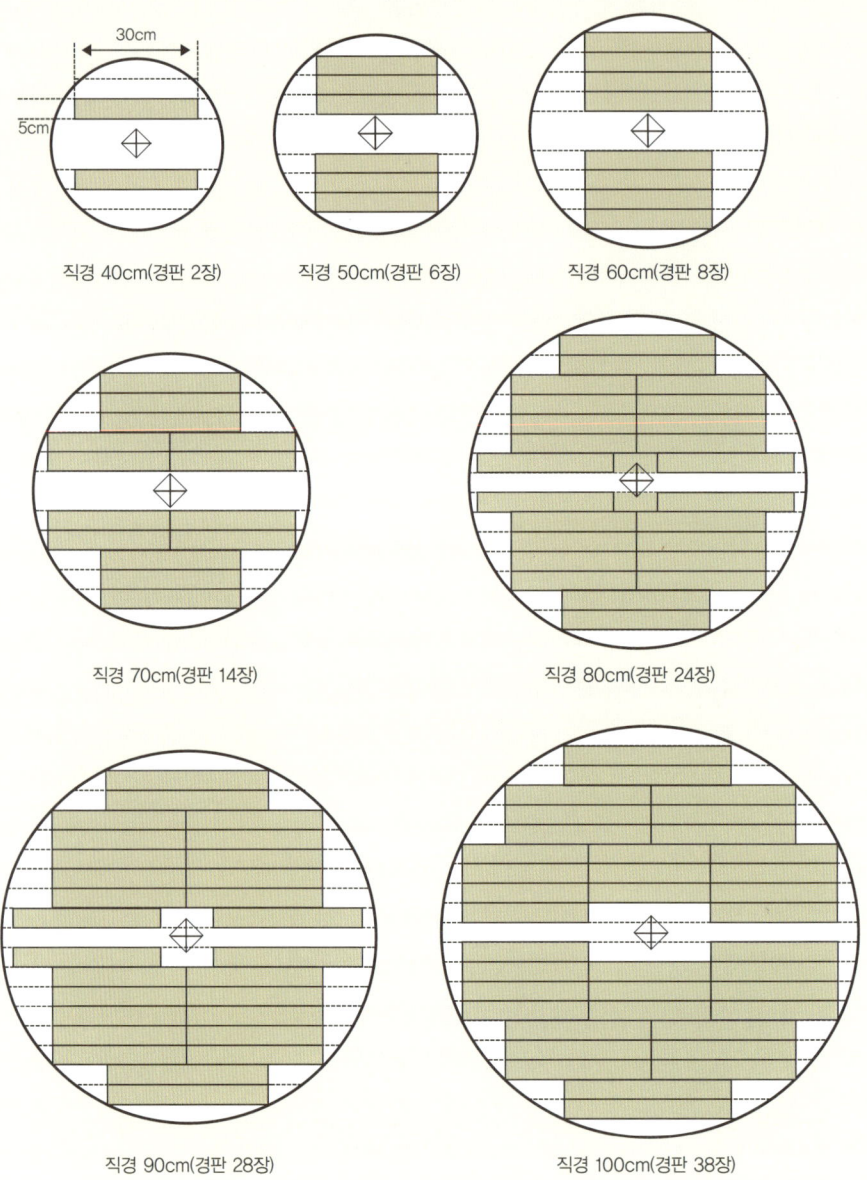

나무 굵기별 경판 판자를 만들 수 있는 숫자

말씀이 필요하다. 예산을 달라는 것은 아니고 용역직원들을 하루 정도 동원해주면 되는 일이다. 그러나 이전에 해인사 부근의 몇몇 군수님들에게 이런 영양가 없는 청탁을 했다가 여러 번 퇴짜를 맞은 아픈 경험이 있다.

당시 30대 후반의 젊은 김두관 군수는 어쩐지 부탁을 들어줄 것만 같았다. 그는 지방 주재 기자들에게 주는 촌지를 비롯한 '관례'란 이름의 각종 비리를 거부하여 전국적으로 이미 이름이 널리 알려져 있었다. 조금은 열린 생각을 가지고 있지 않나 하여 마지막으로 찾아간 것이었다. 그와는 평생 첫 만남이었다. 나는 평소의 어눌한 언어 습관 그대로 더듬거리는 말투로 약 10분쯤 설명했다. 그는 시선을 약간 아래에다 두고 설명을 찬찬이 들어줄 뿐 되물어보는 말도 없었다. 잠시 침묵이 흘렀다. "또 거절당하는구나!" 하고 생각할 즈음, 그는 뜻밖에 담당 직원을 불러 협조해주라는 명령을 내렸다. "만세!"라고 크게 외치고 싶을 만큼 기뻤다. 이후 김 군수의 정치적 행보에 대해서는 잘 알지도 못하고 관심도 없다. 그러나 나로서는 남해에서 경판 만드는 과정을 재현해볼 기회를 갖게 되어 지금도 고마움을 느낀다.

경판 나무 준비

유능한 목수가 첫 번째 할 일은 좋은 나무를 고르는 일이다. 나무를 다루는 사람들은 누구나 마찬가지이다. 경판에 실제로 글자를 새겨야 하는 새김이는 나무를 고르는 일에 온갖 정성을 쏟았을 것이다. 우리가 알고 있는 몇 가지 자료들을 바탕으로 실연 실험을 하면서 경판에 쓰일 나무를 어떻게 준비했는지를 재구성해보자.

나무 골라내기

　나무마다 생김이 다르듯이 성질 또한 천차만별이다. 어떤 나무가 대장경 새김에 적당할까? 몇 가지 기본적인 조건을 갖추어야 한다.
　첫째는 말할 것도 없이 나무의 성질이 새김에 적당해야 한다. 너무 무르지도 단단하지도 않고 세포 크기가 고른 것이 좋다. 옹이가 많거나 썩은 부분이 있어서는 당연히 경판 나무로 선택될 수 없다. 두 번째는 적어도 굵기가 한 아름 이상의 아름드리 나무여야 한다. 경판의 너비가 24cm이고 나무의 가운데 배꼽 부분은 잘 갈라져서 쓸 수 없으니, 이런 부분을 제외하고 쓰려면 최소한 지름이 40cm가 넘는 굵은 나무라야 한다. 가지가 달리지 않은 미끈한 줄기 부분은 경판 길이를 감안하여 적어도 90cm 이상은 되어야 하고 곧게 자람은 기본이다. 세 번째는 주위에 흔하고 베기 쉬운 곳에 자라고 있어야 한다. '구슬이 서 말이라도 꿰어야 보배'라고 했듯이 아무리 좋고 적당한 나무라도 베어서 가져오기 어렵다면 쓸모가 없는 그림의 떡일 따름이다.
　경판에 가장 많이 사용된 산벚나무는 동네에서 한참을 들어가야 하는 깊은 산에서만 자라는 산골나무가 아니다. 야트막한 앞산이나 뒷산에서도 흔히 만나는 친근한 나무이다. 산벚나무는 이른 봄 잎이 나기도 전에 온통 분홍빛 꽃을 피운다. 대부분의 나무껍질이 진한 갈색에 세로로 보기 흉하게 갈라지는 반면에 산벚나무의 나무껍질은 적갈색에 숨구멍이 가로로 나 있어서 멀리서도 쉽게 찾을 수 있다. 몽고군의 눈을 피해 베어 나르기는 안성맞춤이다. 돌배나무도 먹는 과일이 달리는 나무이니 어디에 가면 얼마만큼 크고 곧바르게 자라 경판재로 적당한지 잘 알고 있었을 것이다.
　지금에 비해 나무는 훨씬 많고 인구는 적었으니, 흔히 자라는 이런 나무들을 찾아서 베어오는데 크게 어렵지 않았다고 생각했다면 잘못이다. 왜냐하면 산벚나무나 돌배나무는 집단으로 모여 자라지 않기 때문이다. 한두 그루씩 다른 잡목 속에 섞여 있다. 한 마디로 산벚나무를 비롯하여 경판에 쓰인 대부분의 나무는 혼자 살기를 좋아하는 나무들이다. 다만 거제수나무는 수십 그루씩 모여 자라기도 하나, 저희끼리만 자라는 소나무나 전나무 및 잎갈나무와 같은 침엽수처럼 집단성이 강한 것은 아니다. 따라서 산벚나무와 돌배나무를 비롯한 경판 나무 대부분은 여기저기서 한두 나무씩 베어내야 하므로 더 많은 시간과 노력이 들었을 것이다.

나무 베기와 가져오기

경판을 만들기에 적당한 나무를 찾으면 그 다음은 언제 어떻게 벌채할지를 생각해야 한다. 우선 베는 시기는 나무가 자람을 멈추고 있을 때, 즉 가을에서 이른 봄 사이 어느 날을 잡는다. 벌채는 탕개톱[11]과 도끼를 사용했을 터이니, 2인 1조로 진행되었을 것이다. 나무의 주변을 정리하고 어디에 넘기는 것이 좋을지 짐작한 다음, 넘어질 방향으로 땅에서 한 뼘 정도 떼어놓고 도끼로 V자 홈을 깊게 넣는다. 반대편 V홈보다 약간 높은 곳에다 탕개톱으로 가로 켜기를 하면 예정된 곳으로 넘어진다. 넘어진 나무 아래쪽부터 경판 길이와 여유 부분을 포함하여 90cm 길이로 토막을 친다. 산벚나무나 돌배나무는 잘해야 한두 토막이 고작이다.

길이 90cm, 옛 사람들의 단위로 3자짜리의 짧은 나무토막은 1~2년 동안 현장에 그대로 방치해둔다. 그럴 사정이 있어서이다. 예를 들어 지름 1m, 높이 10m짜리 산벚나무가 살아 있을 때 땅을 짓누르는 무게는 약 10톤에 이른다. 하나의 줄기로 이런 무게를 버티고 있는데, 바람이라도 불면 지탱해주어야 할 힘은 기하급수적으로 올라간다. 이렇게 엄청난 힘을 받고 살아가는 나무줄기에는 이른바 '생장응력'이라는 것이 항상 걸린 상태이다. 응력은 쉽게 말해 스트레스이다. 베어진 나무의 스트레스를 풀어주어야 한다. 그렇지 않으면 경판을 만든 다음에 스트레스가 풀리면서 더 갈라지고 휘는 등 온통 난리가 난다. 벌채한 생나무를 바로 켜면 살아 있을 때 나무에 걸려 있던 생장응력이 그대로 남아 있으나 통나무 상태로 눕혀두면 꼿꼿하게 서 있을 때의 응력은 차츰 줄어든다. 그 외에 나무 안팎의 심한 수분 차이도 상당히 없어진다. 목수들이 말하는 진을 빼고 삭히는 작업이 바로 이 과정이다.

스트레스가 풀린 다음, 경판 나무토막은 두 가지 길을 걷는다. 하나는 통나무 그대로 산을 내려와 경판 새김 장소로 바로 간다. 경판재로 켜기 위해서는 적어도 지름이 40cm 이상의 굵기를 가져야 하므로 생나무의 비중을 1로 보아 어림 계산해도 무게는 110~130kg이나 된다. 쌀 한 가마하고도 반 가마의 무게가 더 있으니 아무리 힘센 장정이라도 지게에 혼자 지고 내려오기는 어렵다. 두 사람 혹은 네 사람이 한 조가 되어 어깨에 메고 영차! 영차! 목도해야 했을 것이다. 1차 목적지는 강이나 바다이다. 옛날의 운송 수단으로는 물을 이용하는 수운이 가장 효과적이었다.

바다나 강에 바로 이어 자란 나무는 이런 수고를 거치지 않고 굴러내려도 금세 물속에 풍덩 떨어지게 할 수 있다. 뗏목을 만들거나 배로 끌고 움직일 수 있다. 이렇게 모은 나무를 경판 만드는 곳으로 옮겨가면 된다. 낙동강·섬진강 등의 연안을 비롯하여 거제도와 남해도로 이어지는 크고 작은 섬, 바다에 맞붙어 있는 남해안이 대상 지역이었다.

통나무 상태로 운반한 후 한 곳에 모아 경판 새김을 하는 것은 능률적이고 일괄 작업을 할 수 있는 장점은 있다. 하지만 강이나 바다와 조금만 거리가 떨어진 경판 나무라면 운반에 엄청난 인력을 동원해야 한다. 또한 경

통나무 상태로 운반하는 목도 장면

판은 크기가 들쭉날쭉하지 않은 몇 개의 표준 치수면 된다. 이처럼 일정한 크기의 판재를 얻을 경우에는 꼭 한 곳에서 일괄 작업을 해야 할 이유는 없다.

그래서 사람들이 목도하여 직접 통나무 상태로 옮겼을 가능성은 매우 낮다고 생각한다. 즉, 벤 자리에서 스트레스를 없앤 후 판자 켜기를 하여 필요 없는 죽데기 등은 내버리고 경판 판자만 운반했다고 생각한다. 여러 장점을 들 수 있지만 우선 통나무를 그대로 운반할 때보다 무게가 1/10 이상으로 줄어들어 훨씬 간편하고 효과적이다.

판자로 켜기

나무를 베어낸 후 느긋하게 1~2년을 두어 충분히 나무 스트레스를 풀어준다. 두 사람이 한 조가 되어 탕개톱 하나만 달랑 들고 베어둔 자리로 다시 올라간다. 적당한 나뭇가지를 잘라 ×자 모양으로 세워 판자 켜는 틀을 만들고 통나무의 한쪽 끝을 걸친다. 경판 두께가 약 3cm 정도이니 말릴 때 줄고 대패질로 깎여나갈 부분까지 감안하면 켤 판자

탕개톱으로 판자를 켜는 모습

의 두께는 5cm 정도가 적당하다. 숙련된 톱잡이가 위에 올라가서 아래 위로 서로 마주보면서 흥부가 박 타는 모양으로 톱질을 한다. 옹이가 많거나 썩은 부분이 포함되어 있어서 쓸 수 없는 판자는 그 자리에 버리고 오면 되므로 대단히 효율적이고 편리하다. 갓 켠 판자는 수분이 많으므로 표면이 햇빛에 노출되거나 오랫동안 공기 중에 방치되면 갈라지거나 비틀어질 염려가 있으므로 신속히 운반해야 한다. 판자 켜기는 혼자서도 가능하다. 톱몸이 넓은 붕어톱[12]을 이용하면 된다. 숙련된 사람이라면 두 사람이 작업하는 탕개톱에 못지않은 능률을 올린다고 한다.

  산에서 만들어진 경판 판자는 적게는 몇 장, 많게는 십여 장씩을 지게에 지고 혼자서 내려올 수 있다. 경판을 새기는 절에 개인적으로 '경판 시주'를 하거나 분사대장도감 등 새김을 주관하는 관청에 바쳤을 것이다.

새김 판자의 준비

베어 넘긴 나무는 통나무 상태가 아니라 주로 판자 상태로 새김 장소까지 옮긴 다음 경판 새김을 위한 마무리에 들어갔을 것이다. 우선은 소금물로 삶아서 말리는 과정을 거쳐 갈라지고 휘어지는 일을 줄인다. 조심스럽게 말리는 일이 끝나면 경판 두께만큼 깎아내고 다듬는다.

탕개톱

붕어톱

바닷물에 담그고 소금물에 삶기

전해오는 이야기에 의하면 경판 만들 나무를 베어 바닷물에 3년을 담가두었다고 한다. 썩고 벌레 먹는 것을 막고 재질이 견고해지도록 이런 조치를 했다는 것이다. 과연 그랬을까? 바닷물의 염분농도는 3.5%에 불과하여 썩음을 막고 벌레가 덤비지 않게 하는 효과는 그렇게 크지 않다. 바다 속에 오래 두면 오히려 바다나무좀이나 천공충穿孔蟲 등 해양 생물에 의한 피해를 받기 쉽다.

나무껍질에는 물이 들어갈 수 없는 수베린이라는 물질이 있어서 껍질 아래까지 바닷물이 들어가기도 어렵다. 실제로 남해 앞바다에다 산벚나무 통나무를 3년 동안 담가둔 후 바닷물이 들어간 깊이를 조사해보았더니 나무껍질 아래로는 거의 들어가지 않았다. 우리가 흔히 알고 있듯이 바닷물에 3년 담갔다는 이야기는 일부러 시간을 정해두고 반드시 시행한 경판 제작의 필수 과정은 아니다. 경판 나무를 현장에서 켜지 않고 통나무 상태로 운반하는 경우가 있었다면, 뗏목으로 바다를 지날 때 자연스럽게 바닷물에 몇 년씩 담가지기는 했을 것이다.

그러나 경판 새김에 쓸 판자의 소금물 삶기는 필수였다. 관련 문헌이나 과학적인 상식으로도 확인할 수 있다. 서유구는《임원경제지》이운지怡雲志에 목판을 만드는 방법과 인쇄 후의 보관 방법을 적어놓았다. 즉, "나무를 켜서 판자를 만든 다음 소금물에 삶아내어 말리면 판이 뒤틀리지 않고 또 조각하기도 쉽다栽成板子用鹽水煮出 嗛乾則板不皺臘 且易彫刻也"라고 했다. 옛 사람들도 목판을 만들면서 먼저 소금물에 삶아서 사용했음을 알 수 있다.

소금물 처리는 과학적인 근거가 있다. 벌레 먹고 썩는 것을 방지하기

남해 관음포 앞바다에 실제로 3년간 통나무를 담가두었다.

》 다시 새기는 팔만대장경

위함이 아니라 말리는 과정에 생기는 나무의 갈라짐, 틀어짐, 굽음 등의 여러 가지 변형을 예방하기 위해서이다. 나무에 있는 수분이 표면으로 이동하여 수증기가 되어 대기 중으로 날아가는 과정이 건조이다. 복잡한 세포 구조를 가진 나무는 속에서 겉으로 수분이 이동해 나오는 속도보다 표면에서 수증기가 되어 날아가는 속도가 훨씬 빠르다. 특히 경판 나무처럼 두꺼운 판자는 이런 경향이 더욱 심하다. 따라서 나무 표면은 안쪽보다 더 빨리 건조되면서 강하게 옥죈다. 결국 나무 표면과 안쪽은 힘의 균형이 깨져 갈라지거나 휘게 된다.

그러나 판자를 소금물에 삶으면 수분을 흡수하는 성질을 가진 소금이 나무 표면에 발라진 상태가 된다. 이 상태로 음지에 놔두면 표면이 약간씩 흡습하면서 나무가 마르므로, 건조 속도는 느리지만 갈라짐과 휨이 적은 판자를 얻을 수 있다. 오늘날에는 소금물이 쇠를 녹슬게 하기 때문에 나중에 다른 쇠붙이로 장식할 때 문제가 생기므로 잘 사용하지 않다. 얼마 전까지만 해도 바둑판이나 다듬이판 등 두꺼운 나무는 다듬기 전에 오줌통이나 시궁창에 몇 년씩 담가두었다가 음지에서 말렸는데, 이것도 모두 소금물 처리의 한 방법이다. 이외에도 판자를 삶는 처리는 나무의 진을 빼고 판자 내의 수분 분포를 균일하게 하며 나뭇결을 부드럽게 하여 글자 새기기를 쉽게 해주는 역할도 한다. 아울러 숨어 있던 벌레 알들이 새김이 끝난 후 애벌레가 되어 경판을 파먹는 불경스런 일들이 일어나지 않도록 예방하는 효과도 겸하고 있다.

결론적으로 통나무를 바닷물에 3년 담가두었다는 구전은 경판 제작 과정의 필수 요건은 아니다. 운반과 보관 과정의 편의를 위해 있을 수 있었던 일일 뿐이다. 또 기간이 3년이라는 것은 '삼세판' 등 좋은 일을 일컫는 말일 뿐 꼭 그 기간을 의미하는 것은 아니다. 그러나 경판을 만들 판자는 휘거나 갈라짐을 줄이고 벌레가 먹지 않게 하기 위해《임원경제지》의 기록처럼 반드시 소금물에 삶아서 사용했을 것으로 추정된다.

판자 말리기

나무는 여러 종류의 세포가 복잡하게 배열되어 있으며 많은 수분을 가지고 있다. 그래서 나무를 말리는 일은 단순하지 않다. 가구나 여러 가지 나무 제품을 만들 때도 건조는 까다롭고 어려운 공정 중 하나이다. 소금물에 삶는 등 온갖 정성을 들인 경판 판자이지만 두께가 5cm나 된다. 너무 두꺼워서 아무리 소금물 처리를 했더라도 그대로 건조하면 갈라지고 휘어져서 못쓰게 되기 쉽다. 추가 조치로 판자의 양끝에 두껍게 풀칠을 하고 한지를 붙여두었을 것이다. 이것은 나무의 섬유 방향으로 수분이 너무 빨리 이동하여 방향 간 불균형이 생기는 것을 막기 위함이다. 오늘날 엔드코팅end coating이라 하여, 두껍고 건조가 어려운 귀중한 나무의 횡단면에 방수 페인트를 칠하는 원리와 같다.

다음으로 배수가 잘 되고 바람이 잘 통하는 사방이 툭 터진 약간 높은 곳에 강당 같은 넓고 비를 피할 수 있는 건물이 필요하다. 제법 규모를 갖춘 절이라면 선원禪院을 비롯하여 적당한 건물이 있었을 것이다. 그도 저도 없다면 경판 나무의 건조를 위한 가건물을 지어야 한다. 바닥에 받침목을 두 개 놓고, 가로로 경판 판자를 받침목 길이만큼 십여 장 정도 놓는다. 그 위에 다시 받침목을 나란히 놓고 판자를 얹은 작업을 반복하여 취급하기 쉽도록 높이가 1~2m 정도 되게 한다. 마지막 판자 위에는 휘거나 틀어지는 것을 방지하고 혹시라도 돌풍에 넘어가지 않도록 무거운 돌을 얹고 새끼줄로 묶는다. 그 외에도 정#자로 쌓거나 세워쌓기 등 여러 가지 방법으로 건조했을 것이다.

　판자더미의 가장자리에 있는 판자가 훨씬 빨리 건조되므로 며칠에 한 번씩 판자더미를 풀어 위치를 바꾸어가면서 건조를 계속한다. 나무의 종류에 따라 건조 기간이 다르지만, 산벚나무나 돌배나무라면 약 1년 정도 온갖 정성을 쏟아야만 경판을 새기기에 알맞은 판자를 얻을 수 있다.

　이상의 건조 과정은 간단한 것 같으면서도 나무를 다루는 고도의 기술이 없으면 건조에 실패하여 고생스럽게 베어온 나무를 쓰지도 못하고 내버려야 한다. 다행히 우리의 선조들은 멀리 삼국 시대부터 자단이나 침향 등 고급 나무도 잘 사용한 기록에서 보듯이 아주 훌륭한 건조 기술을 가지고 있었다. 경판 제작 과정 동안 수많은 시행착오를 거치면서 건조 기술이 차츰 발달했을 것이다.

　새김 판자의 마무리 가공

　판자의 건조가 끝나면 바로 경판을 새길 수 있는 판자 다듬기에 들어갈 수 있다. 먹물을 튕기고 한 장 한 장의 치수를 정한다. 마구리에 들어갈 네 귀퉁이 부분도 크기에 맞추어 작은 톱으로 잘라낸다. 그 다음은 정해진 두께에 맞게 대패로 깎아내는 작업이다. 우선 자귀로 대체적인 두께 고르기를 한 것으로 짐작된다. 삼국 시대 고분에서도 출토되는 자귀는 목공 연장으로 널리 이용된 것이니 고려 시대에는 더욱 널리 쓰였을 것이다. 한쪽 면만 새겨진 경판의 뒷면을 보면 자귀 자국이 선명하게 남아 있다. 자귀로 개략적인 표면 다듬기를 하고 대패로 끝마무리를 했다.

　이렇게 완성된 경판 치수는 놀랄 만큼 정밀하다. 〈표 5〉는 팔만대장경

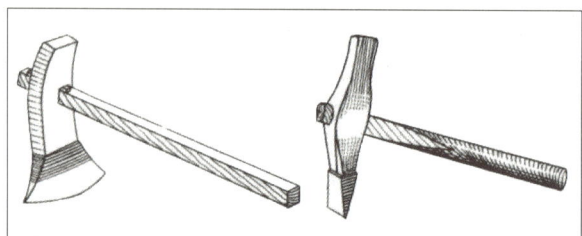

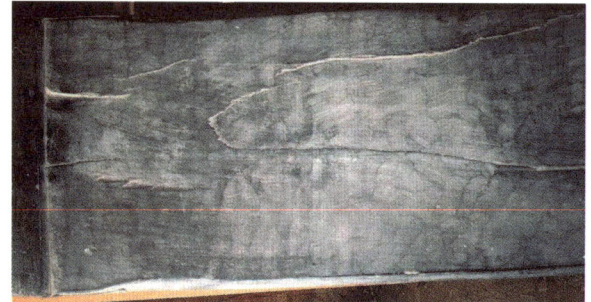

마무리 가공에 흔히 쓰이는 자귀의 모습과 경판에 남은 자귀의 흔적

판의 실제 길이와 너비 및 두께를 측정한 평균값이다. 마구리를 포함한 경판 길이를 78cm로 만들겠다고 예정한 실제 경판의 길이는 평균 77.8cm이고, 68cm의 경판은 67.8cm이다. 편차가 각각 ±0.2~0.3cm에 불과하다. 너비는 길이에 상관없이 24cm를 예정하여 가공했는데, 편차는 ±0.2~0.3cm에 지나지 않는다. 두께는 2.7~2.9cm를 예정하고 가공하여 불과 ±0.02~0.03cm 이내의 편차밖에 없다.

또한 경판의 네 귀퉁이와 가운데의 5군데서 두께를 측정해보았더니, 그 편차가 1mm를 넘지 않았다. 한 장의 경판 어느 곳을 측정해도 두께가 거의 같았다. 두께를 조정하는 것은 대패를 이용하는 기술이다. 이런 편차라면 그야말로 신의 손이 아니면 불가능하다. 오늘날 컴퓨터로 조작되는 자동 대패기로도 이 정도의 우수한 성능을 내는 일은 간

〈표 5〉 경판 판자 마무리 가공의 치수 편차

길이	너비	두께
77.8±0.3	24.5±0.3	2.7±0.03
67.8±0.2	23.7±0.2	2.9±0.02

단치 않다. 당시 장인들의 나무를 다루는 솜씨가 어느 정도인지를 짐작케 한다.

마구리 만들기

경판 나무의 지름이 너무 굵으면 켜서 운반하기가 어렵다. 대체로 지름 40~50cm 정도의 한 아름짜리가 대부분이었을 것이다. 너비 24cm의 경판을 만들려면 처음 나무를 켤 때는 적어도 너비 30cm 정도는 되어야 한다. 나무 가운데의 배꼽 부분이 들어간 판자는 잘 갈라질 뿐더러 재질이 약하여 경판 나무로 쓸 수 없다. 나무 배꼽을 피하여 판자를 켜다보면 주로 널결 판자[13]가 나온다. 널결(접선단면) 판자는 곧은결(방사단면) 판자에 비해 굽고 갈라지기 쉽다. 때문에 조심스럽게 건조해야 함은 물론 너비 굽음이 생기지 않도록 다른 조치가 필요하다.

고려의 장인은 경판의 양쪽에다 가로 마구리를 끼워 넣음으로써 이 문제를 해결했다. 마구리를 만들어 경판을 기계적으로 고정함으로써 경판이 너비 방향으로 U자 모양으로 굽는 것을 방지한 것이다. 이 외에도 마구리는 인쇄할 때는 취급이 편하도록 손잡이 역할을 한다. 보관할 때는 경판이 서로 직접 맞닿는 것을 막아주고 틈새기를 만들어 공기의 흐름

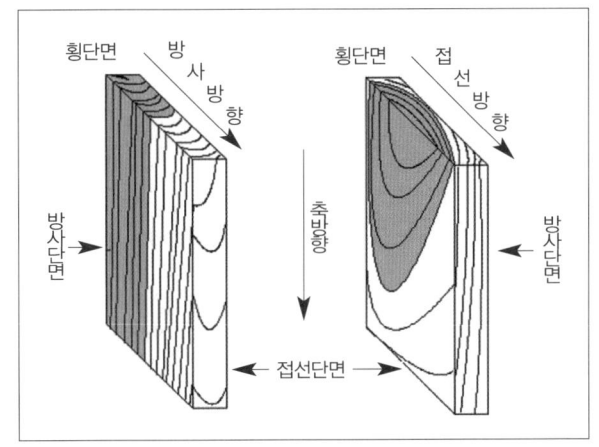

널결 판자(접선단면)와 곧은결 판자(방사단면)

을 원활하게 하는 등 여러 기능을 갖고 있다.

마구리는 경판 두께 2.8cm보다 1/3쯤 더 두꺼운 4cm×4cm에 가로 길이는 경판 너비보다 약간 긴 25cm로 만들었다. 마구리 나무는 주로 경판 판자를 만들고 난 나머지를 이용했다. 나무 배꼽 좌우에서 나오는 곧은결 판자는 너비가 좁아 대부분 경판 나무로 쓸 수 없으므로 각재로 다시 켜서 마구리로 이용했다. 경판과 마찬가지로 산벚나무 마구리가 가장 많고 경판 나무와는 상관없는 소나무나 잣나무를 쓰기도 했다.

마구리의 가운데는 끌로 깊이 2.5~3.0cm, 너비 1.5~2.0cm의 홈을 파내어 경판 몸체와 암수가 꼭 맞게 했다. 또 지름 5mm 정도의 원형 혹은 사각형의 나무못을 마구리의 아래위 두 군데에 박아 넣어 경판 몸체가 빠져나오지 않도록 견고하게 고정했다. 그래도 마음이 놓이지 않았던지 마구리와 경판를 얇은 금속판, 즉 장석으로 연결했다. 구리나 철 또는 구리 계열 합금 등 다양한 금속이 장석으로 사용된 것으로 추정된다. 최근의 조사 결과 순도 97~99%의 구리를 사용한 금속판도 있었다. 장석은 두께 1~2mm, 길이 15~20cm, 너비 2~2.6cm 크기로 모양은 T자형 및 —자형이다.

경판과 마구리를 장석으로 감싸고 적게는 5개 많게는 10개 이상의 쇠못으로 단단히 고정했다. 쇠못은 근세에 만들어진 기계 못이 상당수 포함되어 있어서 장석의 제작은 경판을 새길 당시에 한 것이 아니고 조선조 고종 때 경판을 수리하면서 만들었다는 설도 있다. 그러나 18세기 후반에 쓴 이덕무의 《청장관전서》에 실려 있는 〈가야산기〉에는 "경판의 네 귀퉁이에는 얇은 구리판을 덮고 못을 박아놓았다"라고 묘사되어 있다. 이를 보아 장석이 모두 고종 때의 것이라고 단정하기는 어렵다. 사용 금속의 성분 분석 등 과학적 조사가 이루어진다면 장석을 언제 만들

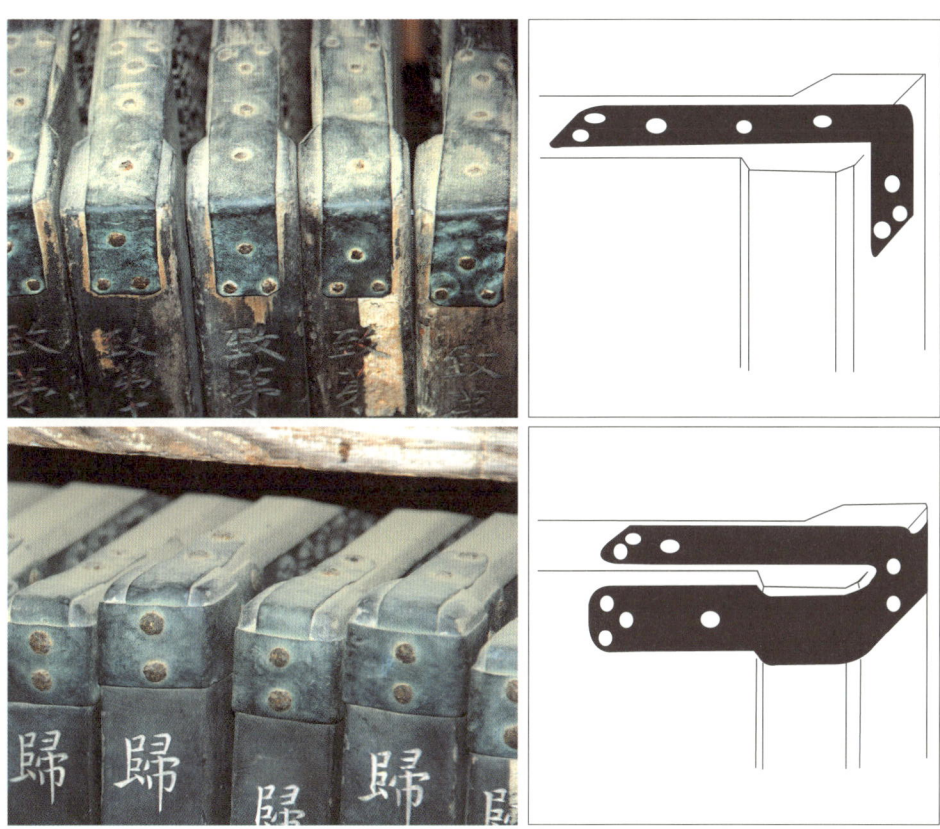

마구리와 경판을 연결한 一자형 및 T자형 장석

어 붙였는지 알 수 있을 것이다.

경판에 글자 새기기

이제 경판을 새길 준비는 끝났다. 경판에 글씨를 새기면 끝이다. 새길 내용은 수기대사가 엄밀히 검토하여 팔만대장경에 넣기로 선정한 불경들이다. 순서에 따라 경판 크기에 맞게 한지에 경을 정성스럽게 쓴다. 이것을 판하본이라고 한다. 판하본板下本은 중앙 통제를 할 수 있고 내용의 맞고 틀림을 알아낼 수 있는 스님이 머무는 곳, 큰 절이나 대장도감에서 작성하여 새김이가 있는 곳으로 내려 보낸 것으로 짐작할 수 있다. 새김을 직접 담당하는 새김이가 머무는 곳은 규모가 너무 크고 사람이 많으면 오히려 작업 능률이 떨어지므로 작은 절 같은 소규모 단위였을 것이다.

준비된 경판 판자 위에 고루 풀칠을 하고 인쇄할 때 글자가 바로 찍히도록 판하본의 글자를 쓴 면이 판자 쪽에 가도록 뒤집어 붙인다. 그 위에 다시 한 번 풀칠하여 말리고, 다시 식물성 기름을 발라준다. 풀칠한 한지가 마르면서 보이지 않던 글자가 잘 보이게 된다. 식물성 기름의 재료는 참깨를 볶지 않고 짜낸 호마유, 쉬나무 열매의 기름인 소등유蘇燈油을 비롯하여 유동나무의 기름인 유동유 등을 사용했다고 한다. 기름은 바르고 나면 금세 나무에 스며든다. 물보다 침투 속도가 더 빠르고 더 깊이 들어간다. 기름은 나무를 부드럽게 하여 새김이 쉽도록 한다.

새김 과정이야말로 경판 제작의 마지막 단계이며 가장 중요한 공정이다. 아무리 벌채에서 건조, 판자 다듬기까지가 완벽했더라도 앞뒤로 새겨지는 640여 자의 글자 중 한 자라도 틀려서는 안 된다. 전해지는 이야

판하본을 뒤집어 붙이고 글자를 새긴다.

》》 다시 새기는 팔만대장경

기로는 한 자 새길 때마다 한 번씩 합장하고 부처에게 빌었다고 한다. 그만큼 한 획 한 획에 지극한 믿음의 혼을 불어넣어야 하는 어려운 작업이었다.

실제로 글자를 새기는 새김이는 많은 경험을 가진 숙련된 솜씨를 가진 노련한 장인이었다. 경판을 새기는 과정은 분업화되었던 것으로 보인다. 즉, 허드렛일을 하고 판하본을 붙이는 보조원, 행과 행 사이의 넓은 공간을 파내는 초보 새김이, 글자의 획이나 삐침 부분을 제외한 글자와 글자 사이를 깎아내는 반숙련 새김이, 마지막으로 판하본 글자 그대로 목판에 직접 새기는 장인이 단계별로 나누어 글자를 새겼을 것이다.

달인의 경지에 이른 장인이 하루에 새길 수 있는 글자 수는 얼마나 될까? 서각書刻 전문가의 이야기를 들어보면 한 사람이 적게는 하루 30자, 많이 잡아도 50자를 새길 수 있다고 한다. 경판 한 장을 새기는 데 13일에서 21일이 필요한 셈이다. 전체 대장경판 글자 수 5,200여만 자를 하루에 새길 수 있는 평균 글자 수 40자로 나누면, 동원된 장인의 연인원이 약 130여만 명이라는 계산이 나온다. 실제로 새긴 기간이 12년이니 매년 약 11만 명의 인원이 동원된 것이다. 연도별로 새긴 경판의 매수가 일정하지 않으니 많이 새긴 해에는 수십만 명의 장인이 동원되었을 것이다. 따라서 장인 수만 따져도 하루에 적게는 300명에서 많게는 1,000명 이상이 동원되어야만 한다. 여기에 보조원

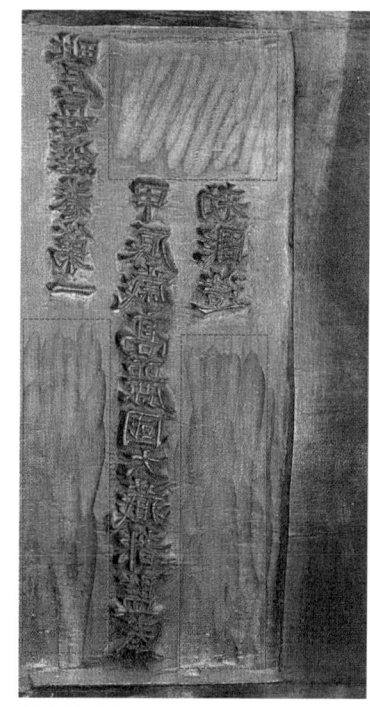

행과 행 사이의 공간은 초보 새김이가 파냈다.

과 미숙련 새김이까지 포함하면 경판을 새기는 데 필요한 인원은 우리의 상상을 뛰어넘는다.

팔만대장경판에 새긴 글씨는 구양순체[14]로, 한 사람이 쓴 것처럼 대부분의 경판이 비슷하다. 글자를 새기는 데도 엄청난 노력과 인원이 필요하겠지만 글씨를 균일하게 쓰는 것도 대단한 정성이 깃들지 않으면 안 될 일이었을 것이다. 당시는 인쇄술이 일반화되지 않은 시기라서 사경이 매우 발달했다고 한다. 풍부한 사경 인원 중에서 대장경판 판하본을 쓸 인원을 따로 선발하여 구양순 필체로 마치 한 사람이 쓴 듯이 거의 통일될 때까지 일정 기간 동안 필체 교정 교육을 시킨 것으로 추정된다. 글씨가 너무 아름다워 조선 시대의 명필 추사 김정희도 팔만대장경판의

구양순체로 새겨진 팔만대장경판의 글자

≫ 다시 새기는 팔만대장경

글씨를 보고 "이는 사람이 쓴 것이 아니라 마치 신선이 내려와서 쓴 것 같다非肉身之筆 乃仙人之筆"라며 감탄해 마지않았다고 한다.

글자를 새기는 새김이는 지극한 신앙심으로 한 자 한 자에 온갖 정성을 쏟았을 것이다. 그러나 사람이 하는 일인지라 정신 통일을 하지 않으면 아차! 하는 순간에 획이 하나 날아가버린다. 아무리 조심하더라도 실수는 있게 마련이다. 대장경판에서 그런 흔적은 많지 않지만 가끔 볼 수 있다. 경판을 조사하는 과정 중 완벽하다는 팔만대장경판에서 그런 실수를 만나는 것은, 오직 믿는 마음으로 뭉쳐 있는 고려인이라지만 인간적인 면을 엿보는 것 같아 오히려 반갑기까지 했다.

잘못 판각한 글자는 두 가지 방법으로 수리했다. 첫째는 틀린 글자를 □자로 오려내고 다른 나무에 바른 글자를 새겨서 맞추어 넣은 방식이다. 오려낸 깊이가 깊지 않으면 뒷면에 아교를 발라 붙였다. 다른 방법은 틀린 글자가 있는 행부터 아래나 위로 U자형으로 길게 모두 오려내고, 새로 새긴 글자 줄을 밀어 넣은 방식이다. 경판을 주의 깊게 관찰하지 않고서는 수리한 곳을 결코 찾아낼 수 없을 만큼 정교하게 처리했다.

새김 경판에 옻칠하기

'팔만대장경판에는 옻칠이 되어 있다. 그래서 지금까지 썩지 않고 잘 보존되어 있다.' 많은 사람들이 그렇게 알고 있다. 하지만 옻칠 때문에 썩지 않는다는 말은 맞지 않다. 8만 1,258장 모두 옻칠된 것도 아니고, 건조된 나무판이 썩고 썩지 않음에 옻칠은 크게 영향을 미치지 않는다. 우선 옻칠 경판부터 알아보자.

경판 새김이 끝난 다음 빠진 글자와 잘못된 글자를 찾아내기 위해 먹물을 발라 첫 인쇄를 해본다. 이상이 발견되지 않으면 보관 장소에 옮겨

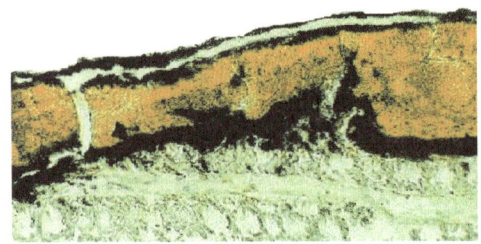 

경판의 옻칠 과정. 글자를 새긴 후 첫 인쇄를 한 다음 옻칠을 했다.
왼편 : 먹층-옻칠층-먹층-옻칠층-먹층-나무, 오른편 : 옻칠층-먹층-나무

진다. 이때 경판에 따라서는 옻칠을 하기도 했다. 〈해인사대장경판개간인유〉에는 "이거인이 거제도에서 경판을 만들어 금으로 장식하고 옻칠을 하여 해인사에 옮긴 다음 법회를 열었다"는 내용이 있다. 옛날에 경판을 새기면 옻칠을 하는 경우가 왕왕 있었던 것 같다. 하지만 일부 주칠朱漆된 경판을 제외하면, 지금의 경판을 눈으로 보고 옻칠 유무를 가려내는 일이 간단치 않다. 대부분의 경판은 인쇄할 때 사용한 먹이 두꺼운 층을 형성하고 있기 때문이다.

옻칠은 글자를 새기지 않은 경판의 외곽부만 되어 있다. 마구리는 옻칠을 하지 않았으며 할 필요도 없다. 글자가 새겨진 부분은 확인에 어려움이 있으나 거의 옻칠이 안 되었다. 글자의 표면이 유난히 매끄럽게 보이는 경판은 옻칠이 되었을 것이라는 주장도 있다. 그렇지만 글자 부분에 옻칠을 하면 나무 세포의 미세한 틈새까지 막아버려 먹물이 나무의 글자 부분에 잘 묻지 않아 오히려 인쇄할 때 방해가 된다.

옻칠은 여과와 탈수 등 기본적인 정제만 한 생옻을 사용하여 2~3회 도포했고 칠의 두께는 0.011~0.092mm 정도이다. 일반 옻칠과 달리 몇 경판을 제외하고는 안료를 섞지 않아 색깔로 옻칠 유무를 확인하기 어렵다. 옻칠된 부분을 현미경으로 검사해보면 목질부와 옻칠 사이에 먹

옻칠 된 경판과 옻칠 안 된 경판

층이 들어 있는 경우가 많다. 이는 경판을 새긴 다음 몇 번의 인쇄 후 옻칠을 한 것임을 뜻한다. 옻칠 공정에서 바탕을 고르게 해주는 눈막이 과정이 있는데 몇 번 인쇄하면서 먹물에 섞여 있는 미세한 돌가루가 이 과정을 자연스럽게 대신한 것으로 보인다.

옻은 역사 시대 이전부터 사용되었다. 중앙박물관에 보관 중인 낙랑 고분의 관재棺材, 공주의 무령왕릉 관재 및 우리나라 여기저기서 출토되는 칠기 등에 광범위하게 이용되었음을 볼 수 있다. 옻칠은 여러 가지 안료를 섞어 표면을 아름답게 함은 물론 습기를 차단하여 썩지 않고 벌레의 침입을 막는다고 알려져 있다. 그러나 대장경판의 옻칠이 경판의 보존에 직접적인 영향을 미친다고 보기는 어렵다. 목판을 썩게 하는 미생물이나 목판을 갉아 먹는 곤충은 대부분 나무 속의 수분 함량을 나타내는 함수율含水率¹⁵에 따라 크게 영향을 받는다. 공기 중에서 잘 말린 나무의 함수율은 15% 정도인데, 이런 상태에서는 옻칠을 하지 않아도 나무가 썩을 염려는 결코 없다. 옻칠은 제기나 밥상, 승려의 발우 등 물과 자주 접촉하는 도구에서 물이 나무로 침투할 수 없게 차단해주어 나무를 썩지 않게 하는 역할을 한다. 따라서 팔만대장경판처럼 항상 말라 있는 판자에는 옻칠이 경판 썩음에 거의 영향을 미치지 못한다.

◎ 대장경판 인쇄의 역사와 그 과정

대장경판은 인쇄하여 널리 읽히는 것이 목적이었다. 《대반야경》 등 일부 경판은 심하게 마모되어 있는 것으로 보아 얼마나 자주 인쇄를 했는지 짐작할 수 있다. 팔만대장경판을 한꺼번에 모두 인쇄하는 데는 막대한 경비가 들기 때문에 특별한 목적이 아니면 필요에 따라 부분적으로 이루어졌을 것이다. 인쇄에 관련된 기록 및 실제 인쇄 과정을 알아보자.

대장경판 인쇄의 역사

대장경판이 완성된 후 1392년 고려가 멸망하기까지 약 140여 년 동안 대장경을 활발히 인쇄했을 것으로 추정되나 실제 기록으로 남아 있는 것은 드물다. 최초의 인쇄 기록은 《동문선》에 씌어 있는 내용으로, 대장경판을 완성한 67년 뒤인 1318년(충숙왕 5) 영봉산 용암사를 중창하기 위해 무애국통을 강화판당에 보내어 누락된 경을 인쇄하여 가져왔다는 것이다. 그로부터 63년 뒤인 1381년(우왕 7) 이색이 죽은 아버지의 원에 따라 대장경을 인쇄하여 여주 신륵사에 보관했다는 기록이 있다. 이것이 고려 때 인쇄를 했다는 믿을 만한 기록의 전부인데, 과연 현재의 팔만대장경판을 인쇄한 것인지는 불명한 점이 많다.

　조선 초기에는 신하들의 반대가 있었지만 임금이 주체가 되어 인쇄한 기록이 《조선왕조실록》 등에 비교적 상세히 남아 있다. 1399년(정종 원년) 태상왕 이성계가 개인적으로 대장경을 인쇄하는 데 필요한 재물을 납입했다는 기록이 있다. 또한 1412년(태종 13) 개경사에 안치할 목적으로 대장경을 해인사에서 인쇄하기 위해 황해·경기·충청도의 경판 종이 260속을 경상도로 보내기로 하고 인쇄할 때 관계자와 승려 200명에게도 급료를 지급토록 했다는 기록이 있다.

　그 후 1457년(세조 3) 불교에 심취했던 임금은 대대적으로 대장경을 인쇄하기로 하고 "대장경 50벌을 박아낼 종이 40만 6,200권을 여러 도에서 중국 삼을 닥나무 껍질과 섞어서 제조하여 바치게 하라"고 했다. 같은 해 경상도 관찰사에게 "대장경 50벌을 오는 2월부터 해인사에서 인쇄하여 6월 전에 일을 마치게 하라"고 명했다. 같은 날 각지의 관찰사에게 대장경을 찍는 데 필요한 물자를 관에서 준비하게 했는데 충청도·전라도·경상도·황해도 관찰사에게 유시하기를 "대장경 50벌을 찍어내는 데 들어갈 물자는, 충청도에서 종이 5만 1,126권, 먹 875정丁, 밀랍 60근이요, 전라도에서 종이 9만 9,004권, 먹 1,750정, 밀랍 125근이요, 경상도에서 종이 9만 9,004권, 먹 1,750정이고 밀랍 70근, 참기름 100두요, 강원도에서 종이 4만 5,126권, 먹 875정, 밀랍이 125근이요, 황해도에서 종이 1만 1,126권, 먹 875정, 밀랍 60근인데, 모두 관에서 스스로 준비하여 해인사에 보내라"고 했다. 이와 같이 1457년부터 시작된 50벌의 대장경 간행 사업으로 다음 해인 1458년 인쇄 담당 관리였던 정은이 대장경 3벌을 완성하여 바쳤고, 세조는 이를 한양 흥천사에 두게 했다.

1500년(연산군 6) 학조대사가 지은 〈인성대장경발印成大藏經跋〉에 의하면 왕비 신씨가 만백성과 국가의 안녕 및 임금의 만수무강을 빌기 위해 경판 인쇄용지 8천여 권을 만들어 해인사 대장경 20부를 박아내고, 백팔 고승을 초청하여 3일간 돌려 읽기를 했다고 한다.

1865년(고종 2)에는 남호영기와 남명장노라는 승려가 함께 대장경 인쇄를 위한 단식 불공을 올리고 여러 달에 걸쳐 1만 4천 금을 모금하여, 해인사 대장경 2부를 인쇄하여 1부는 오대산에, 나머지 1부는 설악산에 각각 보관했다고 하며, 1899년(고종 36) 경상남도 관찰사였던 조시영이 지은 〈인쇄발문〉에 따르면, 용악이란 승려가 선조의 위업을 기리고 나라의 편안함을 기리기 위해 대장경 인쇄를 건의했다고 한다. 이에 고종은 개인 돈 6만 량을 하사하고 이어 탁지부度支部에서 30만 량, 의정부에서 7,500량, 경운궁에서 1,500량, 경남관찰사 조시영이 500량, 합천군수 50량, 양산군수 50량, 언양군수 100량, 판서 이용직 100량, 통도사에서 5,000량, 전주에서 800량 등의 성금을 모아 해인사고려대장경판 4부를 인쇄했다. 통도사와 해인사 및 송광사에 1부씩 두고, 나머지 1부는 전국 명산의 큰 절에 나누어 보관했다.

또한 1906년(고종 43) 박창선이 지은 〈대장경판 수보발문修補跋文〉에 따르면, 순빈 엄씨를 통해 임금이 개인 돈 6만 량을 내려주어 대장경판 1,400권을 인쇄하여 금강산 정양사의 빠진 부분을 보충했으며, 이때 쓰고 남은 돈은 경판을 보수하는 데 사용했다고 한다. 즉, '반수 이상이나 되는 망가진 경판'의 좌우 끝 마구리, 비틀린 경판 바로잡기, 떨어져 나간 부분의 보수, 글자의 마멸 부분 보완, 옻칠하기, 경판의 네 귀퉁이를 구리판으로 장식, 습기 방지를 위해 판전 기둥의 하부를 동판으로 둘러싸는 등 전반적으로 손을 보았다.

일제 강점기인 1915년 3월에서 6월에 걸쳐 3부를 인쇄하여 일본 왕실의 절인 센뉴지泉涌寺와 경성대학교에 각각 1부씩 보관하고 나머지 1부는 영국에 보냈다. 이때 사용된 한지가 52만 5천 매, 비단이 1만 천 자尺에 동원된 인원이 5천 명이었다. 1937년에는 만주국 황제인 푸이溥儀가 일본에 헌납하기 위해 2부를 인쇄했다고 하는데, 이때 사용된 한지는 함양산 닥종이 10만 매로서 황벽나무 즙으로 방충 처리했고 먹은 만 5천 개, 동원된 인원은 서울에서 8명, 해인사 승려 및 부근의 경험자 15명 등 23명이었다. 이중 1부는 만주국에 보내고, 나머지 1부는 불교전문학교에 모시기로 했으나 사정에 의해 영변의 보현사에 보관했다.

해방 후 1963년부터 1968년까지 김두호가 문공부의 허가를 받아 13부를 인쇄하여 동아대학교에 1부, 동국대학교에 1부, 성균관대학교에 1부, 중동고등학교에 1부씩 주었고 일본에 4부, 영국에 2부, 미국에 1부, 호주에 1부, 타이완에 1부씩 배포했다. 1968년을 마지막으로 경판 보존을 위해 인쇄를 중단했다.

인쇄의 실제 과정

온갖 정성을 들여 만든 대장경판의 목적은 인쇄하여 석가모니의 가르침을 널리 보급하는 데 있다. 여러 차례의 인쇄 과정은 방대한 양만큼이나 많은 사연과 곡절을 낳았을 것이다. 그러나 인쇄에 얽힌 기록은 거의 남아 있지 않다. 다만 세조 때의 기록으로 대장경 인쇄에 필요한 물자가 어느 정도인지 짐작할 따름이다.

근세에 들어 일제 강점기인 1915년에 인쇄할 때 쓴 〈고려대장경 인쇄 전말〉이라는 보고서가 남아 있다. 이것은 당시까지 구전으로 전해지는 인쇄 방식을 충분히 참고했으며 내용이 구체적이고 상세하여 옛 과정을 어렴풋이나마 짐작해볼 수 있는 자료이다. 이를 통해 팔만대장경의 인쇄 과정을 살펴보자.

팔만대장경 전체를 인쇄하는 데는 1915년 3월 15일부터 6월 2일까지 80일이 걸렸다. 순수하게 인쇄만 담당하는 기술자가 1,306명이었고 경판의 출납 및 인쇄용지 정리 등에 966명의 인부가 일했다. 그 전해인 1914년 10월 9일에서 11월 5일까지 643명의 인원을 동원하여 약 한 달에 걸쳐 인쇄 준비 작업으로서 경판 조사사업을 벌였다. 순서가 바뀐 경판을 바로잡고 경 이름, 권 차례 및 장수를 확인하여 표찰을 붙였다.

인쇄에 직접 쓸 종이는 별도로 국립공업연구소 등에 의뢰하고, 책을 제본하는 데 들어가는 종이는 해인사 부근에서 특별히 제작했다. 인쇄용지는 본래 황지黃紙를 사용하던 예에 따라 수십 종의 본보기를 만들어 약 40일간 햇빛에 노출시키고 실험해본 결과 닥나무에 삽목澁木과 천궁을 끓인 즙을 섞고 종이로 뜬 것이 가장 변색이 덜 되고 우수했다. 책의 크기는 약간의 여분을 포함하여 세로 35cm, 가로 58cm로 했으며, 필요한 종이 16만 5천여 장을 제조했다.

제본용지는 흰 종이를 쓰기로 하고 세로 41cm, 가로 61cm의 크기로 하여 33만여 장을 만들었다. 인쇄용지로는 황지 1만 2천여 장을 새로 만들어 썼다. 종이는 모두 국산 닥나무껍질을 원료로 했으며, 1914년 10월 종이를 만들기 시작하여 1915년 7월 초순에 끝마쳤다.

인쇄를 직접 담당할 인쇄공 구하는 일이 쉽지 않았다. 당시에 이미 활판 인쇄가 보급되기 시작하여 목판 인쇄공은 찾기 어려워서였다. 1년 전부터 시험을 통해 22명을 선발하고 3개월간 고용계약을 맺었다.

실제 경판 인쇄의 방식과 과정은 승려들의 구전을 참조했다. 옛날 대장경을 인쇄할 때는 경판꽂이에서 꺼내어 사용하고 바깥에다 그대로 쌓아두었다가 인쇄가 다 끝난 다음 경판꽂이에 다시 넣었다고 한다. 이 때문에 경판이 뒤섞여 순서대로 찾아 넣는 데 어려움이 많았다. 인쇄된 대장경은 200여 명의 승려가 동원되어 한 달 넘게 정리했다고 한다. 따라서 1915년의 대장경 인쇄는 대장경의 이름, 권, 차별로 색깔을 달리하여 카드를 작성했는데, 카드는 2만 415매이며 5명이 동원되어 14일이 걸렸다. 또한 인쇄가 끝나면 곧바로 원래의 경판꽂이에 되돌려 넣어 혼란을 막고자 했다.

인쇄에 필요한 용품 중 가장 중요한 것이 먹이다. 여러 가지를 비교해본 결과 평안남도 양덕에서 생산되는 먹이 가장 우수했다. 먹을 포함한 대장경판 인쇄에 필요한 용품은 양덕산 송연묵松煙墨 1만 7,450개, 말총 솔 60개, 풀뿌리 솔 60개, 짚 솔 20개, 밀랍 15근, 화로 10개, 벼루 20개, 정목定木 20개, 사발沙鉢 40개 등이었다.

실제의 인쇄 시기는 작업이 편리하고 경판을 손상시킬 염려가 없는 3월 중순부터 시작했다. 인쇄 장소는 처음에는 판전의 가운데 통로를 사용할 예정이었으나, 춥고 좁아서 불편하므로 가까이 있으면서 거의 사용하지 않은 불당을 쓰기로 했다.

팔만대장경의 인쇄 방법은 다음과 같았다. 우선 약간 경사지게 경판을 얹을 수 있는 나무틀을 가운데 두고 두 사람이 마주 앉는다. 인쇄할 경판의 먼지를 깨끗이 털고 표면이 위로 오도록 한다. 적당히 풀을 섞은 먹물을 풀뿌리로 만든 솔로 고루고루 바르고 준비한 한지를 얹는다. 말총을 모아 만든 마발을 이용하여 먹물이 한지에 잘 배어들게 가볍게 두드린다. 한지의 위로 배어나온 먹물의 상태를 면밀히 검사하여 인쇄가 잘 되었는지를 확인하고 앞에 앉은 보조자와 인쇄된 한지의 네 귀퉁이를 잡고 조심스럽게 떼어낸다.

　인쇄가 끝난 경판은 먹물에 섞여 있는 풀의 전분이 미생물의 먹잇감이 되지 않도록 완전히 제거해야 한다. 옛 방식에 따라 소금물로 씻어내기도 했다. 이 과정이 철저하지 못하면 소금기가 흡습성이 있어 경판꽂이에 넣은 다음에도 곰팡이 등 미생물이 자랄 수 있다. 작업이 끝난 경판은 바람이 잘 통하는 음지에서 충분히 건조시켜 다시 경판꽂이에 넣은 과정을 밟았다. 서유구가 만년에 쓴《임원경제지》을 보면 인쇄 후의 보관방법을 기술하고 있다. "매번 인쇄가 끝나면 깨끗이 씻어서 말려 가지고 나무상자에 보관한다每刷印旣畢卽洗淨 晾乾貯之木櫃." 이것으로 보아 예로부터 인쇄가 끝난 경판은 씻어서 보관한 것 같다.

경판인쇄

≫ 다시 새기는 팔만대장경

이때 경판을 정리하면서 18매가 누락되어 있음을 알았다. 이것들을 다시 새기기로 결정하고 월정사 등에 보관된 옛 인쇄본을 참조하여 보충할 경판의 원고를 확정했다. 경판에 사용할 나무는 서울 근처 여러 곳에서 수집한 배나무 목재를 잘라 이용했다. 처음에는 서유구의 《임원경제지》에 기록된 대로 소금물에 담그고 쪄서 건조할 계획이었다. 그러나 건조에 2개월 이상이 소요되고 인쇄 작업에 차질이 우려되어 공업시험장에 의뢰하여 증기인공건조법으로 건조했다. 경판을 새긴 다음에는 표면에 옻칠을 하고 네 귀퉁이에는 구리로 만든 장석을 박아 넣어 옛날의 방식 그대로 따랐다.

대장경을 인쇄한 후 136개 경판에서 1,017자가 빠져 있음을 알게 되었다. 그리하여 이미 인쇄되어 있는 대장경을 참고하여 다시 새겨서 경판에 붙여 넣었다. 그러나 이때 붙여 넣은 경판 이름과 글자 부분을 기록해두지 않아 경판을 새길 당시 오자 및 탈자 처리한 것과 구별할 수 없는 상태이다.

인쇄된 대장경은 서울로 옮겨와서 4월 8일부터 8월 30일까지 약 4개월간 제본하여 완성했다. 인쇄 작업에 관여한 총인원은 감독 및 교정인원을 제외하고도 2,090명에 이르며 인쇄된 대장경의 수는 목록을 포함하여 총 1,511종 6,805권이었다.

경판의 탄생지를 둘러싼 미스터리

과연 팔만대장경은 강화도에서 만들어졌을까?
만약 그렇다면 언제 해인사로 옮겼을까? 만일 강화도가 아니라면?
대장경판에 남아 있는 제작 장소의 증거는?

어떤 일의 판단을 명확히 하려면 육하원칙에 따른다. 팔만대장경판을 '누가, 언제, 어디서, 무엇을, 왜, 어떻게'로 따져본다면 다섯은 알아낼 수 있는데, 단 하나 어디서 새겼는지가 명확하지 않다.

팔만대장경판은 어디에서 만들어 해인사에 보관하게 된 것인가? 지금까지 정설로 알려진 대로 강화도에서 새겨서 보관하고 있다가 조선 초 해인사로 옮겼을까? 아니면 진주와 남해 등 남부 지방에서 새겨 해인사로 가져왔을까? 해인사나 그 부근에서 새겨 본래부터 해인사에 있었던 것일까? 이렇게 여러 가지 의문부호를 찍을 수밖에 없는 이유는 옛 문헌 어디에도 새김 장소에 관한 명확한 기록이 없기 때문이다. 미루어 짐작할 수 있는 자료는 《고려사》와 《조선왕조실록》에 한 줄 남짓하게 실려 있는 것이 전부이다. 그나마 표현이 애매하여 여러 가지로 해석할 수 있다.

지금까지 "고려 고종 때 16년에 걸쳐 경판을 새긴 다음, 강화도 선원사에 보관하고 있다가 조선 태조 때 해인사로 옮겨와 오늘에 이른다"는 소위 '강화도 제작설'을 정설로 받아들이고 있다. 문화재청 공식 자료 및 초·중·고 교과서를 비롯하여 공식·비공식 대장경판 관련 자료는 모두 '강화도에서 새겼다'라고 되어 있다.

≫ 경판의 탄생지를 둘러싼 미스터리

과연 그럴까? 나는 기록이 아니라 팔만대장경판의 재질 조사 결과로 얻은 여러 가지 과학적 자료를 근거로 진실을 추적해보고자 한다.

◎ 강화도 새김의 근거

팔만대장경이 강화도에서 새겼다고 추정할 수 있는 가장 믿을 만한 근거는 《고려사》의 기록 한 줄이다. 고려 고종 38년(1251) 9월 25일조에는 다음과 같은 내용이 있다. "임금은 여러 신하들과 함께 서문 밖 대장경 판당板堂에 행차하여 임진년(1232) 몽고 침입 때 불타버린 판본(초조대장경)을 16년에 걸쳐 다시 새긴 것을 자축하는 기념행사를 했다幸西城門外 大藏經板堂 率百官行 顯宗時板本 燬於壬辰蒙兵 王與群臣 更願立都監 十六年而功畢." 당시 고려의 수도가 개성에서 강화도로 피난 가 있었으니, 서문 밖 대장경 판당이라 함은 강화도 임시 궁궐의 서문에서 얼마 떨어진 곳일 것이다. 여기서 판당을 대장경을 직접 새긴 작업장으로 보면 새긴 장소는 강화도가 된다.

다음은 대장경판 새김 사업을 효과적으로 추진하기 위해 설치한 별개의 전담 정부기구로 짐작되는 여러 가지 기관 이름에서 찾을 수 있다. 《고려사》에는 도감, 이규보의 〈대장각판군신기고문〉에는 귀당관사라는 기관 명칭이 나온다. 따라서 팔만대장경판을 새기기 위해 공식적인 정부기구를 설치하여 작업을 진행했음을 알 수 있다. 경판 새김을 전문적으로 담당한 정부기구가 있는 곳에서 실제로 작업했을 것이니 이 기구가 어디에 있었는지는 새김 장소를 추정하는 데 중요한 참고자료가 된다. 그러나 대장도감의 위치가 어딘지 명확히 알 수 있는 기록은 거의 없다.

다만 대장도감은 새김 전체를 총괄하는 기관이니 당연히 임금이 있던 곳에 위치했을 것이고 따라서 새긴 장소는 강화도라는 논리이다.

《동문선》의 〈영봉산 용암사 중창기〉에는 충숙왕 1318년(충숙왕 5) 임금은 옛 대장경이 부식되어 있음을 보고 주지 무애국통에게, "썩어서 없어진 함·권·장을 강화 판당에서 새로 인쇄하여 가져오라就江華板堂印出闕函闕卷闕張而來" 했다는 기록이 있다. 역시 대장경판은 강화도에 있었다는 내용이다. 한편 《조선왕조실록》 태조 7년(1398) 5월 10일조에는, "임금이 용산강(한강)에 가서 강화도 선원사로부터 대장경판을 가져오는 것을 참관했다"라는 내용이 있다. 이 기록은 경판이 이때까지 강화도에 있었음을 말해주는 자료이다. 1251년 고려의 고종이 대장경판 새김 기념식을 마친 후 1398년 강화도에서 한양으로 가져오기 전까지 약 150년 동안 강화도에 있었다는 결론이다.

이렇게 알려진 몇몇 기록을 보면 경판 새김이 강화도에서 이루어졌다고 짐작할 수밖에 없다. 그러나 어디까지나 정황이고 가능성의 수준일 뿐 강화도에서 경판 새김 작업이 진행되었다고 단정하기에는 너무 많은 의문점이 남아 있다.

◎ 강화도 새김의 의문

의문의 첫째는 대장경이라는 단어의 해석에 있다. 대장경의 사전적인 뜻은 '부처님의 말씀을 모아둔 총서'이다. 그 많은 경전 전체를 포괄적으로 말할 때도, 《반야심경》이나 《금강경》 등 어느 경 하나를 말할 때도 대장경이란 용어를 쓴다. 그래서 좀 오래된 절에는 지금도 대장경이 보관되어 있다. 그런데 우리는 강화 새김의 근원으로 삼는 문헌에 나오는 대장경이 바로 해인사팔만대장경이라는 가정에서 출발했다. 하지만 가장 믿을 수 있는 《고려사》의 기록을 비롯하여 관련 어느 문헌에도 '대장경'이 곧 해인사팔만대장경이라는 단정할 만한 근거는 없다.

두 번째 의문은 강화도의 지정학적인 위치과 관련되어 있다. 강화해협에서 육지와 가장 가까운 거리는 김포시 월곶면 성동리 갑곶나루에서 건너편 강화대교의 북편 사이이다. 직선거리 500m 남짓한 해협을 사이에 두고 몽고군과 대치하는 긴박한 상황에서 한가하게 장장 16년에 걸쳐 대장경을 만들었다는 것을 쉽게 수긍하기 어렵다. 그런 맥락에서 오랫동안 대장경 연구를 해온 사학자 민영규의 지적에 귀 기울여볼 필요

경북 예천 용문사의 대장전. 대장경이 보관되었던 건물로 알려져 있다.

갑곶돈대에서 바라본 강화대교 부근

가 있다. "미상불 강화도의 경우 북으로 승천포, 동으로 갑곶이나루가 가로질러서 육지와 격리시키고 몽고군의 침입을 막는 구실을 했다. 하지만 이쪽에서 부르면 저쪽에서 대답할 수 있는 거리이다. 쌍방의 대립이 고조될 때마다 승천포와 갑곶이 건너편에 몽고군이 진을 치고 북 치는 소리와 폭성으로 천지를 진동시키면서 결전을 재촉해온다 하자. 그러한 긴박한 상황에서 인류 역사상 유례를 찾아보기 어려울 만큼 완성도가 높은 팔만대장경이 만들어졌다면 그렇게 생각하는 것 자체가 무리다. 시각의 방향을 바꿔야 한다."

다음은 경판 새김 나무의 조달 문제이다. 좁디좁은 강화도로 고려의 수도가 옮겨갔으니 수많은 사람들이 밥 해먹고 불 지펴서 추위를 피할 에너지가 필요하다. 산의 나무는 대부분 잘려 나갔을 것이다. 재질이 좋아 새김에 쓸 나무가 모두 없어져버렸을 테니 강화도 자체 조달은 불가능하다. 그렇다면 어디서 가져올 수 있었는가? 지리적인 조건만 따진다면 황해도·평안도 등 북한 땅 서북쪽이 더 가깝다. 하지만 몽고군의 침략 루트에 있는 북한 땅에서 한가롭게 나무를 베어 가져올 형편은 아니었다. 나무를 강화도로 가져올 수 있는 곳은 최우의 식읍인 진주를 비롯하여 그의 영향력 아래 있는 서남해안 및 섬 지방이다. 그 일대는 몽고군의 분탕질이 덜하고 경판 새김에 적당한 나무가 많은 곳이다.

강화도에서 경판을 새겼다면 그 엄청난 양의 나무를 배에 실어 가져왔다는 이야기가 된다. 강화해협을 사이에 두고 고려군과 몽고군이 대치하는 전쟁 상태에서, 더욱이 간만의 차가 커서 썰물 때면 십 리도 넘게 갯벌이 노출되는 강화도의 해변에 배를 대고 무거운 통나무를 운반했을까? 쉽게 납득할 수 없는 부분이다.

해인사로 언제, 어떻게 옮겼을까?

믿기 어려운 여러 가지 모순점이 있지만, 어쨌든 경판 새김 장소가 강화도라고 가정한다면, 대장경판을 해인사로 옮겼다고 볼 수밖에 없다. 새김 장소가 의문투성이니 언제 누가 어떻게 옮겨왔는지에 대해서는 당연히 여러 설들이 난무한다. 공식적으로 가장 널리 인정받고 있는 조선 태조 7년 이운설移運說부터 알아보자.

태조 7년(1398)에 옮겨왔다?

조선 태조 7년인 1398년 5월 10일과 정종 원년인 1399년 1월 9일 사이에 강화도에서 해인사로 옮겼다는 설이다. 《조선왕조실록》 태조 7년 5월

10, 11, 12일 사흘에 걸쳐 이와 관련된 기록이 나온다. 그 내용을 보면, "태조가 1398년 5월 10일 용산강, 정확히는 지금의 한강 원효대교 북쪽으로 행차하여 대장경판을 강화도 선원사로부터 가져오는 것을 참관했다. 11일과 12일에 비가 내렸다. 12일에는 비를 무릅쓰고 2천 명의 병사를 동원하여 대장경판을 지천사로 옮겼는데 의장행렬이 따랐다. 검참찬문하 부사 유광우에게 명하여 향을 피우게 하고 오교양종의 승려가 경을 외우고 의장을 갖추어 나팔을 불며 인도했다." 여기서 말하는 지천사의 위치는 서울 서대문 밖으로 추정하고 있으며, 지금의 프라자 호텔 자리라는 설도 있다. 강화도에 있던 대장경판을 지천사라는 한양 근교의 육지로 옮겨왔다는 내용이다. 하지만 이후 대장경판이 어떻게 되었는지는 단 한 줄의 기록도 남아 있지 않다.

이어서 《조선왕조실록》 정종 원년(1399) 1월 9일조에 보면 경상감사에 내린 행정명령에 다음과 같은 내용이 있다. "태상왕(이성계)은 사재私財로 해인사 대장경을 인쇄하고 싶어 하신다. 참가할 승려들을 공양하기 위해 태상왕은 머물고 있던 함경도 동북면에 비축해둔 콩과 밤 540석을 내어놓으셨다. 그러나 거리가 멀어 직접 해인사까지 가져갈 수는 없으니 단주와 길주 두 고을 창고에 납입하게 하고 대신에 해인사 근방의 여러 고을에서 쌀과 콩을 같은 수량만큼 대신 내주도록 하라." 태조가 왕자의 난으로 무참히 죽은 아들 방석과 충신들의 명복을 빌기 위해 경판을 인쇄했다는 것이다.

태조가 인쇄한 해인사 대장경판은 바로 전 해인 1398년(태조 7) 5월 10일 강화도에서 나온 바로 그 '대장경판'일 것이며, 따라서 강화도에서 옮겨왔다는 논리이다. 옮겨온 시기는 1398년 5월에서 1399년 1월 9일 사이라는 것이다. 마침 그해에는 윤5월이 있었으니 정확히 9달이라는 짧은 기간 동안 8만 천여 장이라는 엄청난 양의 경판을 감쪽같이 한양의 지천사에서 산간오지인 해인사로 옮겨다 놓은 셈이다. 이 기록은 《조선왕조실록》에 실려 있으며, 연대가 명확한 유일무이한 기록이다. 그러나 강화도 선원사의 대장경이 곧 팔만대장경이라고 볼 수 있는 절대적인 증거가 부족하다.

고려 말(1318~1381)에 옮겨왔다?

고려 말 60여 년에서 걸쳐 강화도에서 해인사로 옮겼다는 설로서, 일본인 학자 다카하시 등의 주장이다. 그는 고려 말에서 조선 초까지 국왕이나 개인이 대장경을 인쇄했다는 문헌 기록을 토대로 주장을 펴고 있다.

《동문선》68권의 기록에 따르면, 대장경판은 1318년(충숙왕 5)까지 강화 판당에 있었다. 한편 《동문선》76권에 이숭인이 지은 〈신륵사 대장각기大藏閣記〉가 실려 있는데, 여기에는 1381년(우왕 7) 이색이 죽은 부친의 뜻을 따라 대장경을 인쇄하고 신륵사에 판전을 세워 안치한 내용이 기록되어 있다. 이색은 혼자 힘으로 대장경 인쇄 사업을 완성하기 어렵다고 판단하고는 공민왕의 왕사인 보제국사 제자들의 힘을 빌렸다. 그러나 어디에서 인쇄했는지 기록이 없다. 이숭인의 《도은시집》에서는 "수암장로가 해인사에서 장경을 인쇄하여 바쳤다睡庵長老印藏經于海印寺獻"고 밝히고 있다. 수암장로는 보제국사의 제자로 추정되므로 이색의 대장경 인쇄 작업은 해인사에서 이루어졌다고 보는 것이다.

이러한 《동문선》의 기록을 근거로 대장경판을 해인사로 옮긴 것은 1318년(충숙왕 5)에서 1381년(우왕 7)에 걸치는 63년간이라는 주장이다. 그러나 이 주장의 유일한 근거라고 할 수 있는 시 구절의 '장경'이 지금의 팔만대장경이라고 할 수 있을지 의문이다. 지금도 해인사에는 고려

대장경판을 새긴 절로 알려진 선원사 발굴 터와 소개 입간판

중기 및 말기에 새긴 《삼본화엄경》 등 사간판이 많이 보관되어 있으므로 이숭인의 시에서 말하는 장경이 꼭 팔만대장경이라고 보기는 어렵다고 생각한다.

조선 초(1397~1406)에 옮겨왔다?

태조 6년인 1397년에서 태종 6년인 1406년 사이 9년간 옮겼다는 설이다. 1926년 불교학자 김포광은 해인사 동·서사간전에 보관 중인 사간판을 조사하다가 균여대사의 저서인 《석화엄교분기원통초》 제10권 9·10장이 새겨진 경판을 발견했다. 그런데 이 경판의 10장 글자가 새겨진 윤곽의 왼쪽 바깥쪽에 "정축년에 강화도로부터 내올 때 이 경판을 잃어버렸으므로 지식도원과 함께 불사를 일으키고 을유년(1406) 10월에 판을 새겨 넣은 사실을 수좌 충현이 기록한다 丁丑年出陸時 此闕失與 知識道元同願 開板入上 乙酉十月日 首座冲玄"라는 내용이 새겨져 있었다.

이것을 해석하면, 대장경판을 강화도에서 옮긴 후 정리할 때 판이 없어진 것으로 알고 정축년에서 9년 후인 을유년에 판을 새로 새겨 넣었으나 뒷날 인쇄 작업을 하다가 원본을 찾아내었으므로 새로 새긴 충현의 판은 사간판으로 돌린다는 것이다. 이 기록의 정축년이 언제인가가 요점이다. 고려 충숙왕 6년인 1337년 정축년과 조선 태조 6년인 1397년 정축년 중 뒤의 연도라고 하면, 대장경판은 1397~1406년 사이의 9년 동안 강화도에서 해인사로 옮긴 것으로 추정할 수 있다. 막대한 양의 팔만대장경을 옮기는데 적어도 9년이 소요되었다는 점에서 이 설은 수긍되는 부분이 있다. 그러나 여기서의 정축년은 《조선왕조실록》의 1398년(태조 7)경판이 강화도에서 나왔다는 기록과는 1년의 차이가 있고, 《석화엄교분기원통초》는 정장이 아닌 사간판에 있는 점을 들어 후세의 가짜 판각일 수도 있다는 점이 지적되고 있다.

세조 초(1456)에 옮겨왔다?

《조선왕조실록》 1478년(성종 9) 11월 21일자를 보면, 임금이 경상도 관찰사 박건에게 다음과 같이 지시한 내용이 실려 있다. "도내 합천군 해인사에 소장된 대장경과 판자는 모두 선 왕조 때 마련한 것이고, 사람들이 찾고 있으며 나라에서도 쓰임이 없을 수 없다. 만약 신중하게 지키지 못하여 혹시 비가 새어서 썩거나 손실이 생겨서는 안 될 것이다. 경은 숫자와 목록을 자세히 살펴서 아뢰어라." 이 내용을 두고 황수영·문명대는, "선조先朝 때 해인사로 옮긴 것이 분명한데 선조라 함은 예종으로 볼 수 있지만, 겨우 1년 남짓 재위했으므로 선조는 세조로 보는 것이 순리가 아닐까 생각한다. 세조는 불교를 숭상하던 왕이었던 만큼 대장경의 보관에 각별한 신경을 썼을 것으로 짐작된다. 1478년에 이미 비가 샜다는 것을 보면 건물 퇴락의 경과로 보아 아마도 세조 초기인 1456년

경 해인사로 옮겼다고 생각할 수 있을 것이다"라는 견해를 피력했다. 이 설은 선조의 해석에 여러 가지 이견이 있을 수 있고 이와 연결되는 기록이 전혀 없어 받아들이기에는 문제가 있다.

◎ 옮기는 과정의 미스터리

시기가 언제였든 강화도에서 해인사로 옮겼다면, 그 과정은 우리가 상상하는 것보다 훨씬 힘든 작업이었을 것이다. 우선 옮기는 과정부터 쫓아가보자.

해인사의 판전으로 올라가는 계단 아래에는 비로자나불을 모시는 대적광전이 있다. 대웅전을 대신하는 이 건물에는 벽면을 따라가면서 석가모니의 일생을 그린 여러 장의 그림이 있다. 그 가운데 건물의 동편, 응진전과의 사이에 있는 벽의 위쪽에는 눈길을 끄는 그림이 하나 있다. 너비 50cm에 길이 약 3m의 기다란 채색 그림에는 경판을 옮기는 모습이 담겨져 있다.

앞에는 동자승이 길을 인도하고 스님이 경을 읽으면서 뒤따르며 이어서 경판을 옮기는 행렬이 이어진다. 푸른 천으로 잘 포장된 대장경 큰 묶음을 수레에 싣고 튼튼해 보이는 소 한 마리가 몰이꾼의 고삐 당김에 끌려가고 있다. 수레와 약간 비켜선 자리에는 뒷모습을 보이는 지게꾼이 흰 천으로 싼 경판 묶음을 힘겹게 지고 간다. 이어서 얼굴을 정면으

해인사 대적광전 동편 벽면의 경판 옮기는 과정을 묘사한 상상도

로 보이는 아낙이 초록 보자기에 싼 작은 경판 묶음을 머리에 이고 따라간다. 그림에서 눈길을 끄는 부분은 땅바닥이다. 사실화인데, 바닥이 여기저기 깊이 파여 있고 가끔 바위덩이도 보이는, 전혀 다듬어지지 않은 이런 길은 수레가 지나기에 무리가 있다.

해인사 창건 후 여러 번 불탄 대적광전을 마지막으로 지은 연대가 1818년이므로, 이 그림은 실제로 경판을 옮길 당시의 것으로는 볼 수 없다. 만약 경판을 옮겨왔다면 이와 같이 하지 않았나 하는 후대인들의 상상도이다. 당시로서는 경판을 옮기기 위한 별다른 수단이 없었다. 여기서 수레와 인력을 이용해 경판을 옮길 때 경판 자체에 어떤 현상이 생길지 냉철하게 생각해볼 필요가 있다. 덜컹거리는 수레에서 흔들리고, 이고 지고 가는 사람이 걸을 때마다 흔들림은 이어지기 마련이다. 아무리 포장을 철저히 한다고 하더라도 경판끼리 맞닿은 부분이 생길 것이고, 그렇다면 경판에 그때의 마모 흔적은 남아 있어야만 할 것이다. 그러나 지금의 경판은 단 한 곳에서도 이런 흔적을 찾을 수 없이 너무 깨끗하다. 옮겼다는 설을 쉽게 받아들일 수 없는 미스터리 중의 미스터리이다.

나는 문헌사적으로 이루어진 팔만대장경 관련 지식을 바탕으로, 대장경판 목재의 재질을 분석한 자료를 추가하여 팔만대장경 이동의 미스터리를 풀어보려 한다. 우선 옮겼다는 가정 아래 그 과정을 단계별로 재구성해보자.

옮기기 위한 준비

개인의 하찮은 살림살이라도 이사를 하려면 우선 짐 싸기를 철저히 한다. 엉성하게 포장하면 아끼는 물건이 깨지고 망가지며 아예 없어져 버리는 피해를 입는다. 하물며 나라의 첫째 보물을 옮기려면 철저한 준비는 필수이다. 머나먼 천릿길을 옮기는 동안에 크고 작은 충격이 수없이 있다고 생각해야 한다. 포장을 제대로 하지 않으면 빗물이 스며들어 경판이 썩어버릴 염려도 있다. 아울러 가장 중요한 포장의 요점은 옮기는 과정에서 글자가 새겨진 경판 부분이 서로 맞닿아 마멸되지 않도록 하는 것이다. 완충 포장 재료를 넣어 고정하고 사람이 들거나, 수레에 싣기에 적당한 크기로 튼튼하게 포장해야 한다.

경판과 경판 사이에 쓸 수 있는 완충 재료는 한지, 베, 짚 등을 생각할 수 있다. 또 몇 개씩 단위로 포장하는 데는 외부 충격을 감안하여 비교적 두꺼운 나무판자로 만든 궤짝이 필요하다. 경판 한 면의 넓이는 대부분을 차지하는 68cm 경판과 78cm 경판의 평균인 73cm로 잡고 너비를 24cm로 보아 약 1,752cm²가 된다. 이를 경판의 장수 8만 1,258장으로 곱한 전체 경판의 한쪽 넓이는 자그마치 1억 4,236만cm²나 된다. 경판과 경판 사이는 완충 재료로 베나 한지를 사용하여 정성스럽게 포장해야 한다. 한지를 사용했다면 수천만 장, 베를 사용했다면 적어도 수백 필에 달하는 막대한 양이 필요했을 것이다.

다음은 포장 단위를 생각해보자. 취급의 편의성을 고려하여 한 사람이 옮길 수 있는 무게를 대략 40~50kg 정도로 잡아보자. 경판 한 장의 무게가 3.4kg 전후이므로 경판 10장이면 포장 판자의 무게를 포함하여 한 개의 포장 단위 무게는 최소 약 50kg이 될 것이다. 포장한 대장경판의 개수는 8,100여 개가 될 것이다.

강화도에서 낙동강 개경포 나루까지

강화도에서 해인사로 옮기는 길은 두 가지이다. 하나는 강화도에서 한강을 거슬러 올라가 문경새재를 넘어 낙동강으로 내려오는 육상 운반, 다른 하나는 선원사에서 강화해협으로 빠져나와 남으로 서해안과 남해안을 거쳐 낙동강으로 들어가는 해상 운반이다.

먼저 육상 운반 경로는 지금도 가장 널리 인정되는 태조 7년(1398)설을 기준으로 되짚어 들어가보자. 옛 사람의 물량 이동은 일단 물길을 따라 옮길 수 있는 곳까지 간 다음 최단거리만 수레와 인력을 이용한다. 1398년 5월 12일 경판이 강화도 선원사에서 한양 지천사로 나올 때 포장한 상태였을 것이다. 지천사에서 포장을 풀지 않았다 하더라도 문경새재를 넘어갈 준비를 하는데 적어도 한두 달은 소요되었으리라 생각된다. 배를 수배하고 인부를 구하는 등의 준비가 간단치 않아서이다. 또 계절적으로 농사일이 한창 바쁜 시기이고 무더위와 장마와 태풍의 계절이 옮기는 시기와 겹쳐진다. 아무리 출발이 빨라도 그해 가을쯤이나 되어야 가능했을 것이다. 지천사에 잠시 보관되어 있던 경판은 준비를 끝내고 지금의 원효대교 북쪽 편에 있던 용산나루터로 옮겨진다.

고대 선박전문가인 이원식에 의하면, 우리나라의 옛 강배는 최대 2~3톤 정도 실을 수 있었다고 하는데, 이를 경판 숫자로 따져보면 약 800장의 무게이다. 필요한 배는 약 100여 척, 포장 무게가 있으니 실제로 120~150여 척의 배가 필요하다. 용산나루를 출발한 배는 한강을 따라 양수리까지 간 다음 뱃머리를 남한강으로 돌려 장호원·여주를 거쳐 조선 초기의 대표적인 세곡稅穀 보관 창고였던 충주의 가흥창에 도착한다. 여기까지는 대체로 조선 시대의 세곡 운반로로, 배만 확보된다면 경판을 옮기는 데 별 무리가 없다.

이제 경판은 배에서 내려져 문경새재를 넘어 경상도 낙동강으로 가야 한다. 예로부터 새재 길은 사람이 겨우 걸어 다닐 정도였는데, 수레가 다닐 만큼 길이 넓어진 것은 조선 후기라고 한다. 당시에는 이고 지는 순수 인력으로 넘는 수밖에 없었을 것이다. 적어도 수백 명이 동원되어야 가능한 일이다. 온갖 어려움을 이기고 새재를 넘은 경판은 문경·점촌을 거쳐 낙동강 변에 도착한다. 강배에 다시 실려 낙동강을 타고 내려와서 고령의 장경나루에 도착하여 육로로 해인사로 운반한다.

　다음은 해상으로 운반했을 것이라는 가정하에 옮기는 경로를 추정해 보자. 육상 운반과 마찬가지로 1398년 5월 12일 이후의 어느 날 지천사의 경판은 한강 용산나루터로 옮겨졌을 것이다. 역시 준비 기간과 여름의 태풍을 피해야 할 것이니 출발은 육상 운반과 마찬가지로 가을이 되지 않았나 싶다. 조선 초기에는 각 지방에서 세금으로 거둬들인 물건을 보관하는 조창漕倉이 있는 곳과 한양을 왕래하는 조곡선이 있었다. 대장경을 해상으로 옮겼다면 짐을 부리고 삼남 지방으로 되돌아가는 이 배를 이용했을 가능성이 높다. 조곡선은 강배보다 규모가 훨씬 큰데, 조선 초기의 바다배는 650석은 실을 수 있다고 한다. 경판의 수로 따져보면 5천여 장을 실을 수 있으니 약 20척 정도의 배가 필요하고 포장 무게까지 넉넉잡아 30척이면 팔만대장경판을 한꺼번에 실을 수 있다.

　조곡선에 실린 대장경판은 임진강과 만나는 김포군 하성면을 감싸고 돌아 한강 하구의 유도를 스쳐 강화해협으로 들어가게 된다. 강화대교를 뒤로하고 남쪽으로 조금만 내려가면 바로 선원사다. 강화 경판은 선원사에 있었으므로 혹시 서울의 지천사로 보낼 때 일부만 가져갔다면 여기서 나머지 대장경판을 마저 실으면 된다. 그리고 서해안 조곡선의 항로를 따라 만리포, 법성포 앞바다, 임자도해협을 거쳐 진도의 울돌목

》 경판의 탄생지를 둘러싼 미스터리

을 지난다. 완도, 고흥반도, 여수를 거쳐 남해도, 거제도를 통과하여 낙동강 하구에 도착한다.

바다배의 크기는 강배의 6~7배가 되므로 바다배로는 낙동강을 거슬러 개경포나루로 갈 수 없다. 낙동강 하구 가덕도 부근에서 120~150척의 강배에다 다시 옮겨 실어야 한다. 김해를 지나 물금·삼랑진을 거쳐 낙동강 옛 뱃길을 따라 개경포나루에 도착한다.

개경포에서 해인사까지

해마다 음력 3월 8~9일 수천 명, 많을 때는 1만 명이 넘는 불교신자들이 해인사에 모여든다. 매년 한 번씩 있는 대장경 정대불사頂戴佛事에 참가하여 소원을 빌기 위함이다. 경판을 머리에 이고 대적광전 앞마당의 3층 석탑을 도는 행사이다. 물론 지금은 진짜 경판이 아니라 모조 경판을 인다. 정대란 글자 그대로 경판을 '머리에 이는 것'으로서 경전 신앙을 가장 극진하게 표현하는 의식이라고 한다. 그러나 정대불사의 유래는 그리 오래되지 않았다. 지금의 행사는 1961년 영암 스님이 신자들의 적극적인 참여를 이끌어낼 목적으로 시작하여 오늘에 이른 것이다. 정대불사의 모습은 대장경판을 해인사로 옮기는 모습을 상징적으로 나타낸다. 옛 아낙들은 머리에 똬리를 놓고 그 위에 물건을 얹어 운반했을 것이다.

육상이든 바다로든 일단 강화도에서 옮겨온 경판은 지금의 고령군 개진면 개경포나루로 온 것으로 짐작한다. 나루에 내려진 경판은 그곳에서 약 40km 떨어진 해인사까지 정대불사의 모습처럼 아낙은 머리에 이고, 남자는 지게에 지고 옮겼을 것이다. 당시 개경포나루와 해인사를 잇는 길은 사람이 겨우 다닐 수 있을 뿐 수레를 끌고 갈 수 있는 길은 아니었을 것이다.

　개경포는 일찍이 낙동강을 이용한 수운의 요지로서 소금과 곡식을 운반한 선창船倉이었다. 원래는 개산포구였으나 뒤에 개경포開經浦로 부르다가, 1914년 일제 강점기에 행정구역을 개편할 때 '경' 자를 빼버리고 개포나루가 되었다. 경을 연다는 개경포란 이름으로 보아 그곳이 해인사팔만대장경과 어떤 관련이 있었음을 암시하고 있다.

　나루에서 동쪽으로 열뫼재라는 작은 고개를 넘으면 낙동강 지류 회천을 따라 고령으로 올라가는 평지길이다. 고령에서 북동쪽으로 방향을 잡으면 덕곡읍을 거쳐 옥계리 모로고개(낫질재)에 올라선다. 해발 300m라고 하지만 차츰차츰 고도가 높아져 힘든 고개가 아니다. 내려가면 야로면 하림리이다. 해인사 앞으로 흐르는 가야천과 마주치는 마을이다. 지금 해인사 진입로가 나 있는 길이니 당시에도 길이 있었을 것이다. 아

개경포에서 해인사 경판 옮겨가는 과정의 재현

니면 고령읍을 들어서기 전 회천에서 갈라지는 안림천을 따라가다 쌍림면 반룡사 계곡으로 올라간다. 미숭산 아래의 고개를 넘으면 야로면 나대리를 지나 마찬가지로 해인사 진입로로 이어진다.

앞에서 본 것처럼 경판 무게 280톤에 포장재의 무게를 포함하면 옮겨야 할 전체 무게는 400톤이 넘는다. 한 사람이 50kg씩 운반하더라도 8천 명이 필요하다. 그것도 힘센 장정을 가정한 것이다. 장정을 매일 100명씩 동원한다면 80일이 소요된다. 그러나 대적광전 그림과 정대불사의 모습처럼 부녀자도 운반에 참여했다면 더 많은 인원이 필요했을 것이다.

이렇게 엄청난 대역사가 600여 년 전 실제로 있었다면 어디엔가 증거가 남을 수밖에 없다. 그러나 단기간에 수많은 사람이 동원되었을 이런 일이 기록은 고사하고 전설 하나 남아 있지 않다. 그대로 받아들이기에는 의문투성이다.

◎ 경판 자체에서 옮김의 흔적 찾기

강화에서 해인사로 팔만대장경을 옮기는 데는 많은 준비가 필요하고 여러 가지 '경우의 수'를 해결해야 한다. 문제를 단순화하여 생각해보자. 우선 옮기는 준비부터 해인사까지 도착하는 데 필요한 많은 인원을 어떻게 동원했을까? 품삯은 주지 않았더라도 먹이고 재우는 데 들어가는 막대한 경비는 누가 지원했을까? 해인사의 힘만으로는 불가능하고, 국가 차원이나 지방 호족의 대대적인 지원이 있어야 한다. 태조 7년이면 조선이 개국한 지 10년도 안 된 불안정한 시기이다. 왕자의 난을 비롯한 권력투쟁으로 어수선한 조정에서 시급하지도 않은 대장경판 운반에 엄청난 지원을 할 수 있었을까? 백 번을 양보하여 이런 일이 모두 이루어졌다면 《조선왕조실록》이나 해인사 사지를 비롯한 그 어떤 문헌에 왜 기록 한 줄 남아 있지 않는 것일까?

그러나 이런 의문을 풀어줄 자료가 부족하고 부정확하니 다른 방법으로 진실에 접근해볼 필요가 있다. 해인사에는 우리가 의문을 갖는 대상인 팔만대장경판이 오롯이 현품으로 보존되어 있다. 그리고 우리가 궁금해 하는 여러 가지 비밀을 경판 한 장마다 그대로 간직하고 있다.

우선 강화도에서 개경포나루를 거쳐 해인사에 이르는 장장 천 리 길을 이동한 경판으로 보기에는 표면상태가 너무 깨끗하다. 육안으로 보아 마모된 흔적이 전혀 없고 글자의 획 하나 달아난 곳이 없다. 경판의 표면을 현미경으로 보면 작은 골이 수없이 져 있는 요철凹凸이다. 여기

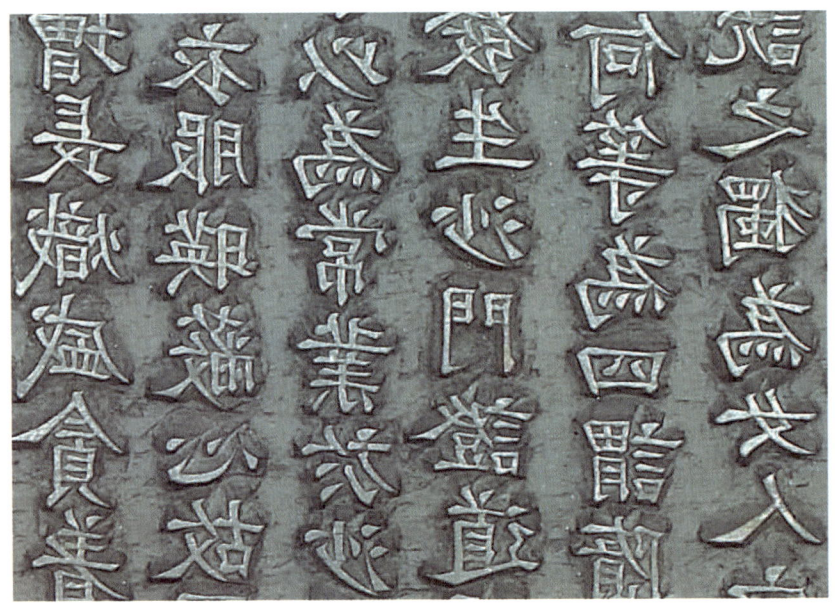

팔만대장경판에는 글자 획 하나 떨어져 나간 자국이 없다.

》 경판의 탄생지를 둘러싼 미스터리

에 정밀하게 글자까지 새겨져 있으니 조금이라도 서로 닿아 흔들리면 나무 세포가 떨어져 나간 흔적이 생기기 마련이다. 육안으로 보이지 않는다 하더라도 현미경으로는 틀림없이 상처를 찾을 수 있다. 배와 달구지에 싣고 내리고 사람이 이고 지고 하는 과정이 수없이 반복된다. 아무리 포장을 철저히 하고 믿음 하나로 뭉친 승려와 불자가 옮겼더라도 경판은 흔들릴 수밖에 없고 경판끼리 맞닿은 흔적은 남게 마련이다.

경판 새김 글자는 '永' 자처럼 획 끝에 가늘고 날카로운 삐침 부분이 수없이 포함되어 있다. 인쇄할 때 크고 작은 충격을 받고 나무를 썩게 하는 미생물도 가장 많이 활동하는 부분이므로 매우 약하다. 글자 획의 주위는 글자를 새길 때 칼날 자국이 수없이 들어가기 마련이다. 조그만 충격에도 쉽게 떨어져나가 버릴 수 있다. 그러나 8만 천여 장의 대장경판 대부분이 바로 엊그제 글자를 새겨 넣어둔 것처럼 획 하나 떨어져나간 것이 없다.

다음은 없어지거나 파손된 경판이 거의 없다는 사실이다. 수기대사가 편찬한 대장목록에 있는 경판이 빠짐없이 그대로 남아 있다. 8만 장이 넘는 경판을 산 넘고 물 건너 천 리 길을 이고 지면서 이렇게 완벽하게 옮기기는 현실적으로 불가능하다.

◎ 강화도 이외의 새김 가능성

분사대장도감

지금의 팔만대장경판 각권의 마지막 경판 끝에는 새김 장소로 추정되는 대장도감, 분사대장도감, 분사남해대장도감 등의 글귀가 있다. 대장도감은 강화도, 분사대장도감은 남부 지방에 있었을 가능성이 높다. 특히 《종경록》 100권 가운데 제27권의 마지막 1장에는 남해분사대장도감이라는 글귀가 새겨져 있는데, '남해'라는 명확한 지명이 나옴으로써 이를 뒷받침한다.

한편 경판 외각부에 새겨져 있는, 새김이 혹은 시주자로 추정되는 사람 이름을 분석한 연구 결과를 보면 경판 새김의 상당 부분이 강화도가 아닌 다른 곳이라는 가능성을 제시하고 있다. 문화재위원인 박상국은 대장도감 경판 시주자의 이름이 분사 경판에도 상당수 그대로 나타나므로 대장도감과 분사대장도감은 긴밀한 연락이 가능했을 장소에 위치했다는 의견을 제시했다. 또한 상당수의 대장경판은 진양·남해 등의 지방에 설치했을 것으로 추정되는 분사도감에서 새겼을 것이라고 주장했다.

사학자 김윤곤은 지금까지 경판이 강화도의 대장도감 혹은 진주·남해의 분사도감에서만 새겼다는 학설을 비판하고 해인사를 포함한 전국의 유명 사찰 모두 경판 새기는 일에 참가했을 것이라는 견해를 피력했다. 또한 그는 대장경 조성을 위한 대장도감은 새로이 조직을 만든 것이 아니라 당시 정부의 통치조직 전체를 경판의 조성기구로 전환하여 만들어졌다고 주장했다.

민영규는 팔만대장경이 조성된 지점을 남해도와 그 반대편 해안에 있는 진양군으로 추정했다. 그의 주장은 이렇다. "고려대장경이 실제로 조성된 지점을 남해도와 그 반대편 해안에 있는 진양군으로 추정한다. 다음과 같은 몇 가지 이유에서이다. 첫째로 진양군과 하동 남해도는 당시 독재 권문세가이던 최우와 그 처남이자 최씨 다음으로 권문세가이던 정안의 선대로부터 식읍이었다. 사재를 기울여가면서 대장도감과 분사도감을 경영했다고 하는 그 '사재'라는 것을 다름 아닌 중세적인 의미의 식읍에서 찾아야 한다. 모두 자급자족이 가능했을 뿐더러 조금 무리한 계획도 강력하게 추진할 수 있는 잠재력을 기대할 수 있었기 때문이다. 둘째로 남해도와 마주보는 진양군(오늘날 하동군, 진주시, 사천시 일대)은 천혜의 전술적 요지를 형성하고 있을 뿐더러 천연자

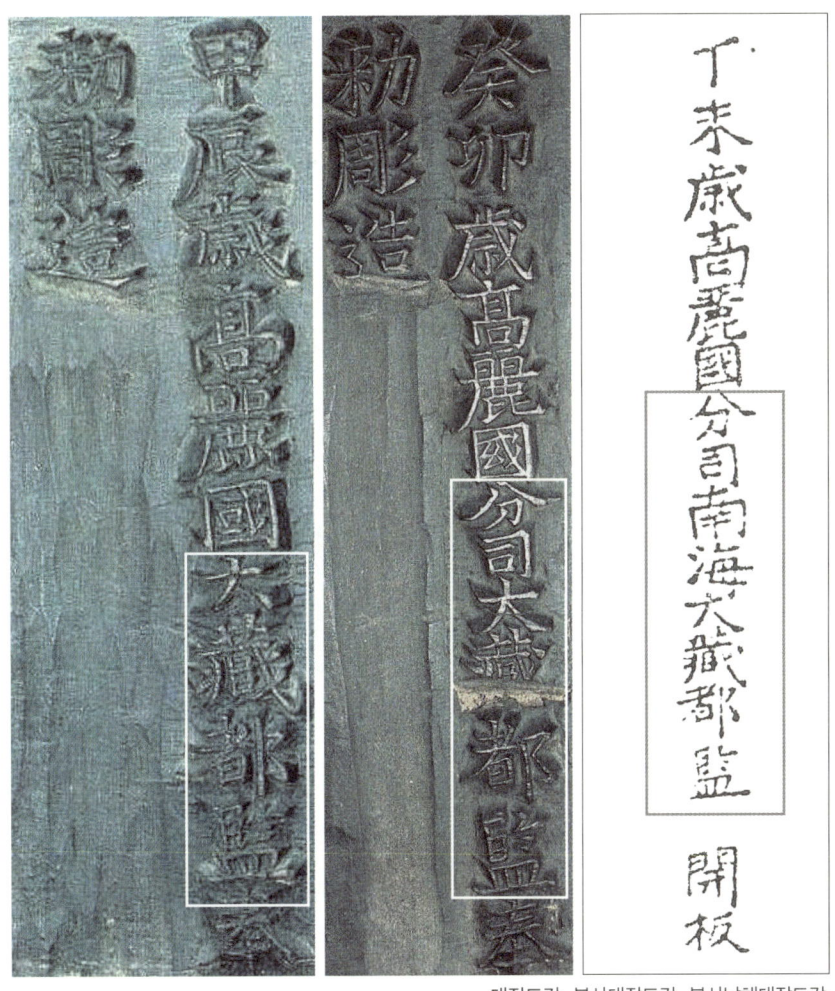

대장도감, 분사대장도감, 분사남해대장도감

원 등 제반 조건을 두루 갖추고 있었다. 경판의 자재가 되어줄 후박나무는 지리산과 거제도, 완도, 제주도 등 남해안 일대에 자생하는 천연자원이다. 그것을 벌채하여 한 곳으로 운반하는데 지리산의 경우 섬진강이 있고, 남해안 도서의 경우 오늘날 한려수도로 불리는 바닷길이 있다. 경판을 다지는 데 독역관염장별감督役官鹽場別監이라는 것이 있어서 일정 기간 바닷물에 담그고 그것을 반복하는 작업이 필요하다. 내가 직접 남해도 관음포에서 경험한 이야기지만, 바닷가에 앉아 한 팔을 길게 빼어들 때 철렁거리는 바닷물이 거기에 와 닿을 것 같다. 강화도처럼 간만의 차가 심해서 십 리도 넘게 노출되는 갯벌에서 상상도 할 수 없는 조건들이다."

이규보의 손자였던 이익배는 《동국이상국집》을 발간하며 쓴 머리말에서 "이제 분사도감에서 이 문집을 간행하게 됨은 그간 분사도감에서 대장경을 새기는 일이 끝났기 때문인데 이의 교정은 하동군의 감무로

남해 고현 대사리에서 바다 건너면 섬진강 하구이다.

있는 자신이 맡았다"고 했다. 분사남해대장도감이라는 말과 이런 것을 함께 고려해본다면 분사의 소재지는 진주목 관내의 어느 곳, 좀 더 구체적으로 지리적인 위치를 생각해보면 지금의 남해군 고현면 대사리大寺里 일대일 것으로 추정된다. 지리산을 비롯한 섬진강 부근에 자라고 있던 경판용 목재를 베어내어 섬진강 물줄기를 따라 내려보내면 바로 대사리 앞 관음포로 밀려들어 온다. 그 외에도 거제도, 완도, 진도 등에서 수집한 경판 목재 역시 쉽게 대사리로 운반할 수 있다. 이와 같이 본사가 있는 강화도와 멀리 떨어진 남쪽에 분사가 설치된 데에는 최우 부자가 진주 부근을 식읍으로 하여 자리 잡고 있었으므로 거제도, 남해도 및 기타 남부 지방에서 경판을 새기는 데 필요한 목재를 쉽게 얻을 수 있었기 때문이다.

이거인과 거제도 경판

앞에서도 언급했듯이, 천년 고찰 해인사의 고문서 〈해인사유진팔만대장경개간인유〉는 신라 때 이거인이란 사람이 거제도에서 경판을 새기고 해인사로 운반한 것을 기념하여 축하 법회를 열고 경판을 새기는 일에 얽힌 전후사정을 상세히 설명하고 있다.

경상도 합천 땅에 이거인이라는 사람이 살고 있었다. 집안 형편은 비록 가난했으나 원래 성품이 온순하고 착한 마음씨를 가지고 있어서 이웃 사람들이 모두 존경하고 좋아하는 훌륭한 인물이었다. 그는 이서里胥라는 말단 관직에 있을 때인 당대중唐大中 임술년 가을에 어느 마을을 순회하다가, 날이 저물어 집으로 돌아오는 중에 희한하게도 눈이 세 개인 강아지 한 마리를 얻어 집으로 데려가게 되었다. 이 강아지는 자라면서 모양은 마치 사자와 같았으나 성질이 온순하여 마치 착한 사람 같았다. 하루에 한 끼밖에 먹지 않으면서도 주인에게는 한없이 충실했다. 주인이 외출할 때나 귀가할 때마다 오리쯤은 따라 나와서 전송하고 환영하므로 이 개를 거인은 자기 자식처럼 애지중지 길렀다. 그러다가 3년 뒤 갑자년 가을에 그 개는 별로 앓지도 않은 채 갑자기 앉아서 죽어버렸다. 거인은 개의 죽음을 슬퍼하여 꼭 사람과 같이 관에 넣어 정중한 장례를 치러주었다. 이어서 다음 해인 병인년 10월에 거인도 갑자기 병들어 죽었다.

저승에 간 거인은 우연히 그곳 임금님을 만나게 되어 쳐다보았더니 눈이 셋이고 머리에 쓴 관이 다섯 봉우리 모양이었다. 손에는 보홀寶笏을 들고 붉은 비단옷을 입었으며 입술이 빨갛고 치아가 가지런한 귀인이 상아로 만든 의자에 높이 앉아 있었다. 좌우에 거느리고 있는 신하들은 모두 까만 모자에 붉은 도포를 입고 있었으며 머리 모양이 소머리 모양이고 말 얼굴을 했다. 삼엄하게 호위하고 있는 모양이 어마어마하여 인간 세상의 어느 임금님에 못지않았다. 그런데 세 눈을 가진 귀왕鬼王이 거인을 쳐다보더니 바로 옥좌에서 내려와 허리를 굽혀 절하고 눈물을 흘리면서 말했다.

"주인님 어찌된 일이십니까? 저승에서 이렇게 주인님을 뵈오니 반갑기 그지없습니다. 제가 일찍이 천상에서 죄를 지어 개의 몸으로 변하여 인간 세상으로 귀양살이를 간 것인데, 다행히 착한 주인님을 만나 편안히 잘 있다가 다시 돌아와 오늘 이 자리에 앉아 있습니다. 이런 반가운 일이 어디 있겠습니까! 참으로 고맙고 황송합니다." 이 말을 듣고 자세히 보니 전에 집에 있던 눈이 셋 달린 개가 바로 지금의 저승 임금이라는 것을 겨우 정신을 가다듬고 알아차릴 수 있었다. 거인 역시 이 기이한 인연에 놀라 인사를 마치고 눈물로서 대답했다. "천한 이 몸이 본래 배우지 못하고 아는 것이 없습니다. 이제 곧 염라대왕을 찾아뵈면 묻는 말에 어떻게 대답해야 할지 모르겠습니다. 귀왕께서는 저로 하여금 이롭게 되는 길을 가르쳐주십시오"라고 했다.

귀왕이 말하기를, "착하고 어진 주인님이여! 이제 내가 상세히 가르쳐드릴 테니 명심하시기 바랍니다. 염라대왕한테 가면 인간 세상에 있을 때 무슨 좋은 일을 했느냐고 틀림없이 물으실 것입니다. 이렇게 말하시면 됩니다. '몸이 천한 일에만 종사하여 좋은 일은 할 사이도 없었습니다. 항상 석가모니의 가르침의 귀중함을 받들고 대장경판을 만들어 널리 알리려 했으나 소원을 이루지 못하고 이렇게 저승으로 오게 되었습니다' 라고 말입니다"라고 했다.

그래서 거인은 귀왕의 말을 명심하여 듣고 나서 곧 저승사자들의 안내를 받아 염라대왕 앞에 갔다. 대왕은 "너는 인간 세상에 있을 때 무슨 좋은 일을 하고 왔느냐?"고 했다. "저는 젊은 시절부터 말단 관직에 있었던 탓으로 착한 일을 할 사이가 없었습니다. 나이가 들면서 장차 큰 불사를 일으켜 부처님과 인연을 만들고자 했는데, 갑자기 이렇게 죽어 왔사오니 참으로 슬픈 일입니다."

거인의 대답을 들은 대왕은 부드러운 얼굴로 친절하게 앞으로 가까이 불렀다. "그러면 네가 인간 세상에 있을 때 무슨 일을 하려다가 이루지 못하고 말았느냐. 사실대로 말하여라" 했다. 거인은 아까 귀왕이 미리 알려준 대로 "이 천한 몸이 듣건대 부처님의 말씀은 지극히 귀하다 하옵기에 장차 경판을 새겨서 세상에 널리 알리고자 했으나, 소원을 이루지 못했으니 참으로 유감입니다" 했다. 이 말을 듣고 일부러 뜰로 나려온 대왕은 매우 친절한 태도로 "바라건대 잠시 올라와서 일시 쉬도록 하여라" 했다. 그러나 거인이 계속 사양하자 염라대왕은 판정관에게 명령하여 거인을 귀신 명부에서 제외시켰다. 이어서 거인을 칭찬해 마지않으면서 정해진 수명보다 더

보태어 인간 세상으로 되돌아가라고 했다. 백배 사례하고 돌아 나오다가 다시 귀왕을 찾아 작별인사를 하려 하니 미리 자리를 만들어 두고 가까이 오르게 하여 다정하게 말했다. "주인님 큰일을 맡으셨나이다. 그러나 조금도 염려하시지 말고 집에 돌아가시면 권선문을 지어서 팔만대장경이라 제목을 쓰고, 좋은 일을 한 공로 이야기를 판으로 새겨 관청에 납본하여 도장을 받아 보관해두십시오. 그리하여 내년 봄에 내가 인간 세계를 순시할 때 다시 만나기로 하지요"라 했다. 거인은 안심하고 유유히 물러나왔다. 크게 기지개를 켜고 잠을 깨니 한바탕의 꿈이었다. 거인은 곧 공덕문을 지어서 관인을 받아두고 기다렸더니 어느덧 다음 해인 정유년 봄이 되었다.

이때 마침 신라의 공주 자매가 동시에 병을 얻어 자리에 누워 있었다. 어느 날 부왕에게 "급히 대장경 화주化主[16]를 불러주십시오. 아니면 곧 죽어버릴 것 같습니다" 하면서 통곡했다. 안타깝게 여긴 임금은 곧 바로 합천 태수에게 연락하여 거인을 서울로 보내게 했다. 거인이 궐문에 이르니 연락을 받은 공주가 나와서 기다렸다. "화주님이시여 잘 오셨습니다. 이렇게 만나 뵈오니 아픔은 금세 다 나았습니다. 내가 바로 저승에서 만난 귀왕입니다. 약속을 지키기 위해 일부러 찾아왔습니다" 한다.

공주는 다시 임금님께 "이 사람 거인은 전에 저승으로 들어갔더니 염라대왕께서 다시 인간 세계로 되돌려 보냈다 하옵니다. 이는 오로지 대장경판을 새겨서 온 누리에 널리 알리도록 하기 위함입니다. 원하옵건대 부왕께서는 대단大檀[17]을 만들어서 이 큰 일을 도모함이 어떠하시겠습니까? 그리하시면 우리 공주들도 병이 낫고 나라의 행운이 영원할 것이며, 부왕께서도 오래오래 복을 누리실 것입니다"라고 했다. 왕의 허락이 떨어지자 임무를 다한 귀왕은 거인과 작별하고 하늘나라로 돌아가 버렸다. 몸속에 들어 있던 귀왕의 혼령이 떠나버리자 공주는 병이 나아 건강을 되찾았다. 공주는 또 부왕과 모후에게 아뢰었다.

"저승에서도 이처럼 착한 일만 했는데 하물며 인간 세상에서 어찌 등한히 할 수 있겠습니까? 부모님께서는 이 사람을 소홀히 대하지 마십시오" 하니, 왕이 감복하여 대장경 각판을 거인이 맡도록 허락했다. 왕은 곧 화주의 착한 마음씨를 칭찬하며 대각승통을 불러 대장도감을 설치했다. 사재를 들여 대장경 각판을 잘 하는 사람을 불러 모으고 거제도에서 거제목으로 경판을 만들어 금으로 장식하여 옻칠을 하고 해인사에 옮긴 다음 십이경찬법회十二慶讚法會를 열었다.

한편 이덕무의 《청장관전서》에 기록된 이거인 관련 내용을 보면 〈해인사유진팔만대장경개간인유〉와 거의 비슷하나 말미에 주목할 부분이 있다. "…… 이때 거제도 앞바다에는 어느 나라에서 왔는지 알 수 없는 큰 배가 떠 있었다. 안을 들여다보니 배 안에 팔만대장경이 가득 실려 있었는데, 글자는 모두 금은으로 되어 있었다. 애장왕은 온 나라의 기술자를 동원하여 이거인과 함께 대장경을 간행하고 해인사에 옮겨서 보관하게 했다."

서수생에 따르면 내용 중 '당대중 임술년'은 당나라의 무종 회창 2년(842)의 잘못된 기록으로 추정하고 있다. 그 이유로는 당나라의 대중 연간이란 정묘(847)부터 기묘(859)까지의 13년간이니 대중 연간엔 임술년이 없기 때문이다. 또 귀왕과 만나기로 한 다음 해 봄 정묘년은 신라 제46대 임금인 문성왕 9년(847)이므로 신라 공주는 문성왕의 딸을 말하는 셈이다. 해인사 창건 후 50여 년이 지난 뒤의 일이다.

'이거인 대장경'은 현재 경판은 물론 인쇄본도 남아 있는 것이 없다. 이에 따라 서유구는 "이 경판이 신라 애장왕 때의 각본이라고 전하나 믿기 어렵다"고 했고, 한치연은 《해동역사海東繹史》에서 "본국의 해인사 장경판이 고지古誌에 신라 애장왕 정묘년에 조조된 것이라 하나 애장왕 재위 19년 중에는 정묘의 연호가 없으니 와전된 것"이라고 했다. 근세에 들어와서 대장경을 연구한 학자들도 이거인 대장경은 대체로 인정하지 않고 있다.

그러나 〈해인사유진팔만대장경개간인유〉는 경판 새김의 연대가 맞지 않는다는 것 이외에는 지금의 해인사팔만대장경과 너무나 잘 맞아떨어진다. 우선 명칭부터 우리가 알고 있는 팔만대장경과 같다. 특히 거제도에서 경판을 만들었다는 내용은 주목을 끈다. 거제도를 비롯한 남부 섬 지방에는 경판 재료로 쓰인 산벚나무나 돌배나무 및 후박나무 등이 풍부했고 이를 통틀어 거제목이란 이름으로 부른 것 같다. 오늘날 우리가 경북 봉화군 춘양 지방에서 나오는 소나무를 춘양목이라 부르는 것과 마찬가지이다. 거제도에서 새겨진 완성 경판, 혹은 바로 글자를 새길 수 있는 '초벌 경판'이 개경포를 통해 해인사로 옮겨졌을 가능성은 충분히 있다. 시대는 전혀 맞지 않지만, 팔만대장경을 새긴 분사대장도감의 위치로서 다른 어떤 곳보다 유리하므로 전설이나 믿을 수 없는 자료로 무시하기에는 너무나 시사하는 바가 크다.

한편 1769년(영조 45)에 새운 해인사 사적비의 비문에 보면 고려의 고종보다 거의 200여 년이나 앞선 고려 제11대 임금인 문종(1046~1083) 시대에 경판을 해인사에 안치한 것으로 기록되어 있다. 해인사 고문서에 나타난 이 두 가지 기록은 경판을 새긴 연대로 보아 팔만대장경판과 직접 관련시키기는 어려울지라도 해인사에 예로부터 경판이 있었다는 사실을 추정할 수 있는 자료이다. 이 설은 기록의 연대가 맞지 않음으로써 대부분의 학자들로부터 인정을 받지 못하고 있다.

대장경판은 원래 2벌?

대장경판이 2벌이었다는 믿기기 않은 이야기가 있다. 해인사에 있는 팔만대장경판 이외에 또 다른 한 벌이 더 있었다는 것이다. 이의 근거는 대장경을 달라는 일본의 요구에 대해 조선이 대응한 몇몇 문헌에서 찾을 수 있다.

1399년(정종 원년) 7월 21일 일본 사신 의홍이 대장경판을 하사해달라고 요구하자, 임금은 이렇게 대답한다. "예전에 2벌이 있었는데, 1벌은 나라 사람들이 인쇄하는 것이고, 나머지 1벌은 해적의 노략질로 불태워서 없어진 것이 많아 완전하지 못하다. 장차 유사를 시켜 완전히 보충하여 보낼 터이니, 배를 준비하여 와서 실어 가라." 이 내용대로라면 팔만대장경판은 2벌이었음을 알 수 있다. 1벌이 해적에 의해 불태워 없어졌다는 것은, 고려 충정왕(1348~1351) 때로부터 공양왕 말년까지 강화도 교동 등 바다에 면한 지역에 왜구의 침략이 빈번했으므로 사실일 수도 있다. 이색의 《목은집》에 의하면 처조부를 기리기 위해 시주한 대장경 일부가 강화도 용장사에 있었는데, 왜구에게 유린당하여 태반이 망실되었으므로 그 나머지를 보완하여 풍덕군 경천사에 옮겨둔 일이 있다고 한다. 용장사에 관한 기록은 《동국여지승람》 불우조佛宇條에 이르기를 "용장사는 강화부의 서쪽 4리 떨어진 곳에 있고 대장경 판당 역시 서문 밖에 있다"고 했다. 즉, 강화문 밖 대장경 판당에 있던 2벌 중의 한 벌인 '강화도 대장경판'도 용장사의 대장경과 마찬가지로 왜구에 의해 불태워졌는지도 모르는 일이다.

또한 1423년(세종 5) 12월 일본 사신 규주圭籌와 범령梵齡이 와서 일본 국왕의 국서를 올리면서 "별도의 소청이 있는데, 듣자오니 귀국에 장경판이 하나뿐이 아니라 하니 나머지 한 경판을 하사해주시길 요청한다"

는 내용이 있다.

　이상의 기록으로 보면 대장경을 만들 때 2벌을 만들어 1벌은 강화도에, 나머지 1벌은 해인사에 보관해두었다는 내용으로 해석할 수 있다. 사실이라면 지금까지 우리가 대장경판을 새긴 장소나 옮긴 경로에 대한 여러 가지 의문점은 말끔하게 풀어버릴 수 있다. 1벌은 남해나 거제도 등 경판을 새길 수 있는 나무가 많이 나오는 지역에서 만들어 지금 해인사에 있는 진짜 팔만대장경판이다. 나머지 강화도 경판은 《고려사》 기록대로 강화 판당에서 새긴 후 선원사에 보관하고 있었으나, 한창 왜구가 들끓던 고려 말에 일부가 불타버린 것으로 추정이 가능하다. 강화도 경판의 보관에 불안을 느낀 태조가 군사를 시켜 나머지 경판을 지천사로 옮겨온 것으로 상정해보면 2벌설은 사실과 잘 맞아떨어진다.

　그러나 2벌설은 1벌을 새기기에도 벅찬 국가적인 대역사를 두 번이나 반복할 수 있었겠느냐는 의문을 갖게 한다. 또 기록대로 정종이 해적의 방화로 없어진 강화도 팔만대장경판 1벌을 보충하여 일본에 준 것이 사실이라면, 이후는 다시 대장경을 달라고 매달리지는 않았을 것이다. 하지만 정종 이후에도 일본인들이 대장경을 하사해달라고 계속 요구한 것을 보면 팔만대장경판이 1벌 더 있었다는 2벌설은 믿기 어렵다. 그러나 강화도 대장경판이 《화엄경》이나 《반야심경》처럼 일부 경판만을 새긴 것이라면 비록 팔만대장경판보다 규모는 작더라도 비슷한 성격의 경판이 있을 수 있지 않을까? 그렇다면 2벌설도 전혀 무시할 수는 없지 않을까? 또 기록이 정확하기로 이름난 《조선왕조실록》에, 그것도 외교 사신을 접견한 자리에서 임금이 한 말을 그냥 흘려버리기에는 많은 여운이 남은 대목이다.

≫ 경판의 탄생지를 둘러싼 미스터리

◎ 경판 새김 장소의 진실

　가장 널리 인정되고 있는 조선 태조 7년(1398) 강화도에서 옮겨왔다는 주장을 비롯해 지금까지 알려진 대부분의 학설은 '강화도에서 새겨서 해인사로 옮겼다'이다. 그러나 앞에서 살펴본 것처럼 강화 새김은 인정하기 어려운 많은 모순점을 안고 있다. 과연 대장경판은 어디서 어떻게 만들어져 오늘날 해인사 판전에 고이 보관되어 있는 것일까? 믿을 만한 기록이 없고 옮겼다는 명확한 정황 설명을 위한 자료가 없으니 그냥 여러 가지 설로 이어진다. 진실을 알아보기 위해 재질 분석을 바탕으로 새김 장소가 어디인지 추정해보자.

　경판의 제작 과정부터 따져보자. 여러 단계가 있지만 단순화시키면 두 과정으로 구분할 수 있다. 즉, 초벌 경판 만들기와 글자 새김의 단계이다. 첫 단계는 나무를 베어 글자를 바로 새길 수 있는 초벌 경판을 만드는 일이다. 초벌 경판이란 정해진 통나무에서 경판 크기로 잘라내고 건조하고 대패질한 글자 새김 직전의 나무판을 말한다. 초벌 경판을 만드는 것은 나무가 있는 곳이면 어디에서나 가능하다. 섬 지방, 산 속의 절, 산 아래의 마을은 물론 나무를 벤 현장에서도 만들 수 있다. 이렇게 만든 경판은 새김 장소로 옮겨갔을 터이다. 글자가 새겨진 진짜 경판보다 이동이 훨씬 간편하다. 글자가 새겨져 있지 않은 민판이니 여러 장를 그대로 쌓아서 가져가도 전혀 문제가 없고 중간에 망실이 되어도 크게 낭패 볼 일도 아니다. 포장을 하지 않아도 좋고 특별하게 주의를 기울일 필요도 없다. 완성 경판보다 훨씬 품이 덜 든다.

　두 번째는 초벌 경판을 모아 글자를 직접 새기는 일이다. 일정한 규모를 갖춘 절에서 초벌 경판을 만들었다면 그 자리에서 글자를 새길 수 있다. 그러나 정신 집중이 요구되는 정밀 작업이므로 일정한 시설을 갖춘 곳에서 여러 사람이 모여 함께 이루어졌을 것이다. 숙식을 해결하고 새김을 할 수 있는 작업장이 필요하다. 장소는 새김에 필요한 기구만 갖추면 된다. 대장도감 같은 기관에 새김 전용 건물을 지어 해결할 수도 있다. 그러나 전쟁 중의 조정이 충분한 재정 지원을 할 수 없는 상태이므로 전국에 있는 크고 작은 절을 그대로 활용했을 것이다. 대장도감이란 간판을 달고 기능을 수행하는 행정관리만 머물 수 있으면 된다. 대부분의 절은 법당과 같은 새김을 할 수 있는 적당한 공간이 있고 숙식을 해결할 수 있다.

이런 일을 할 수 있는 절은 어디였을까? 기록이나 증거가 없으니 아무도 정확한 장소를 말할 수 없다. 그러나 여러 자료를 근거로 추정해보면 제1후보지는 해인사 자체이거나 적어도 인근의 절들이라는 결론이 나온다. 경판의 '새김 장소가 해인사 인근'이라고 이야기할 수 있는 근거를 찾아보자.

첫째, 경판 나무로 실마리를 찾을 수 있다. 경판을 만든 나무의 대부분인 산벚나무와 돌배나무는 식물학적으로 전국 어디에나 자랄 수 있는 나무이다. 하지만 실제로 나무가 벌채된 곳은 남해안 섬과 경남, 전남 일대의 남부 지방이라고 본다. 후박나무 등 따뜻한 남쪽에서 주로 자라는 나무가 포함되어 있고 수운을 주로 이용하는 당시의 운반 수단을 본다면 전쟁 상황에서 비교적 몽고군의 영향을 덜 받은 남해안이라야 가능하기 때문이다. 구체적으로는 거제도·남해도 등을 생각할 수 있다. 그곳에서 나무를 베어 초벌 경판을 만든 후 해인사 및 그 인근으로 추정되는 새김 장소로 옮기면 된다.

둘째, 경판 나무에 거제수나무가 들어 있는 점은 새김 장소를 찾는 중요한 실마리이다. 거제수나무는 주로 해발 600~1,000m 사이의 고산에서 자란다. 지리산과 조계산 등 남부 고산 지방에는 어디서나 만날 수 있는 나무이다. 그래서 거제수나무는 먼 곳에서 일부러 가져다 경판 나무로 이용했다고 보기는 어렵다. 산벚나무나 돌배나무를 비교적 손쉽게 구할 수 있음에도 불구하고 구태여 높은 산에 자라는 거제수나무를 고생스럽게 베어다 쓸 특별한 이유가 없어서이다. 그런데 해인사 인근에는 질 좋은 거제수나무가 흔히 자란다. 따라서 팔만대장경판에 거제수나무가 일부 포함되었다는 사실은 해인사 주위에서 벤 거제수나무를 사용했음을 시사한다. 해인사를 비롯한 가야산 일대에는 예부터 거제수나무가 많았다. 오늘날에도 거자나무란 이름으로 곡우 때 수액을 받아 마시는 나무로 널리 알려져 있다.

셋째, 앞에서 여러 번 지적한 대로 경판의 표면에서 먼 거리를 옮길 때 생길 수 있는 마모 흔적을 비롯한 그 어떤 흠도 찾을 수 없다. 이는 가까운 거리에서 경판을 새겨서 바로 보관했을 때만 가능하다. 옮긴 거리가 멀다면, 또 글자까지 새긴 완성 경판일 때 옮겼다면 표면에 여러 가지 흠이 생길 수밖에 없다. 해인사 주위에는 10여 곳 이상의 절터가 남아 있다. 사실 대장경 새김을 하는데 구태여 많은 사람이 작업해야 할 필요는 없다. 초벌 경판은 다른 곳에서 만들어 오고 새김 기술자 몇 사람만 있으면 해인사에 가까운 여러 절에서도 얼마든지 새김을 할 수 있다. 몽고와 처절한 전쟁을 벌이면서 언제 함락당할지도 모를 강화도까지 나무를 가져가서 경판을 만들었을 가능성은 그리 크지 않다고 생각한다. 시각을 넓혀 해인사만이 아니고 남부 지방의 여러 절에서도 새김 작업이 이루어졌다면 하거사, 단속사, 경주 동천사, 조계산 수선사 등에서의 판각 기록도 해인사팔만대장경판과 연관지을 수 있다.

경판의 재질을 중심으로 검토해본 결과 새김 장소가 강화도라는 지금까지의 학설에 동의하기 어렵다. 새김 장소는 해인사 자체 및 인근 지역일 가능성이 가장 높다.

처음 모습 그대로,
750년 경판 보존의 비밀

750년 동안 옛 모습을 고스란히 간직하고 있는 팔만대장경!

그 보존의 비밀은?

팔만대장경판이 완성된 해는 1251년이다. 햇수로 따져 자그마치 750여 년 전의 일이다. 경판이 만들어진 후 멀리는 온 나라가 쑥대밭이 된 임진왜란과 가까이는 동족상잔의 비극 한국전쟁으로 온 나라가 초토화될 때도 용케 재난을 피할 수 있었던 것은 기적이라고밖에 볼 수 없다. 경판은 썩고 벌레 먹기 쉬운 나무라는 재료로 만들어졌음에도 글자 한 자 떨어져 나가지 않고 옛 모습을 고스란히 가지고 있다. 신비한 750년 보존의 비밀을 알아보자.
　경판 보존의 가장 큰 공로자는 말할 것도 없이 해인사 승려들이다. 그들은 조선 왕조 내내 이어진 억불숭유 정책의 뒤안길에서 핍박을 당하면서도 묵묵히 깨달음에 정진하며 경판을 지켜왔다. 화마가 해인사를 휩쓸 때는 몸을 내던져 불길이 번지는 것을 막았다. 임진왜란 때는 아예 총칼을 들고 일본군에 맞섰다. 그리고 인쇄한 후에는 소금물로 씻어내어 음지에서 잘 건조시키는 정성을 기우려온 덕분에 오늘의 팔만대장경판이 살아남았다.

》 처음 모습 그대로, 750년 경판 보존의 비밀

나무란 재료는 원래 잘 버틴다

경판을 만든 나무란 재료의 특징에서 750년 보존의 비밀을 찾을 수 있다. 나무는 산에서 베어지는 순간 생물학적으로는 죽지만 경판 나무로서는 수백 수천 년을 살아 있을 수 있다. 왜냐하면 나무는 끊임없이 수분을 주고받기 때문이다. 나무 세포를 잘게 부수고 또 부수면 마지막 남은 물질이 섬유소(셀룰로오스) 사슬이다. 여기에는 수분과 결합할 수 있는 수산기水酸基라는 작은 손들이 많이 있다. 수산기에는 언제나 물 분자가 붙어 있는데, 공기가 건조하면 내보내고 습하면 나무 속으로 받아들인다. 나무가 건조된다고 함은 수산기에 붙어 있던 물이 하나둘씩 수증기가 되어 공기 중으로 날아가버리는 것을 말한다. 경판을 음지에 놔두면 차츰 수분이 날아가서 주변 공기의 수분상태와 균형을 맞춘다. 즉, 더 이상 수분이 줄지도 늘지도 않는 안정된 상태가 된다.

공기 중의 수분은 계절에 따라 지역에 따라 줄기도 하고 늘기도 한다. 따라서 나무 속 수산기의 수분도 줄었다 늘었다 하기를 반복한다. 이런 과정은 바로 나무의 부피가 줄고 느는 것으로 이어진다. 복잡한 세포들은 수분 변화에 따른 늘고 줄임이 규칙적이지 않아 나무에 스트레스가 생기면서 갈라지고 휘는 등의 결점이 생긴다.

그런데 오래된 나무판은 줄고 느는 변화가 거의 없어진다. 수백 년 동안 수산기에 물이 붙었다 떨어졌다 하기를 반복하는 사이, 수산기는 자기네들끼리 직접 붙거나 물을 붙잡은 힘이 현저히 약해져버리기 때문이다. 이렇게 되면 생나무가 처음 건조될 때보다 오히려 안정된 상태를 유지하게 된다. 이런 현상은 나무가 갖는 이력현상履歷現象, Hysteresis 때문이다. 현재의 팔만대장경판은 이력현상이 끝난 단계이다. 한 마디로 지금의 대장경판 보관 환경을 급격히 바꾸지 않는 이상 주위의 조건에 따른 경판의 함수율 변화는 거의 없다. 갈아짐이나 틀어짐이 생기지 않고 그대로 잘 보존될 수 있다.

◎ 판전을 지은 장인의 뛰어난 건축기술

온갖 정성을 담아 새긴 경판은 인쇄하고 난 후 잘 보관하여 다음에 다시 사용할 수 있도록 해야 한다. 어디다 어떻게 보관해야 손상 없이 영겁의 세월을 갈 것인가? 고려의 장인들은 경판을 쌓아둘 창고, 즉 판전板殿을 어떻게 지을 것인지에 많이 고심한 것 같다. 판전이란 불교·유교의 경전 또는 목판을 보존하는 건물을 부르는 일반 명칭으로 건물 구조에 특징이 있다. 지대가 높은 곳에 땅을 높여서 거의 장식이 없는 一

판전의 대문 격인 보안당

» 처음 모습 그대로, 750년 경판 보존의 비밀

자 건물을 짓는다. 바닥은 흙으로 하고 지면에서 한두 뼘 정도 띄워서 마루를 깐다. 벽은 앞뒤로 나무판자를 이용하며 뒷벽은 창문이 없는 통벽이고 앞 벽은 위쪽에다 일정한 간격으로 세로 창살을 대는 형태이다. 도산서원의 퇴계문집 목판 보관 건물을 비롯하여 조선 시대 문집을 보관하는 건물에서 흔히 볼 수 있는 형태이다.

그러나 이런 건물이 목판의 보관에 합리적이라고만 볼 수 없다. 마루판은 공기가 건조할 때 땅에서 공급해줄 수분을 오히려 차단한다. 뒷벽에 창살이 없으면 통풍이 원활하지 않아 장마철에 곰팡이가 피는 등 문제가 생긴다. 해인사의 팔만대장경을 보관하고 있는 판전은 이런 단점들을 모두 제거한 최고 기술을 자랑하는 목판 보관 건물이다.

우선 판전 구조를 살펴보자. 해인사 본당 건물에 해당하는 대적광전을 뒤로 돌아 가파른 계단을 올라가면 '팔만대장경八萬大藏經', '보안당普眼堂'이라는 현판이 이어서 걸린 자그마한 건물과 마주한다. 이 건물은 조선 성종 때 판전을 수리하면서 지은 것으로 판전의 대문에 해당한다. 판전 안에 들어서자마자 수다라장修多羅藏이라는 큼지막한 현판을 단 一자 목조 건물을 만난다. 아치형으로 뚫린 가운데의 통로를 빠져나가면 정방형의 넓은 마당이 있고 곧바로 마주치는 건물이 법보전法寶殿이다. 이 두 건물에 팔만대장경판이 보관되어 있다.

약간 서남향으로 지어진 수다라장과 법보전 사이의 동서 양쪽 끝에는 자그마한 건물이 각각 한 채씩 더 있다. 합쳐서 사간전寺刊殿이라 하며, 각각 동사간전 및 서사간전이라고 부른다. 팔만대장경판이 아닌 고려각판이라는 해인사의 또 다른 경판을 보관하는 곳이다.

판전 건물의 특성

1995년 12월 9일 유네스코 세계문화유산위원회는 "팔만대장경판을 보관하고 있는 해인사 장경판고藏經板庫를 세계문화유산 목록에 올린다The World Heritage Committee has inscribed the Heinsa Temple Changgyong Pango, the Depositories for the Tripitaka Koreana Woodblocks on the World Heritage List."고 발표했다. 정확히 말하면 경판을 보관하고 있는 건물만 등록된 것이다. 유네스코의 취지가 움직일 수 있는 동산 문화재보다 건물이나 탑 등 부동산 문화재와 자연유산을 대상으로 하기 때문이다. 원문에 '경판을 보관하고 있는 장경판고'라고 했으니 대장경판과 보관 건물인 장경판전을 분리하여 생각할 수 없다. 따라서 장경판전만 등록된 것이 아니라 경판도 함께 등록되어 있는 셈이다. 현재 우리나라 국보 문화재로서는 둘을 따로 분리하여 지정했다. 장경판전은 국보 제52호, 대장경판은 국보 제32호로 지정되어 있으며 사간판의 일부는 국보 제206호 고려각판이다.

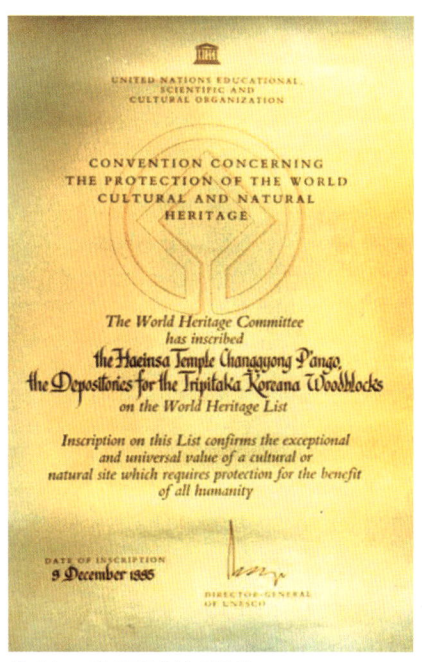

유네스코 세계문화유산 인정서

수다라장이나 법보전 둘 다 대장경판 보관을 목적으로 지었으므로 장식이 거의 없는 소박한 건물이다. 판전은 약 60cm 높이 정도의 기단을 만들고 대체로 네모지거나 불규칙한 모양의 자연석 위에 기둥을 얹었다. 바깥 기둥은 둥글게 깎은 두리기둥으로 약간 배흘림이 되어 있고, 건물 안의 중앙 기둥은 네모기둥이

» 처음 모습 그대로, 750년 경판 보존의 비밀

다. 바깥 기둥의 위에는 단익공을 짜 넣어 대들보를 받치고 이 대들보는 높은 중앙 기둥의 옆구리에 고정시켰는데, 이는 반대쪽도 동일하여 대칭을 이룬다. 높은 중앙 기둥의 위와 좌우로 걸쳐진 대들보의 가운데에는 다시 작은 기둥을 세워 대들보를 연결하고, 건물 안 중앙 기둥의 위에는 다시 기둥을 지붕머리와 연결하도록 하여 건물이 더욱 견고하게 보강했다.

이렇게 구조는 단순할지라도 공기 흐름을 원활히 하는 데 가장 많은 신경을 쓴 것 같다. 내부 바닥은 흙바닥이며 경판꽂이를 판전의 길이 방향과 같이 설치하고 적당한 공간을 두어 상하좌우의 공기 흐름이 원활하도록 고안했다. 건물 바깥벽에 설치한 붙박이 살창 역시 판전 안의 공기 흐름을 배려한 설계이다. 벽면의 아래와 위 및 건물의 앞면과 뒷면의 살창 크기를 달리하여 대류 현상을 이용하는 절묘한 기술을 발휘했다. 건물의 앞면에는 기둥과 기둥 사이에 중방中枋을 걸치고 붙박이 살창을 아래위로 설치했다. 수다라장과 법보전의 살창 모양은 비슷하나 크기가 약간씩 다르다(〈표 6〉 참조). 수다라장의 경우 앞 벽면의 창 크기는 아래 창이 위 창보다 약 4배 정도, 뒤 벽면은 위 창이 아래 창보다 1.5배 정도 더 크다. 법보전은 앞 벽면은 아래 창이 위 창보다 약 4.6배 정도, 뒤 벽면은 위 창이 아래 창보다 1.5배 크다.

판전의 앞과 뒤 그리고 아래와 위의 창 크기를 왜 달리했는가? 여기에는 자연 대류를 생각한 선조들의 과학이 숨어 있다. 수다라장과 법보전은 모두 30칸 195평, 동·서사간전은 모두 3칸 17평의 장방형 목조 건물이다. 건물은 가야산 정상인 두리봉을 뒤로하고 깃대봉, 단지봉, 오봉산으로 둘러싸여 있으며 앞에는 비봉산을 마주보고 있다. 판전 건물 자리는 표고 645m이고 기본 방향은 서남향으로 약간 기울어져 있다.

〈표 6〉 수다라장과 법보전의 살창 크기

판전	벽면	살창 위치	크기(가로×세로)	면적	면적 비율
수다라장	앞면(남쪽)	위	1.20×0.44m	0.53m²	1.0
		아래	2.15×1.00m	2.15m²	4.1
	뒷면(북쪽)	위	2.40×1.00m	2.40m²	1.5
		아래	1.36×1.20m	1.63m²	1.0
법보전	앞면(남쪽)	위	1.30×0.40m	0.52m²	1.0
		아래	2.40×1.00m	2.40m²	4.6
	뒷면(북쪽)	위	2.20×1.10m	2.42m²	1.5
		아래	1.80×0.90m	1.62m²	1.0

　판전은 남향 건물로서 앞쪽보다 뒤쪽의 온도가 낮고 공중 습도가 높다. 공기의 이동은 판전 건물 뒷면의 살창으로 들어와 판전 속에 머물다가 앞으로 나가기 마련이다. 판전으로 공기가 들어갈 때 습한 공기는 아래에 처져 있으므로 위 창보다 아래 창을 약간 작게 하여 습한 공기가 적게 들어가게 설계했다. 그러나 바깥 공기는 건물 높이 4m 정도에서는 아래 위 습도 차이가 그렇게 크지 않으므로 살창은 1.5배 정도로 큰 차이는 두지 않았다. 판전 속에 들어간 공기는 경판이 가지고 있는 수분을 빼앗아 들어올 때보다 무거워지고 아래로 처진다. 이런 습한 공기는 앞면 살창을 통해 빨리 빠져나가 버릴 수 있도록 앞면 아래 창은 위 창보다 4배 이상 크게 만들었다. 반면에 건조하여 위로 올라간 공기는 오랫동안 판전 안에 머무를 수 있게 판전 앞면 위 창은 아주 작게 했다.
　수다라장의 15칸 가운데에는 가로 2m, 세로 2m의 통로가 있다. 남쪽의 입구 아래와 위 및 문설주는 한 뼘 남짓한 각재로 ㅁ자형을 만들고

수다라장 앞면 살창

수다라장 뒷면 살창

법보전 앞면 살창

법보전 뒷면 살창

안쪽으로 둥그스름하게 판자를 깎아서 장식했다. 대부분 직선으로 이루어진 단순한 건물에 곡선을 넣어 단조로움에서 벗어나고 편안함과 안정감을 준다. 앞쪽에서 보면 넓은 타원형으로 큰 범종을 형상화한 느낌으로 다가온다. 입구에 서는 순간 소리로 중생을 구제한다는 범종의 가운데로 들어가는 듯 경건함이 느껴진다. 단순히 판자로 아치형을 만들었을 뿐이지만 절의 건물로 기막히게 잘 어울린다.

그러나 아치형 입구가 언제 만들어졌는지 확실하지 않다. 조선 후기의 화가 정선과 김윤겸의 해인사 그림에서는 모두 아치형을 찾을 수 없다. 또한 두 그림에는 지금의 수다라장 앞 담장도 없어 20세기 초 판전을 많이 수리했음을 짐작할 뿐이다.

북쪽 출구는 입구와 모양이 동일하나 아치형 판자를 붙이지 않았다. 통로에 들어서면 오른편에 경판 한 장이 표본으로 진열되어 있으며 이어서 유네스코 세계문화유산 인정서가 걸려 있다. 좌우 양측에는 수다라장 내부로 들어갈 수 있는 미닫이 형식의 나무문이 달려 있다. 이 수다라장 가운데를 관통하는 관람 통로를 빠져 나오면 바로 광장이고 16m 거리에 법보전이 있다.

법보전은 안으로 들어갈 수 있는 일반 관람로가 없고, 건물의 가운데 칸에 네 쪽의 긴 창살문을 달아 출입할 수 있게 했다. 창살문을 열면 한가운데에 나무로 만든 비로자나불이 모셔져 있어 예불을 올릴 수 있다. 이 비로자나불의 공식 이름은 '해인사 법보전 비로자나불 좌상'으로 경남 시도유형문화재 제41호이다. 불상은 조선 초기에 제작된 것으로 알려졌으나 2005년 7

김윤겸의 해인사 가람배치도(동아대박물관 소장)

》 처음 모습 그대로, 750년 경판 보존의 비밀

수다라장 관람 통로

월 개금改金 과정에서 "신라 헌강왕 9년(883)에 다시 금칠을 하는 보수를 했다"는 명문이 나왔다. 그렇다면 실제 제작한 연대는 언제인가?

이 의문을 풀 수 있는 유일한 방법은 질량분석이온빔가속기(AMS : Accelerator Mass Spectrometer)라는 최첨단기계로 연대 분석을 하는 것이다. 목불에서 0.1g 정도의 극소량 표본을 채집하여 분석한 결과, 800~860년 사이에 만들어졌음을 확인할 수 있었다. 이로써 지금까지 고려 말에 제작된 것으로 알려진 개심사의 아미타삼존불상에 비해 거의 400년이 앞선, 우리나라에서 가장 오래된 목불임이 증명되었다. 이후 법보전에 있던 비로자나불은 대적광전에 있던 또 다른 비로자나불과 함께 보광당에 따로 전시되고 있다.

법보전

법보전 비로자나불(왼편)은 9세기에 만들어진 우리나라에서 가장 오래된 목불임이 밝혀졌다.

≫ 처음 모습 그대로, 750년 경판 보존의 비밀

동·서사간전은 수다라장과 법보전 사이의 양쪽에서 서로 마주보는 방향으로 세워진 작은 판전으로 정면 2칸 측면 1칸짜리 건물이다. 이 건물들은 각각 정면으로만 살창이 나 있고 뒤 벽면은 막혀 있어서 장마철에는 경판에 곰팡이가 생기는 등 보관에 문제점이 많았다. 1998년 말 수리할 때 동·서사간전의 뒤 벽을 살창으로 바꾸어 보관 방법을 개선했다.

판전을 만든 기둥 나무

　판전의 기둥은 무슨 나무로 만들었을까? 물론 단단하고 잘 썩지 않으며 해인사 주위에서 흔히 구할 수 있는 나무가 선택되었을 것이다. 기둥 나무의 종류가 무엇인지는 이렇게 단순한 내용만이 아니라 판전의 성격을 알아보는 데 귀중한 자료가 된다. 먼저 기둥의 숫자부터 알아보자. 수다라장과 법보전이 똑같이 48개이며 동사간전과 서사간전이 각각 6개로 기둥을 모두 합치면 108개가 된다. 이는 바로 불가佛家에서 말하는 백팔번뇌를 상징하는 것이어서 기둥 개수까지도 함부로 정한 것이 아니라 의미를 부여하여 만들었음을 알 수 있다.

　현미경으로 108개 기둥의 세포 형태를 분석하여 수종을 알아냈다. 〈표 7〉과 같이 기둥에 사용한 나무는 침엽수인 소나무·잣나무·전나무·리기다소나무 네 종류와 활엽수인 상수리나무와 느티나무의 2종류를 합쳐 모두 6종이었다. 이를 다시 각 판전별로 살펴보면, 수다라장의 기둥은 48개 중에서 잣나무 13개, 소나무 7개, 전나무 5개, 느티나무 21개, 상수리나무 2개이다. 법보전의 기둥은 하나만 잣나무이고 나머지 47개 모두 느티나무이다. 동사간전의 6개 기둥은 소나무 2개, 리기다소나무 1개, 느티나무 3개이다. 서사간전의 기둥은 소나무 4개, 잣나무 1개, 느티나무 1개이다.

〈표 7〉 판전 기둥의 수종

판전	총 기둥 개수	검출 수종	기둥 개수
수다라장	48	소나무	7
		잣나무	13(1)
		전나무	5
		상수리나무	2
		느티나무	21(1)
법보전	48	잣나무	1
		느티나무	47
동사간전	6	소나무	3(1)
		리기다소나무	(1)
		느티나무	3
서사간전	6	소나무	4(1)
		잣나무	1(1)
		느티나무	1
계	108	소나무	14(2)
		잣나무	15(2)
		전나무	5
		리기다소나무	(1)
		상수리나무	2
		느티나무	72(1)

* ( ) 안 숫자는 썩은 기둥의 일부를 잘라내고 보수할 때 다른 수종을 사용한 경우

　이처럼 기둥 나무로는 느티나무가 가장 많이 사용되었고 특히 법보전은 하나의 기둥을 제외하고 모두 느티나무로 만들었다. 왜 하필이면 그 많은 나무 중 느티나무를 판전 기둥으로 선택했을까? 해인사는 느티나무와 남다른 인연을 가지고 있다. 일주문을 들어서서 오른편에는 높다란 느티나무 고사목 한 그루가 천년 고찰의 역사를 몸으로 말해주고

해인사 창건 당시부터 자라다 생명을 다한 느티나무

경판전(왼편 수다라장, 오른편 법보전, 정면 서사간장)

있다. 이 느티나무는 해인사가 창건되던 802년부터 자리 잡아 1,150여 년을 살다가 1945년 해방되던 해 죽었다. 그리고 죽은 지 60년이 넘도록 비바람에 시달리며 나름의 위용을 간직하고 있다. 다른 나무라면 벌써 썩어 문드러지고도 남았겠지만, 이 느티나무는 아직도 살아서의 영광을 짐작해볼 수 있을 만큼 옛 모습을 어느 정도 갖추고 있는 것이다. 바로 느티나무의 버틸 힘을 보여주는 사례다. 이외에도 가야산 숲에서는 느티나무가 흔히 자라고 있다.

   기둥의 굵기를 살펴보면, 수다라장이 32~59cm의 범위로 평균 38cm이고, 법보전은 38~68cm의 범위로 평균 46cm인데 법보전이 굵은 나무를 사용했다. 기둥 높이는 수다라장과 법보전 모두 360cm이고, 전체 들어간 나무의 부피는 수다라장 약 14m³, 법보전 26m³로 법보전이 수다라장에 비해 거의 2배가량 나무가 더 들었다. 기둥 하나의 무게도 적게

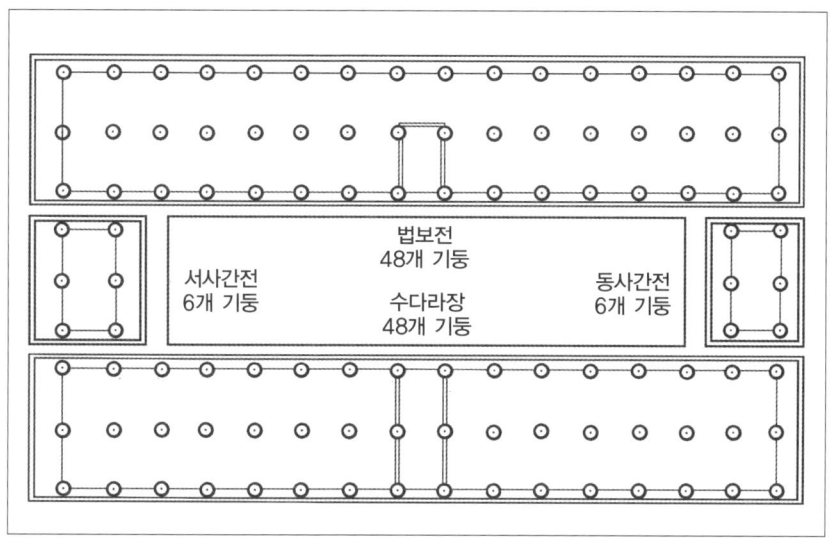

경판전의 기둥 배열 평면도

는 300kg에서 굵은 것은 1,300kg이나 되었다.

판전의 역사

　판전은 언제 지어졌을까? 연대를 알고 싶어 하는 것은 단순한 궁금증 차원이 아니다. 경판이 해인사에 있게 된 경위를 아는 실마리가 될 수 있는 귀중한 근거이다. 그러나 판전을 지은 연대를 알 수 있는 명확한 기록이 없다. 팔만대장경판이 해인사에 있게 된 경위로부터 추정해보는 수밖에 없다.

　사간전에 보관되어 있는 고려각판을 보면 팔만대장경판을 판각하기 이전에도 사간경판이 있었음을 알 수 있다. 또한 〈해인사유진팔만대장경개간인유〉 등의 문헌으로도 이미 신라 때 경판이 있었음을 알 수 있다. 경판이 있었다는 사실은 그것을 보관할 수 있는 판전이 필요했음을 나타내는 증거이다. 따라서 신라 말이나 고려 초에 사간판을 보관하던 건물이 해인사에 있었을 것이다. 그러나 이를 증명할 단서는 아직 없다. 나는 판전의 기둥 나무에서 단서를 찾아보려 한다.

법보전의 47개 기둥과 수다라장 21개 기둥이 느티나무라는 사실에서, 우선 느티나무가 어떻게 쓰였는지 알아보자. 멀리는 원삼국 시대의 임당고분, 부산 복현동 가야 고분, 천마총 등의 출토물을 보면 옛 권력자의 관재로 느티나무가 많이 사용되었음을 알 수 있다. 또한 지금까지 전하는 건물 가운데 가장 오래된 고려 말의 목조 건물 무량수전의 기둥도 모두 느티나무이다.《삼국사기》에는 목재의 사용을 규제한 내용이 있는데, 느티나무는 수입한 귀중 목재인 자단·침향과 같은 서열에 넣을 만큼 귀하게 쓰이는 나무였다. 대체로 산에 나무가 풍부하던 삼국 시대나 고려 초·중기에는 중요 건물의 기둥은 우리나라 나무 중에는 가장 재질이 좋은 느티나무를 이용했을 것으로 짐작할 수 있다. 건물의 기둥으로 사용할 경우 소나무가 100년을 버틸 수 있다면 느티나무는 세 배에 해당하는 300년 이상 버틸 힘이 있기 때문이다.

그러나 고려 중·말기에 몽고의 침입 등 전쟁과 사회적 혼란을 겪으면서 숲 속에서 흔히 분포하던 느티나무가 급격히 줄어들었다. 반면에 소나무, 참나무 등이 상대적으로 많아졌다. 그 예로서 조선 초기 건물인 화암사, 범어사, 무량사 등의 기둥으로 느티나무 외에 소나무, 전나무, 참나무 등을 많이 섞어 사용한 것에서 실마리를 찾을 수 있다.

이런 사실로 미루어볼 때 기둥으로 모두 느티나무를 사용한 옛 건물은 조선 이전의 건물일 가능성이 높다. 이로써 법보전과 수다라장은 같은 시대의 건물이 아니라, 느티나무로 지어진 법보전이 소나무·잣나무·전나무 등의 침엽수재가 많이 섞인 수다라장보다 이전에 지어진 것

숲 속의 느티나무는 아름드리로 곧게 자란다.

으로 볼 수 있다. 강화도에서 대장경판을 옮겨왔다는 학설을 그대로 믿는다면, 그 이전에 보관할 건물이 먼저 있어야 한다. 따라서 건물은 늦어도 조선 초 이전에 지어졌을 것이다.

이제 건물을 고치고 단청하는 등 수리 기록들을 찾아보자.

1457년(세조 3) 대장경 50벌을 인쇄하고 판전을 40칸으로 늘렸다는 《조선왕조실록》의 내용이 최초의 증축 기록이다. 처음 건물의 크기가 어느 정도인지 짐작하기 어렵지만 상당히 규모가 큰 증축 공사였음을 알 수 있다. 이후 1488년(성종 19) 세조의 왕비 정희왕후의 부탁을 받은 학조대사가 수다라장과 법보전 건물을 대대적으로 개조하고 증축했다. 그때 걸어둔 '보안당普眼堂'이라는 편액이 지금도 판전 입구에 그대로 보존되어 있다.

또한 판전의 바닥에서 출토된 생활 도자기 조각은 조선 초에 만들어진 것이며, 특히 분청사기는 조선 전기를 대표하는 자기이다. 분청사기는 고려 말 청자가 쇠퇴하기 시작한 무렵 청자로부터 변모하여 조선 태종 때에 이르면 특징이 두드러지게 나타난다. 이후 15·16세기 약 200여 년간 전성기를 보내다가 임진왜란 이후 쇠퇴했다. 분청사기가 사용되던 시대는 학조대사가 건물을 수리했다는 연대와 대체로 맞아떨어진다. 또 법보전 뒤편 동쪽에서 여섯 번째 기둥을 서울대 소장 질량분석이온빔가속기로 분석한 추정 연대는 1460±60년이므로 대체로 역사 기록과 맞아떨어진다.

이처럼 세조와 성종 대에 걸쳐 거의 새로 짓는 수준의 수리가 있었다는 것은 판전 건물이 그만큼 낡아 있었다는 증거이기도 하다. 경판을 새길 당시인 고려 고종 때 판전을 처음 지었다면 약 250년, 강화도에서 옮긴 시점인 조선 태조 때 지었다면 60~90년 남짓한 건물이다. 목조 건물은 서까래와 기와만 바꿔주면 적어도 수백 년은 버틸 수 있다. 그럼에도

판전 바닥에서 출토된 기와 및 생활 도자기 조각(왼쪽)과 분청사기 조각(오른쪽)

불과 100년도 안 되어 대대적으로 수리했다는 것은 이 건물이 조선 초보다 훨씬 이전에 지었을 가능성을 높여준다.

성종 때의 대대적인 수리가 있고 150여 년이 지난 1622년(광해군 14)과 1624년(인조 2)에 각각 수다라장과 법보전을 다시 수리했다. 이후에도 인쇄와 더불어 경판의 보수 및 관리를 위해 경판의 상태와 수량을 파악하는 조치가 있었을 것이나 기록에는 없다. 조선 말기인 1872년(고종 9), 1899년(광무 3) 및 1906년에 각각 인쇄 및 경판과 마구리의 금속 장식을 새로 해 넣는 수리가 있었던 것으로 전해지고 있다.

광복 후 1955년 이승만 대통령이 특별자금을 내려주어 판전을 구리 기와로 바꾸도록 했다. 그러나 구리 기와는 여러 가지 문제점이 노출되어 다시 일반 기와로 바꾸었다. 1964년 3월부터 1965년 8월까지 약 1년 반에 걸쳐 서까래를 새 것으로 바꾸고 비가 새는 부분의 기와를 교체한 바 있

앞쪽 경판꽂이를 제거한 현재의 판전 내부

다. 1972년에는 법보전 정면 창가에 새 경판꽂이 증설 공사가 있었고 화재 경보장치가 일시 설치되었다가 철거되기도 했다. 1984년에는 판전 주위의 배수로 개축과 보수 공사가 있었다. 그 이후에도 경판꽂이의 보강 등 약간씩의 판전 수리가 있었다. 1997년에는 서사간전의 경판꽂이와 기둥 교체 및 벽에 통기창을 만드는 공사 등이 이루어졌다. 1998년 4월부터 8월까지 수다라장에 비가 새는 것을 막기 위해 수다라장 지붕을 완전히 들어내고 서까래와 기와를 교체하여 오늘에 이르고 있다. 2003년에는 1970년경 수다라장과 법보전 건물 안 맨 앞에 새로 설치했던 경판꽂이를 제거하여 원래의 모습을 갖추게 되었다.

》 처음 모습 그대로, 750년 경판 보존의 비밀

판전 바닥의 숯

사람들은 판전 건물의 밑바닥에 관심이 많다. 건물은 육안으로 확인하여 경판 보존에 매우 합리적임을 금세 알아낼 수 있지만 땅속은 무엇인가 신비로운 비밀을 감추고 있을 것만 같아서이다. 일반적인 상식으로는 불교의 최고 경전인 대장경판을 보관하는 건물이니 당연히 좋은 나무로 튼튼한 마룻바닥을 설치해야 맞다. 그러나 판전의 바닥은 마루를 깔지 않은 흙바닥 그대로이다. 이를 두고 사람들은 흙바닥 속에 특별한 비밀이라도 있는 것처럼 여러 가지 상상을 했다.

맨 흙바닥에 부처님의 경전이 새겨진 경판을 보관했다는 사실이 얼른 이해가 안 가는 것은 당연했을지 모른다. 그렇다면 흙바닥에 무엇인가 비밀이 묻혔을 것이다. 비밀의 열쇠는 숯이 갖고 있다고 믿었다. 숯을 켜켜로 흙속에 깔아 판전 내부가 일정한 수분을 유지하도록 조절해주고 벌레가 살지 못하게 했을 것으로 생각한 듯하다. 이런 미확인 '숯 매몰설'을 사실처럼 누가 처음 알리기 시작했는지 지금 와서 찾아낼 수는 없다. 하지만 나를 포함하여 대장경에 관심을 가져온 많은 사람들은 밑바닥 속에 많은 숯이 들어 있는 줄로만 알았다. 그렇게 믿어왔고 전혀 의심을 갖지도 않았다.

입에서 입으로 전하는 이야기란 과장되게 마련이다. 판전 바닥에 숯이 묻혀 있다는 믿음은 숯의 신비한 효능을 이야기할 때마다 들먹이는 단골 메뉴였다. 이런 문제의 사실 확인은 어렵지 않다. 바닥을 약간 파보면 금세 알아볼 수 있는 간단한 일이다. 나는 경판 조사를 처음 시작한 1990년대 초부터 '밑바닥 파보기' 허락을 받으려고 여러 번 해인사에 청을 넣었지만 번번이 뜻을 이루지 못했다. 궁금증으로 사물을 바라보는 자연과학자는 언제나 사실 확인에만 매달린다. 신성한 경전이 보관된 판전 바닥을 무엄하게도 괭이로 파헤쳐보겠다고 덤볐으니 쉽게 허락이 날 리가 없었다. 햇수로 10년 넘게 스님들을 괴롭힌 보람이 있어서 2002년 2월 대장경연구소로부터 드디어 허가 통보를 받았다.

경북대학교 토양학 전공 최정 교수에게 도움을 청했다. 우리는 곧바로 해인사로 달려가서 법보전 3곳, 수다라장 4곳 등 모두 7군데를 표본 장소로 선정했다. 사방 1m 정방형의 자그마한 터를 잡고 조심스럽게 파 내려갔다. 약간의 흥분과 설렘으로 곡괭이 끝을 응시하면서 마주치는 땅속의 그 무엇도 놓치지 않으려 했다. 표토층에 해당하는 3~5cm 깊이까지는 석회가 혼합된 단단한 층이 있었다. 수다라장 통로 옆 왼편 6번 표토층에서 두께 0.1cm 정도의 숯가루층을 볼 수 있었다. 이는 일제 강점기 이후 판전의 보수 때마다 수시로 시행된 강회剛灰 다짐을 할 때 들어간 것이었다.

다음 5~40cm 깊이까지는 기와 및 작은 돌조각, 때로는 생활 도자기 등이 섞여 있어서 다른 곳에서 흙을 가져다 메운 층으로 짐작할 수 있었다. 40cm 이하 층도 대부분 돌조각이 섞인 층으로 또 다른 메운 층임을 알 수 있었다. 토양 분석 결과, 모래와 점토가 들어 있는 양이 비슷한 사양토砂壤土이며 깊이 내려갈수록 자갈이 많아졌다.

수다라장 동편 바닥의 60cm 깊이에서 분청사기 조각을 찾을 수 있었다. 분청사기가 조선 초기에 크게 유행한 것과 연결시켜보면 1488년(성종 19) 학조대사가 수리할 때 일부 흙메움 과정에서 들어간 것으로 짐작된다.

바닥을 1m 정도 파보았지만 7곳 어디에도 숯이 대량으로 묻혀 있지 않았다. 다만 거의 전체 층에 걸쳐서는 지름 0.4~1cm 크기의 숯이 띄엄띄엄 있을 따름이었다. 이 숯은 소나무 숯으로서 숯가마에서 일부러 구운 것이 아니라 나무를 태우고 난 다음에 검정으로 남는 '뜬숯'이었다. 뜬숯은 참나무로 굽은 진짜 숯과는 다르다. 또 판전의 습도를 조절하고 벌레가 살지 못하게 하는 방충 목적이라면 상당한 두께로 층층이 넣어져 있어야만 한다. 뜬숯이 부분적으로 들어간 것은 요사스런 귀신을 쫓아내는 벽사辟邪의 뜻이거나, 아니면 흙 메움할 때 부근에 있던 불 피운 터의 흙이 우연히 섞여 들어간 것으로 짐작할 수 있다.

우리는 지금까지 판전 바닥에 숯을 넣어 습도를 조절하고 경판이 벌레 먹지 않도록 조치한 것으로 잘못 알고 있었다. 판전 바

판전 바닥 흙의 층위. 강회 다짐 층이 보인다.

바닥 흙 단면에 띄엄띄엄 뜬 숯이 들어 있다.

닥은 주위의 흙으로 그냥 메운 것 이상도 이하도 아님을 확인한 셈이다. 이는 배수가 잘 되는 경사지에 위치한 판전 바닥에 구태여 숯을 넣지 않아도, 판전 안 공기가 가지고 있는 수분의 남고 모자람을 흙과 직접 주고받으며 서로 보충할 수 있다는 사실을 알려준 것이다. 판전의 대기가 너무 메말라 있을 때는 바닥 흙에서 올라오는 수분으로 습도를 높여주고, 장마 때처럼 공중 습도가 높으면 바닥 흙이 수분을 흡수하여 습도를 내려주는 자연 순환식 설계를 한 것이다. 흙바닥 그대로의 자연 상태는 과학적으로도 이유 있는 경판 보존 환경이다.

표토층의 강회 다짐은 원래부터 해오던 것이 아니다. 근세에 들어 판

전을 보수하면서 시행되고 있는 조치이다. 우선은 흙먼지가 일어나지 않는 장점이 있으나 석회의 성질 때문에 또 다른 문제가 생긴다. 석회층은 바닥 흙과 수분 교환을 차단하여 경판의 수분 조절을 방해할 수 있기 때문이다. 이런 일들이 경판 보존에 어떤 영향을 미치는지는 앞으로 보다 과학적이고 종합적인 검토가 필요하다. 그러나 이에 대한 관련 학자들의 충분한 의견 수렴이 이루어지지 않은 채 현재 판전 바닥은 강회 다짐이 거의 끝난 상태이다. 경판에 어떤 영향을 미칠지는 앞으로 더 두고 보아야 할 것이다.

새 판전 실패의 교훈

1971년 1월 박정희 대통령은 연두순시 차 경남도청에 들러 새해 계획을 보고 받고 있었다. 그 자리에서 해인사팔만대장경판을 영구 보존할 수 있게 지하 돔 형식의 건물을 지어 보관하는 방법을 새로 검토해보라는 지시를 내린다. 남북관계가 최고의 긴장상태에 있던 시절이었다. 군인이었던 그는 경판이 폭격 한 번이면 곧장 잿더미가 되어버릴 상태가 영 불안했던 것 같다. 문화재관리국(오늘날의 문화재청)은 곧바로 현장조사를 실시하여 법보전 뒤쪽 35m 지점에 새 건물을 짓기로 하고 설계에 들어갔다.

그러나 해인사 스님들의 강력한 반대에 부딪친다. 경판이 지금까지 그 자리에서 잘 보존되어 아무런 문제가 없었다는 이유에서였다. 그리고 법보전 뒤는 해인사의 정기가 모인 곳으로 훼손하면 절이 망한다는 소문도 돌았다. 1972년은 이른바 유신이란 이름으로 독재체제가 강화되어가던 때였다. 스님들의 대장경판 이전 반대 요구가 제대로 먹혀들 리 없었다. 대통령의 말이 바로 법이던 시절이었다. 여러 번의 회의 끝에 새 판전 건축 계획이 그대로 통과되었다. 단지 장소만 원래 계획된 자리에서 다른 곳으로 바뀌었다. 경판전에서 동쪽으로 90m쯤 떨어진 소림원이란 암자를 다른 곳으로 옮기고 그 자리를 활용하기로 했다. 지상 1층 지하 1층 총 472평의 철근콘크리트 건물을 짓기로 결정이 난 것이다.

공사는 곧바로 시작되었다. 1974년 온·습도 조절시설을 갖춘, 당시로서는 최신식 새 판전이 완성되었다. 건물이 완공되자 일부 경판을 시험 삼아 옮겨놓았다. 경판과 수분의 상관관계는 물론 나무의 수축·팽윤에 관한 기초지식이 필요했지만 아무도 신경 쓰지 않았다. 문제가 생길 수밖에 없었다. 건물의 구조가 전쟁 등 돌발적 재해를 대비하는 데만 치중하여, 공기 흐름에 대한 배려가 제대로 되어 있지 않았던 것도 큰 이유였다. 또한 일정한 상대습도 유지와 이에 따라 콘크리트에 흔히 발생하는 결로結露 현상의 대비 등 나무의 재질 특성을 전혀 모르는 문외한이 설계한 건물이기 때문이었다. 옮겨간 경판은 금세 갈라지고 비틀어졌다. 700년 넘게 아무 탈 없이 잘 보존되어 있던 경판에서 몇 달 사이에 일어난 변화치고는 너무 엄청났다. 스님들의 항의가 빗발쳤지만 당국은 쉬쉬하기만 했다. 새 건물에 옮겨졌던 경판은 제자리로 돌아오게 되었다. 몇 년이 흘러 1979~1980년 3차에 걸쳐 기술 검토회의가 있었다. 별다른 대책이 나올 리 없었다. 결국 판전 건물로서는 부적당하다는 결론을 내리고 폐쇄되고 말았다. 우여곡절 끝에 1983년 해인사는 정부로부터 사용권을 넘겨받아 이후 해인총림 선원으로 쓰고 있다. 이렇게 새 판전 소동은 막을 내렸다.

이 사건은 경판의 보존 환경을 함부로 바꾸어서는 안 된다는 평범한 사실을 다시 한 번 일깨워준 계기가 되었다. 반면에 판전이 갖고 있는 여러 가지 문제점을 구명하여 보다 나은 조건에서 경판을 보존할 수 있

새 판전은 현재 선원으로 쓰인다.

는 과학적인 연구를 막는 빌미가 되기도 했다. 지금도 '새 판전'이란 말은 아예 꺼낼 수조차 없다. 해인사 스님들이나 문화재청에서나 실패한 새 판전 이야기를 예로 들면서 펄쩍 뛰기 때문이다. "조상이 설계하여 만들어놓은 판전은, 과학이 아무리 발전해도 그 심오한 기술을 따라가지 못한다. 지금의 판전이 최고이다"라는 인식이 너무 깊이 박혀버렸다. 그러나 이것은 편견이고 나무의 성질을 잘 모르는 사람들의 고집일 뿐이다.

판전의 습도 변화에 따라 아주 미세하지만 경판의 너비나 두께가 줄었다 늘어났다 하기를 반복한다. 이는 경판의 여러 가지 건조 결함과 관

》 처음 모습 그대로, 750년 경판 보존의 비밀

련된 문제이다. 그 외 먼지가 쌓이는 문제를 포함하여 전쟁이나 화재 및 각종 재해에 대한 무방비는 그대로 취약점으로 남아 있다. 또 당시보다 몇 배 불어난 관광객 출입에 따라 화재 위험성은 오히려 더 증가했다. 물론 잘 갖추어진 소방시설이 있고 최근에는 소방차까지 대기상태지만 필요 충분한 것은 아니다.

이런 복합적인 여러 가지 문제점을 근본적으로 해결할 경판 보관 환경 개선에 대해 검토해야 할 단계이다. 판전은 지을 당시에는 조상의 슬기가 반영된 최신의 기술이었다. 하지만 오늘날 목재과학이란 학문을 공부하는 사람들의 눈으로 보면 경판 보관 환경 개선이 조상의 슬기 타령으로 덮여질 일만은 아니다. 자손만대에 물려줄 수 있는 완벽한 보존 환경을 만들어주기 위해 경판과 수분의 관계를 구명하여 가장 합리적인 판전이 어떤 형태가 되어야 하는지, 적어도 새 판전 연구만은 지금부터라도 하나씩 챙겨나가야 한다.

그러나 안타깝게도 판전 실패의 교훈을 타산지석으로 삼지 못하는 경우가 있다. 경북의 한 연구원은 최근에 조선 시대 양반가 문집 목판을 수집·보관할 건물을 지었다. 콘크리트 골조 2층 건물 2동으로 연면적 1,400㎡에 이르며 10만 장의 목판을 보관할 수 있는 규모이다. 내부는 오동나무로 장식하고 마루를 깔았으며 경판꽂이는 고급 목재의 대명사인 가래나무로 만들었다. 온·습도 자동조절장치를 갖추었고 창문은 습도에 따라 전동식으로 개폐되었다. 30년 전 해인사에서 실패한 새 판전과 다른 점은 온·습도 조절장치가 더욱 현대화된 것뿐이다.

목판을 보관하는 장소로 인위적인 온·습도 자동조절장치를 갖춘 최신식 건물을 짓는 것은 한마디로 쓸데없는 과잉투자이다. 해인사 판전처럼 밑바닥을 흙으로 두고 경판꽂이는 흔한 소나무로 만들어도 아무런 문제가 없다. 공기가 자연 순환하는 나무 건물에 팔만대장경판을 보관해도 750년이 지난 오늘날까지 잘 보존되고 있다. 온·습도를 강제로 조절하는 목판 보관 건물은 막대한 유지비만 들어갈 뿐 목판 보존에는 오히려 역효과를 나타낸다.

≫ 처음 모습 그대로, 750년 경판 보존의 비밀

옛 사람들의 완벽한 경판 관리 노하우?

현재 팔만대장경은 어떤 상태로 보존되어 있을까?
과연 '조상의 슬기' 만으로 계속적인 보존이 가능할까?

오늘날 위대한 민족 유산 팔만대장경은 과연 어떤 상태로 우리 앞에 있는가? 지금까지 조상의 현명하고 과학적인 혜안으로 적당한 위치에 보관 건물을 지어 완벽하게 보존되었으므로 오늘날에도 그 오묘한 지혜를 쫓아갈 수 없다고 감탄만 할 것인가? 우리가 알고 있는 과학적인 상식에 비추어 팔만대장경의 보존 상태는 과연 어떤 상황이며, 자손만대까지 그대로 물려주기 위해 무엇을 어떻게 해야 할지 알아보자.

◎ 경판꽂이

경판을 판전 안에 어떻게 쌓아두어야 가장 효과적일까? 경판이 갈라지거나 썩고 벌레 먹지 않도록 해야 하는 것은 기본이다. 다음은 주어진 공간에 될 수 있는 대로 많은 장수를 쌓아야 한다. 건물의 평수를 함부로 넓히는 일은 건축비도 문제지만 관리가 어렵다.

조상들은 마치 책꽂이처럼 여러 층의 선반을 만들었다. 평면으로 늘어놓기보다 당연히 많이 들어간다. 선반은 무거운 경판을 견뎌내야 하므로 튼튼함이 기본이다. 선반이 넘어지지 않도록 사각 기둥을 세우고

》 옛 사람들의 완벽한 경판 관리 노하우?

서로 연결했다. 책꽂이 모양으로 연결된 이 선반을 경판꽂이〔板架〕라고 부른다. 경판꽂이는 가운데 한 줄, 뒤 벽쪽에 한 줄로 건물의 길이 방향인 동서로 길게 두 줄로 배치했다. 가운데 경판꽂이의 앞뒤로 지름 110~130cm의 통로가 있다. 벽쪽 경판꽂이는 판전 외부 기둥과 연결되어 있고, 가운데 경판꽂이는 혼자 지탱하고 있다.

경판꽂이의 재료는 소나무이며, 20×20cm 사각 기둥을 세우고 가로로 8×15cm의 두꺼운 판자를 선반나무로 넣어 5단으로 구분했다. 돌로 된 기초를 했고 기둥의 40~50cm 높이까지는 다른 부분보다 습기를 많이 가지고 있어서 색깔이 진하게 변한 경우가 많다. 모세관 현상으로 땅 속의 습기가 올라오는 탓에 때로는 스펀지처럼 연약한 기둥도 있다. 그래서 일정 기간마다 아예 바꾸어준다.

경판꽂이의 맨 아랫단은 바닥으로부터 40cm 높이에 설치되어 있다. 또 바닥에서 265cm 되는 높이에는 경판꽂이를 따라 사람이 왕래할 수 있도록 10×30cm의 두꺼운 소나무 판자를 길게 깔았다. 높은 곳에 있는 경판을 꺼낼 때 이용한다. 한 단은 가로 너비 156~160cm, 세로 너비 160~180cm, 높이 53~55cm의 크기다. 여기에 경판의 너비 방향을 아래로 하여 세워 넣기를 했다. 아래에 한 줄을 채우고 다시 그 위에 한 줄을 더 넣어 한 단에 두 줄 겹치기로 경판을 넣어두었다. 경판 너비가 24cm이므로 한 단에서 경판을 쌓은 위 부분의 공간은 좁은 경우 높이가 불과 5cm, 좀 넓어도 7cm 남짓하다. 한 줄에 들어 있는 경판은 적게는 34장, 많게는 44장이다. 평균적으로 한 단에는 두 줄 겹치기로 약 80장의 경판이 들어 있는 셈이다.

그러나 이런 경판 넣기 방식은 불편하고 보존에도 좋지 않다. 먼저 각 단에 들어가 있는 경판의 숫자가 너무 많고 경판의 인쇄와 먼지 털기 등

경판꽂이 각 단마다 약 80장 전후의 경판이 들어 있다.

관리하기 위해 꺼내고 넣는 데도 여간 불편한 것이 아니다. 아랫줄 경판 한 장을 꺼내기 위해 윗줄 경판 모두를 내려놓아야 하기 때문이다. 이런 불편을 무릅쓰고 한 단에 이중으로 경판을 세워 쌓은 이유는 간단하다. 판전을 건축할 당시 예산이 충분치 않았고 관리의 어려움으로 건물 크기의 제약을 받았기 때문이다. 어쩔 수 없이 좁은 공간에 많은 경판을 넣은 것으로 보인다.

경판의 두께는 2.8cm이고 마구리의 두께는 4cm이다. 경판꽂이의 앞에서 보면 마구리가 전부 맞닿아 있으므로 거의 틈이 보이지 않는다. 그러나 마구리 두께와 경판 두께는 1.2cm의 차이가 나므로 위에서 내려다

≫ 옛 사람들의 완벽한 경판 관리 노하우?

경판꽂이가 비좁아 지붕 바로 밑까지 경판이 쌓여 있다.

보면 경판과 경판 사이에는 가로 2.4cm, 세로 60~70cm의 긴 직사각형 공간이 있다. 경판꽂이의 맨 위에서 보았을 때는 1단에서 5단까지 직사각형의 배기통이 설치되어 있는 셈이다. 대류 현상으로 판전 안의 공기가 상하로 이동할 수 있는 통로가 된다. 이는 공기의 수평 이동을 원활하게 해주는 판전 벽의 살창과 더불어 판전 안의 공기가 자연스럽게 순환할 수 있도록 한 설계이다. 선조들의 과학적인 마인드가 돋보이는 판전의 특별한 설계인 것이다.

경판 사이의 공간은 배기통 역할을 한다.

경판의 함수율

　살아서도 죽어서도 나무에는 언제나 물이 들어 있다. 잘려서 죽은 순간 그 동안 애써 지키고 있던 나무의 물은 차츰 빠져나가기 시작한다. 나무가 마르는 것이다. 하지만 인위적으로 전기건조기에 넣어 말리지 않은 이상, 자연 조건에서는 물이 전혀 없는 상태는 될 수 없다. 왜냐하면 대기는 항상 일정량의 수분을 가지고 상대습도를 유지하기 때문이다.
　나무가 말라가는 과정은 생각보다 간단치 않다. 썩고 갈라지는 등 사용 중에 일어나는 대부분의 말썽은 나무 속에 들어 있는 물 때문이다. 나무에 들어 있는 물의 많고 적음을 일컫는 말이 함수율이며, 나무에 포함된 물의 무게를 물이 전혀 없는 목재만의 무게로 나눈 값에 대한 백분율로 나타낸다. 예를 들어 대장경판 크기만한 판자의 무게를 달아보니

》 옛 사람들의 완벽한 경판 관리 노하우?

3.8kg이고, 이를 전기건조기에 넣어 2~3일 바짝 건조시킨 후 순수 나무만의 무게가 3.3kg이라면, 이 판자에는 0.5kg의 물이 들어 있었던 셈이다. 이처럼 나무가 가지고 있는 물은 (3.8-3.3)÷3.3×100으로 계산하여 함수율 15.2%라고 표시한다.

판자를 켜서 표면이 노출되면 함수율은 처음에 급속히 감소하여 한 달 정도면 30%까지 떨어지며, 이후 감소 속도는 아주 느려진다. 대체로 우리나라의 경우 경판 나무 크기의 산벚나무와 돌배나무를 오랫동안 음지에 놓아두고 자연 건조시키면 공기의 상대습도와 평형을 이루는 함수율은 15~16%가 된다. 상대습도를 인위적으로 낮춰주지 않은 상태에서는 더 이상 나무를 말릴 수 없다는 뜻이다. 장마철과 봄, 가을 등 계절 및 지방에 따라 약간씩 차이가 있으나 짧게는 5~6개월, 길게는 1년 이상 말려야 이 함수율에 이른다.

그렇다면 현재의 대장경판의 함수율은 얼마나 될까? 1994년 7월 내가 조사한 경판재의 함수율은 최저 13.4%에서 최고 16.5%의 범위이며 전체 평균이 15.5%였다. 판전별로 보면 법보전이 15.3%, 수다라장이 15.8%로, 0.5%의 차이가 있으나 크게 의미를 부여할 값은 아니다. 그리고 대장경판은 판전 자체가 항상 통풍이 잘 되어 계절에 따라 일정한 함수율을 갖도록 되어 있다. 또 750여 년을 지나는 동안 물 분자가 들어갈 자리가 많이 망가져서 장마철 등 일시적으로 습도가 다소 높더라도 흡수하는 수분은 한계가 있으므로 함수율 16~17% 이상은 올라가기 어렵다. 이것은 현재의 팔만대장경판 함수율이 대단히 안정되어 있어서 당장은 경판이 갈라지거나 비틀어질 염려가 없음을 암시한다.

한편 나무는 온도에 그렇게 민감하지 않다. 열전도율이 낮고 온도 변화에 따른 열팽창율도 거의 변화가 없다. 우리나라의 연중 최고 온도를

40℃, 최저 온도를 −20℃로 볼 때, 이 사이의 온도에서 경판 나무는 열팽창이나 열수축을 거의 하지 않는다. 겨울에 물이 얼 정도의 온도면 나무 속의 액체로 된 물도 당연히 언다. 그러나 경판처럼 함수율이 15~16%이고 이력현상이 끝난 나무 속에는 액체 물은 없다. 경판 나무 속의 수분은 결합수라는 형태로 존재하므로 자연 상태의 온도 변화에서는 거의 문제되지 않는다.

◎ 먼지

지금 이 시간에도 경판에는 먼지가 쌓이고 있다. 먼지는 사람들의 건강을 해치듯 경판을 보존하는 데도 말썽꾸러기다. 그저 먼지떨이로 탁탁 털어내면 그뿐일 텐데, 무엇이 고민이란 말인가? 물론 그렇게 할 수만 있다면 맞는 말이다. 그러나 먼지를 털어내는 일이 생각처럼 그리 만만치 않다. 경판 한 장의 표면적은 양 마구리 사이의 평균 길이 약 70cm, 경판 너비 24cm로 하여 앞뒤 양면을 합쳐서 계산하면 0.336m^2다. 이를 8만 1,258장으로 곱하면 전체 표면적은 2만 7,300m^2, 자그마치 8,256평이다. 웬만한 축구장보다 더 넓다. 숫자만으로도 기가 질린다.

집에서 흔히 하듯 수건으로 입을 막고 먼지떨이로 시작해서는 어느 세월에 끝날지 알 수 없다. 그래서 생각해낸 꽤가 문명의 이기인 진공청소기를 이용하는 방법이었다. 하지만 여기에는 또 다른 문제가 기다리고 있다. 나무판의 글자 하나하나는 오랜 세월을 지나는 동안 아주 연약해진 상태이다. 먼지 털려다 자칫 글자가 떨어져 청소기 안으로 빨려 들어가는 사고가 생길 수 있다. 그야말로 빈대 잡으려다 초가삼간 태우는

》 옛 사람들의 완벽한 경판 관리 노하우?

격이 될지도 모른다. 담당 스님과 함께 여러 가지로 고민하다 굴지의 세탁기 제조회사 연구실에 도움을 청했다. 흡입기 끝에다 어떤 솔을 달며, 흡입 강도는 어느 정도 해야 먼지만 쏙쏙 빨려들어 갈 것인가? 몇 달에 걸친 연구 검토 끝에 '경판 먼지 빨아들이기 전용 진공청소기'의 표준이 만들어졌다. 이렇게 시작한 경판 먼지 털어내기는 시작한 지 5년째이지만 아직도 몇 년을 더 해야 한다.

사실 처음 판전에 보관했을 때부터 근세에 이르기까지 경판에는 지금처럼 먼지가 많이 쌓이지 않았다. 해인사가 울창한 숲으로 둘러싸여 있었고, 수시로 필요에 따라 인쇄하면서 그때그때 먼지를 제거한 탓이다. 옛 기록에는 "자연계와 신비계의 보호가 극진하고 엄정하여 아직까지 한 번도 비를 들어 청소를 한다거나 청결히 해본 적이 없지만, 경판 위에 먼지 한 점, 거미줄 한 개 낀 적이 없다"고 했다. 하지만 1968년 이후 경판 보존을 위해 인쇄를 중단하고는 먼지를 털어낼 기회가 없었다. 스님들의 수행공간으로 조용하기만 하던 해인사에 요즈음 많을 때는 하루

왼편 2장의 경판처럼 먼지가 쌓이므로 일정한 간격으로 먼지를 털어내야 한다.

에 수만 명에 이르는 관광객이 들어온다. 잔디밭으로 남아 있던 법보전과 수다라장 사이의 광장도 흙바닥으로 변하여 먼지를 일으키고 있다. 아울러서 주변의 숲이 파괴되고 관광객 상대의 상가와 음식점이 들어서면서 먼지 발생은 점점 더 많아졌다. 그래서 경판에는 심한 경우 글씨가 보이지 않을 정도로 먼지가 두껍게 쌓여 있는데, 관광객이 많이 다니는 수다라장 뒤 벽, 법보전 앞 벽 쪽일수록 심하다.

그렇다면 경판의 먼지는 보존에 어떤 문제를 일으키는가? 먼지가 쌓이면 경판에 항상 자유롭게 출입해야 할 수분 통로, 즉 수산기에 물 분자가 붙었다 떨어졌다 하는 일에 방해를 받는다. 쉽게 말해 나무의 숨구멍이 막혀버린다. 특히 먼지층의 밑 부분과 경판 표면 사이는 장마철에 대기 중의 상대습도가 높아질 때 물 분자의 출입을 훼방 받아 다른 부분보다 높은 함수율을 갖게 된다. 이는 나무를 썩게 하는 부후균腐朽菌이라는 미생물이 살 수 있는 환경을 국부적으로 만들어준다. 글자의 가느다란 획 부분, ㅁ자의 안쪽 부분 등 글자와 인접한 부분에 더 두껍게 쌓인다. 이처럼 먼지는 경판의 생명이라 할 수 있는 글자 부분을 썩게 하고 연하게 만들어 차츰 마모되는 원인을 제공한다.

◉ 먹딱지

수다라장 출입구 왼편에는 대장경판 실물 한 장이 걸려 있다. 장난기가 얼굴에 잔뜩 묻은 초등학생에게 관람 느낌을 물어보았다. 대답은 간단하다. "깜씨던데요?" 얼굴이 까만 사람을 두고 부르는 별명 그대로이다. 시꺼먼 먹물을 뒤집어쓴 경판에 대한 솔직한 표현이다. 경판을 새긴

≫ 옛 사람들의 완벽한 경판 관리 노하우?

과정과 역사적 의미를 염두에 두지 않았다면 경판의 모습은 새까만 나무 판때기일 뿐이다. 이렇게 새까매진 이유는 경판을 인쇄할 때 먹물을 바르기 때문이다.

먹물은 인쇄할 때 경판 속으로 침투한다. 먹물의 탄소는 경판 표면에 얇은 막을 입히는 셈이므로 경판 보존에 오히려 도움이 된다. 그러나 먹물이 순수 먹물이 아닌 것에서 문제가 생긴다. 경판에 잘 묻고 깨끗한 인쇄 품질을 얻기 위해 경판 인쇄용 먹물은 풀을 섞어 사용한다. 풀의 재료는 쌀이나 밀, 감자 등을 익힌 것이니 녹말이 주성분이다. 탄소로 이루어진 먹은 경판의 보존에 오히려 도움이 될 것으로도 볼 수 있으나 녹말은 나무를 썩게 하는 미생물이나 곤충이 좋아하는 먹이다. 인쇄가 끝난 후 녹말 성분을 완전히 없애주어야 한다. 방법은 소금물로 잘 씻어내는 것이다. 조선 시대 내내 억압받았던 절에 시주가 많이 들어올 리 없으니 적은 돈으로 인쇄를 하느라 뒤처리가 깔끔하게 이루어지기 어려웠다. 먹물 속의 녹말은 건조되면서 딱딱해진다. 오늘날 많은 경판에는 녹말과 먹이 섞여서 달라붙은 먹딱지가 남아 있다. 두께 0.5~1mm 정도로 경판에 칠을 하듯 입혀져 있거나 딱지가 되어 더덕더덕 붙어 있다.

먹딱지는 경판이 충분히 말라 있으면 크게 문제를 일으키지 않는다. 하지만 그 부분에 먼지가 쌓여 장마철에 국부적으로 함수율이 올라갈

먹이 3~4mm 정도 경판으로 침투해 있다.

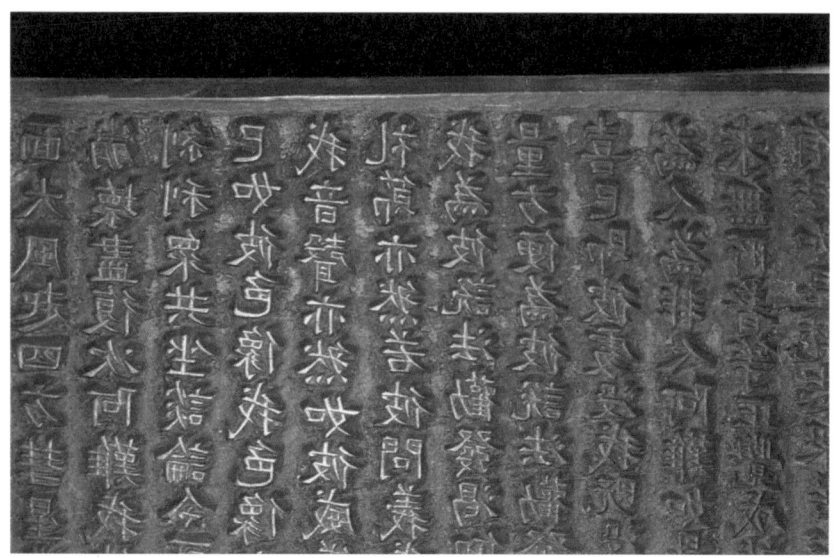
먹딱지가 그대로 붙어 있는 경판

때는 곰팡이가 피고 심하면 부분적으로 썩기도 한다. 최근까지도 통풍 상태가 좋지 못한 동·서사간전의 경판에 곰팡이가 연례적으로 발생한 사실은 모두 이런 이유 때문이다.

먹딱지를 제거하는 문제도 잠시 논의가 되었으나 실행에 옮겨지지 않았다. 먹딱지는 경판과 강하게 접착되어 있는 경우가 대부분이다. 작은 핀셋으로 하나씩 떼어내는 물리적인 방법밖에 쓸 수 없다. 아무리 조심하더라도 글자가 일부 떨어져나갈 우려가 있다. 지금으로서는 그대로 두는 것이 최선이다.

≫ 옛 사람들의 완벽한 경판 관리 노하우?

◎ 경판 보관 과정에서 생기는 문제

　나무 속의 물은 나무를 베어내어 판자를 켜는 순간부터 표면으로 이동하여 수증기가 된 후 공중으로 날아간다. 공기 중의 상대습도와 균형을 이룰 때까지 이런 과정은 이어진다. 판자 안에서 표면으로 물이 이동하는 속도와 수증기가 되어 날아가는 속도가 같다면, 나무는 갈라짐이나 비틀림 없이 깔끔하게 잘 건조된다. 그러나 아주 얇은 판자를 제외하고 이런 상태는 일어나지 않는다. 대부분의 나무는 마르는 과정 중 갈라지고 휘거나 비틀어지는 등의 '건조 결함'이 생긴다. 두께가 두꺼울수록 더 심하다. 대장경판은 평균 두께가 2.8cm나 되며 통나무에서 실제로 켤 때는 5cm 전후의 두꺼운 판자였다. 대장경을 만들던 고려의 장인들은 건조 결함을 방지하기 위해 피나는 노력을 했다. 경판의 곳곳에서 노력의 흔적을 찾을 수 있다. 대장경판은 750여 년이 지난 나무로 만든 것이라고 보기에는 믿기지 않을 만큼 잘 보존되어 있다. 그러나 목재란 재료의 태생적 한계가 있다. 전혀 건조 결함이 생기지 않은 완전 건조는 불가능하다. 다만 결함의 정도를 줄일 수 있을 따름이다.

　정밀하게 경판을 조사해보면 상당수의 경판에서 갈라짐, 굽음, 비틀림 등의 건조 결함을 관찰할 수 있다. 갈라짐이란 말 뜻대로 나무의 길이

갈라짐이 계속 진행되는 것을 막기 위해 칼날 자국을 넣었다.

방향으로 길게 쪼개지는 것으로 나무를 만들고 있는 가늘고 긴 세포가 서로 찢어져서 생기는 현상이다. 갈라진 틈새가 육안으로 보아 그대로 남아 있으면 '열린 갈라짐', 갈라진 틈이 닫혀서 가느다란 선처럼 보이면 '닫힌 갈라짐' 이라 한다.

열린 갈라짐은 경판의 함수율 변동에 따라 너비는 점점 더 넓게, 길이는 점점 더 길게 확대될 가능성이 있어서 계속적인 관찰이 필요하다. 반면 닫힌 갈라짐은 갑작스런 상대습도의 큰 변화가 없는 이상 현 상태에서 갈라짐이 확대되어 열린 갈라짐이 될 염려는 거의 없다.

임의로 선정한 1,036장의 경판 중 글자가 새겨져 있지 않은 외곽부에서 갈라짐이 나타나는 상태를 조사한 결과 열린 갈라짐을 가지고 있는 경판이 전체 조사 경판의 약 20% 정도였다. 닫힌 갈라짐은 거의 관찰되지 않았고 비율로 본다면 전체 조사 경판수의 약 2% 정도에 불과했다. 그러나 닫힌 갈라짐은 육안 관찰로 찾아내기가 어려운 경우가 많으므로 실제로는 더 많은 경판에 닫힌 갈라짐이 있을 것으로 생각된다.

경판을 만들 당시 한 번 생긴 갈라짐은 그대로 두면 경판의 길이 방향으로 계속 확대된다. 이를 막기 위해 경판을 완성한 후 보관 중에도 수시로 경판을 검사하여 대책을 세운 흔적을 찾을 수 있다. 즉, 갈라짐이 길게 이어진 끝 부분에 칼끝으로 가로 흠집을 넣어 더 이상 갈라짐이 연장되는 것을 방지했다. 한 번 칼날 자국을 넣었음에도 계속 갈라지면 또다시 칼날 자국을 넣었다. 경판 한 장 한 장에 얼마나 정성을 쏟았는지를 엿볼 수 있는 대목이다.

굽음이란 경판의 표면이 휜 상태를 말하며, 경판 표면이 너비 방향으로 휜 것을 너비굽음, 길이방향으로 휜 것을 길이굽음이라 한다. 너비굽음은 조사 대상 판수의 26%에서 관찰되었는데, 일부 함의 경판은

70~80%의 너비굽음을, 다른 함의 경판은 1~3%의 너비굽음을 보여 경판 간에 차이가 심하다. 길이굽음은 조사 대상 경판의 3% 정도로, 너비굽음이나 비틀림에 비해 발생빈도가 훨씬 낮다.

비틀림은 경판면이 비틀어져 있는 상태를 말한다. 비틀림이 관찰되는 경판은 조사 대상 경판의 15% 정도이다. 굽음과 마찬가지로 경판 간 차이가 크며 일부 경판에서는 거의 2/3에서 비틀림이 관찰되었다. 굽음과 비틀림은 경판 보존에 큰 문제가 되지 않는다. 이력현상에 의해 경판 함수율이 거의 일정하게 유지되는 환경이므로, 굽음이나 비틀림이 지금 상태보다 더 심해질 가능성은 많지 않기 때문이다.

굽음과 비틀림은 경판을 새긴 판자가 대부분 널결판재이기 때문에 발생한다. 이것은 손으로 제재하여 넓은 판재를 얻은 최선의 방식인데, 수

경판에 생기는 너비굽음과 비틀림

축이 크게 일어나는 방향이 너비방향이라서 굽음이 생기는 것은 어쩔 수 없는 현상이다. 고려의 장인들은 이때 생기는 경판의 굽음과 비틀림을 마구리를 만들어 해결했다.

◎ 경판의 썩음

마른 나무를 잘라 현미경으로 들여다보면 빈 구멍과 짙은 색깔 부분으로 나뉜다. 빈 구멍은 세포의 속이다. 살아 있을 때 원형질과 핵 및 물이 들어 있는 생명의 원천이었으나, 나무가 벌채되어 마르면서 모두 없어지고 공기가 들어 있는 빈 공간이다. 짙은 부분은 세포를 둘러싸고 있던 세포벽이다. 나무는 종류에 따라 세포벽의 비율이 다르다. 이 비율은 무겁고 가벼운 나무의 종류에 따라 변동이 많다. 산벚나무나 돌배나무는 전체 부피 대비 약 30~40%가 세포벽이고 나머지는 빈 공간이다. 글자의 획 부분에 얼마만큼의 세포벽이 있느냐에 따라 글자 부분이 잘 망가지거나 오래 보존될 수 있다. 경판으로 사용된 산벚나무나 돌배나무는 세포벽이 너무 많지도 적지도 않은 아주 적당한 나무이다.

나무를 썩게 하는 미생물이나 목재부후균은 세포벽을 만들고 있는 셀룰로오스를 먹어 치운다. 상대습도 80% 이상, 나무 함수율 30% 이상, 기온 20~30℃ 정도가 미생물이나 목재부후균이 가장 좋아하는 조건이다. 또한 여러 가지 생육 조건 중 나무 함수율에 가장 크게 영향을 받는다. 경판의 함수율이 현재 15~16%에 불과하니 이론적으로는 경판이 썩을 수는 없다. 이처럼 경판 건물의 구조로 보나 오늘의 경판 상태로 보나 경판 전체가 썩어 들어갈 가능성은 거의 없다.

그러나 대장경판이 목재부후균에 의해 전혀 썩지 않는 것은 아니다. 이는 경판을 보관하는 과정에 몇 가지 문제가 있었기 때문이다. 옛날 판전의 관리가 허술할 때 비가 새어 일시적으로 경판의 함수율이 높아져 잠시 썩음이 진행되었다가

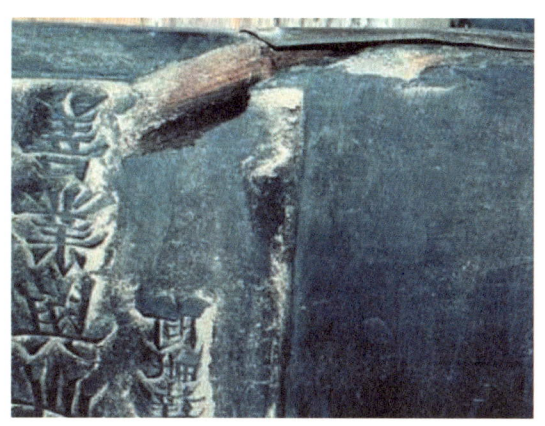

나뭇조각 일부가 떨어져 나와 있다.

멈춘 경판이 있다. 그리고 앞에서 지적한 대로 먼지가 두껍게 쌓인 부분이 국부적으로 함수율이 올라가서 썩은 경우가 있다. 또 한 가지는 마구리와 경판을 잇는 장석의 고정을 위해 쇠못을 박아 넣은 부분에 썩음 현상이 나타난 경우이다. 쇠못은 공기 중에서 산화철이 되어 수분을 계속 흡습하여 부분적으로 함수율이 높아지기 때문에 경판을 썩게 한다.

◎ 경판의 벌레 먹음

곤충의 애벌레가 경판을 파먹어 구멍이 뚫려 있는 충해의 흔적을 드물게 볼 수 있다. 애벌레는 빛을 싫어하므로 나무 속에서만 살다가 성충이 되어 탈출하면서 표면에 지름 1~2mm의 작은 구멍을 남긴다. 전체 조사 경판의 약 2%에서 벌레 구멍이 관찰되었다. 만약 애벌레가 경판 속에 숨어 있다면 나무가루가 보여야 하는데, 그런 흔적은 찾을 수 없

다. 발견된 벌레 구멍은 생나무 시절 여러 종류의 곤충 애벌레가 파먹는 흔적으로 경판을 만들 당시부터 있었던 것으로 보인다.

나무를 파먹는 대부분의 곤충 애벌레는 함수율이 높을 때 활동하므로 일단 건조가 되면 벌레의 피해는 거의 없어진다. 현재의 경판과 같이 함수율 15~16%의 건조 목재에서 서식할 수 있는 곤충은 그리 많지 않다. 다만 가루나무좀lyctus beetle은 예외이다. 마른 나무를 먹어치우는 가루나무좀은 현재의 경판 함수율에서도 살아갈 수 있다. 하지만 가루나무좀은 산란관을 꽂을 정도의 크기가 되는 물관이 있어야 하는데, 산벚나무나 돌배나무의 물관 지름은 가루나무좀의 서식 조건에 맞지 않는다. 따라서 지금의 경판에 가루나무좀이 활동하기는 어렵다. 그러나 경판을 직접 갉아먹지는 않지만 경판을 집으로 이용하는 곤충은 항상 염려된다. 이따금씩 판전 전체를 밀폐하고 훈증 처리를 하여 혹시라도 있을 수 있는 벌레 침입을 방제하고 있다.

최근 판전 바로 아래에 있는 응진전에서 흰개미의 피해가 발견되어 우리를 놀라게 했다. 흰개미는 경부선 철로를 놓을 때 수입한 나무에 붙어서 들어온 수입 생물이다. 이름과는 달리 개미가 아니라 바퀴벌레에 가까운 곤충으로 아열대지방에서 주로 활동하며 수분이 많은 나무만 갉아 먹으므로 우리나라 절에서는

벌레 먹은 흔적으로 보이는 구멍

》 옛 사람들의 완벽한 경판 관리 노하우?

별로 문제가 되지 않았다. 그러나 건물의 난방구조가 현대화되면서 일반 목조 건물은 물론 절간에까지 침입하고 있다. 이에 놀란 문화재 당국은 판전 주위에 도랑을 파고 흰개미 방제 약을 넣어두었으며 흰개미의 아지트인 판전 뒷산의 소나무 그루터기를 모두 뽑아 없애기로 했다. 하지만 흰개미의 먹이 습성상 경판을 새긴 나무 종류들은 좋아하지 않는 것들이다. 또한 흰개미는 함수율이 높은 습한 나무만 갉아먹으므로 잘 건조된 경판에 직접 피해를 입힐 염려는 거의 없을 것 같다.

◎ 옛 사람들의 경판 보존

조선 시대에도 판전의 관리가 철저하지 않았던 것 같다. 조선 중기인 1686년 4월 8일 선비 정시한이 해인사를 순례하고 쓴 수필〈산중일기〉에는 다음과 같이 당시의 경관이 묘사되어 있다. "판전은 무릇 60칸이나 되며 경판은 아주 단정하고 반듯하게 쌓아 올려져 있다. 보는 사람의 마음이 절로 숙연해진다. 그러나 여기에는 관리하며 지키는 사람이 없어 선비나 승려나 세속의 남녀 할 것 없이 하루에 수백 명이 관람한다. 이 사람들이 마음대로 경판을 꺼내보고 아무 곳에나 놓아두거나, 혹은 경판을 손상시키기도 하니 매우 안타까운 일이 아닐 수 없다." 경판 관리가 얼마나 소홀했는지 짐작할 수 있다.

이후 일제 강점기와 광복을 거치면서도 판전 관리는 크게 개선되지 않았다. 일제 강점기의 잡지《조광朝光》제43호에는 이런 내용이 있다. "팔만대장경판각을 지키기 위해 경찰관 파출소를 해인사 경내에 두었다. 장경각 열쇠는 경찰관이 가지고 있었으므로 스님이 참배를 하려면 승인을 받아야 했다. 문제는 경판에 흠이 생겨도 책임 소재가 불분명하다는 것이다." 그래서 스님과 경찰관이 반드시 동행하여 공동책임을 지우는 것이 옳다고 했다. 조계총 총무원장을 지낸 임성 스님은 "1960년대의 해인사는 말이 절이지 절이라곤 볼 수 없을 정도로 낡아 있었다. 기왓장이 좋지 못해 곳곳마다 비가 스며들었고, 서까래마저 온전한 것이 없을 정도였다"고 회상했다.

경판 보존의 취약점

팔만대장경판이 어떻게 보존되어 있는지를 상세히 알아보았다. 우리는 팔만대장경판을 보관하고 있는 판전의 건축양식과 경판 보관방법이 너무나 과학적이고 합리적이어서, 750여 년이 지난 오늘날까지도 잘 보존될 수 있는 조상들의 지혜에 언제나 감탄해왔다. 그러나 팔만대장경판은 우리가 피상적으로 알고 있는 것처럼 완벽하기만 한 것은 아니다. 주위 환경에 따라 항상 변할 수 있는 나무라는 유기물로 만들어진 방대한 유물이 완벽할 것이라고 생각하는 자체가 무리이다. 이제 오늘날의 발달된 과학지식으로 지적된 몇 가지 경판 보존의 문제점을 구명하고, 위대한 조상의 유물을 어떻게 효과적으로 보존할 것인지에 대해 진지한 연구 검토가 요구되는 시점이다.

경판 보존의 가장 큰 취약점은 화재 예방 조치이다. 바람이 잘 통하는 목조 건물에 바짝 마른 경판이 팔만 천여 장, 무게로 따져 280여 톤이 세로로 세워서 5층으로 된 경판꽂이에 보관되어 있다. 적당한 바람이 항상 불고 있는 판전의 환경은 불이 났을 때는 걷잡을 수 없이 빨리 번

》 옛 사람들의 완벽한 경판 관리 노하우?

판전 불끄기 훈련과 해인사 전용 소방차

지기 쉬운 조건이기도 하다. 종교적인 편견을 가진 광신자나 정신병자 등에 의한 방화 가능성을 항상 경계해야 한다. 이에 대비하여 경판 위쪽 계곡에 저수탱크를 설치하고 언제든지 물을 뽑아 쓸 수 있는 준비가 완벽하게 되어 있다고 해인사나 문화재청에서는 자신하고 있다. 최근에는 상주하는 소방차까지 확보되어 있다. 또한 경판과 판전은 불에 타는 것을 막아주는 방염 처리를 수시로 하고 있으며 화재 경보시설도 갖추고 있다. 스님들이 밤새 순찰을 돌면서 경비하고 있어서 화재에 대한 방비는 어느 정도 갖추고 있다고 보아도 좋을 것 같다. 그러나 아무리 자신하더라도 역시 사람이 하는 일, 팔만대장경판의 중요성에 비추어본다면 아무리 강조해도 지나침이 없는 일이다.

　화재 예방을 비롯하여 경판에 쌓이는 먼지를 방지하는 경판 보존의 근본 해결책의 핵심은 출입통제뿐이다. 하루에 적게는 수백 명에서 많게는 만 명이 넘는 해인사 참배객이나 관광객이 과연 빠짐없이 판전을 관람해야 할 필요가 있느냐고 묻고 싶다. 전혀 그럴 필요가 없다. 경판은 모양새만 보고 일반인이 감탄할 만큼 아름다운 예술품이 아니다. 경판을 왜 새겼으며 그 속에 포함된 정신적인 의미가 무엇인지가 더 중요한 문화재이다. 한두 장의 실물만 관람시키고 나머지는 멀티미디어 시설로 얼마든지 더 잘 표현하고 느끼게 할 수 있다. 웬만한 외국의 문화재를 관람하는 데는 반드시 사전예약을 해야 하고 철저한 인원통제가 이루어진다. 일반 관람객의 숫자를 제한하고 나아가서 전면적인 출입통제도 검토해 할 단계이다.

》 옛 사람들의 완벽한 경판 관리 노하우?

8만 1,258장의 생존 기록

750년 동안 우여곡절을 겪어낸 팔만대장경!
팔만대장경이 사라질 뻔했던 아슬아슬한 순간들의 기록들.

팔만대장경판이 완성된 후 750년이라는 긴긴 세월 동안 내우외환이 끊임없이 이어졌음에도 불구하고 오늘날 고스란히 우리 앞에 그 성스러움을 내보이고 있다. 민족의 수난과 역사를 함께해온 경판은 몽고와의 전쟁 중에 새겨졌다. 이후 고려 말기와 조선 초기의 왜구 침입, 조선 중기의 임진왜란, 가까이는 한국전쟁에 이르기까지 어느 한 순간도 안심할 수 없는 위기를 수없이 겪었다. 8만 1,258장에 이르는 팔만대장경판이 오늘날까지 고스란히 보존되기까지 수많은 사연이 있었을 것이다. 대표적인 예를 기록에서 알아보자.

아예 일본에 주어버릴 생각도 했다

《조선왕조실록》1414년(태종 14) 임금은 승지 등에게 이렇게 이른다. "일본 국왕이 대장경을 달라고 하는데 아예 경판을 보내주는 것이 어떻겠는가?" 하고 신하들의 의견을 구한다. "우리나라에 경판이 적지 않습니다. 보내준들 무엇이 해롭겠습니까?" 대부분의 신하들 역시 주어버려도 괜찮겠다고 했다. 이에 임금은 "경외京外에 있는 경판의 숫자를 헤아려서 아뢰도록 하라. 이제 일본에서 대장경을 청하니, 이미 이루어진 물건을 다 보내는 것은 불편하다. 경판을 보낸다면 뒤에 비록 다시 청하더라도 막을 수 있게 된다"고 했다. 그러나 청성군 정탁만이 반대 의견을 제시했다. "일본 사신이 왕래하는 것은 불법을 구하기 위한 것이니, 만약 경판 자체를 보내버린다면 다시 오지 않을까 두렵습니다." 정탁의 의견에 일리가 있다고 생각한 임금은 다시 검토하여 주지 않기로 최종 결론을 내린다.

다시 20여년 뒤인 1423년(세종 5) 일본 사신을 접견한다. 임금이 말하기를, "대장경판은 우리나라에도 오직 1본밖에 없으므로 달라는 요구에 응할 수 없다"고 했다. 일본 사신이 대답하기를, "한 번 경판을 하사하시면 뒤에는 경판을 청구하는 번거로움은 없을 것이옵니다"면서 달라고 간청한다. 임금은 대장경판이란 무용지물인데, 이웃나라에서 자꾸 달라고 하니 아예 주어버리자는 의견을 제시한다. 이에 대신들이 논의하여 말하기를 "경판은 비록 아낄 물건이 아니오나, 일본이 계속 청구하는 것을 지금 만약에 일일이 들어주었다가 뒤에 우리가 줄 수 없는 물건을 청구하는 경우가 있게 된다면, 이는 먼 앞날을 내다보지 못한 것이 됩니다"라고 하여 일본에 경판을 주는 것을 반대했고, 임금은 신하들의 의견을 따르기로 한다.

다시 1437년(세종19) 임금이 승지들에게 이르기를 "일본국에서 사신이 올 때마다 대장경판을 달라고 한다. 이는 우리나라가 불교를 숭상하지 아니하고 경판이 도성 밖에 멀리 있기 때문에 억지로 청하면 반드시 얻을 것이라고 생각한 까닭이다. 이 경판을 도성 근방인 회암사나 개경사 같은 곳에 옮겨두면 저들도 대대로 전하는 보배임을 깨닫고 달라고 하지 않을 것이다. 다만 수송하는 폐단이 염려되니 논의해보라" 했다.

신하들이 대답하기를 "우선 수송하는 데 어려움이 많습니다. 감사로 하여금 감찰하고 수령이 맡아서 더럽히거나 손상시키지 못하게 하며 수령이 갈릴 때에는 장부에 기록하여 그대로 보전함이 마땅하옵니다" 하므로 그대로 따랐다.

조선 초 태조에서 중종에 이르는 140여 년간 끊임없이 대장경 하사를 요구해온 기록을 《조선왕조실록》 여기저기에서 찾을 수 있다. 조정에서는 필요에 따라 거절하기도 하고 보내주기도 했는데 이렇게 태종과 세종 때는 대장경판 자체를 일본에 주어버리려는 논의까지 있었다. 만약 그때 일본에 대장경판을 보내 버렸더라면 오늘날 얼마나 안타까워 했을 것인가? 또 세종의 의견대로 한양 근교로 옮겨왔더라면 임진왜란, 병자호란, 한국전쟁으로 이어지는 역사의 격변기에 남아 있을 리 없었을 것이다.

◉ 일본의 대장경판 약탈 모의

조선 초 대장경판을 달라고 집요하게 요구하던 일본은 그들이 필요한 만큼 얻어가지 못하자, 급기야 전투함을 동원하여 약탈해갈 계획을 꾸민다. 다행히 그들의 음모는 일이 실행되기 전, 우리나라 의금부에 알려지게 된다. 놀란 조정은 즉시 왕명으로 일본 통사 윤인보 형제 및 그 집에 머물던 일본인 3명을 체포하여 조사에 들어갔다. 이 일을 뒤에서 조정하던 일본 사신 규주 등은, 시종으로 데리고 온 가하가 소문을 만들어 냈을 뿐 자기들은 아무런 관련이 없다고 발뺌을 한다. 그러나 가하는 적당히 변명하여 그럭저럭 없던 일로 종결되었다.

1424년(세종 6) 1월 20일 포로로 잡혀 갔다가 일본 사신 편에 따라온 우리나라 사람이 이렇게 제보한다. "제가 대마도에 있을 때 일본 국왕은 '지금 조선에 사신을 보내어 대장경판을 구하려 한다. 만약 허락하지 아니하면 강제로라도 빼앗아 올 것이니, 너희들도 전함을 수리하여 대기하고 있다가 따라야 한다'는 통고를 대마도주에게 했다는 이야기를 들었습니다. 조선에 따라 들어온 이후 여전히 경판을 얻을 수 없게 되자 일본 사신 규주와 범령이 본국에 보낼 서신의 초안에 이렇게 적은 것을 보게 되었습니다. '지금 조선에 와서 힘써 대장경판을 청구했으나 도저히 얻지 못하겠습니다. 병선 수천 척을 보내어 약탈해가는 것이 어떻겠습니까'라고 했습니다."

　이런 첩보를 가지고 일본 사신 일행을 예의 주시하고 있었다. 그러던 차에 이유는 밝혀지지 않았으나 수행원으로 따라온 일본 중 가하가 초안을 훔쳐내어 통사 이춘발에게 주면서 조정에서 약탈계획을 사전에 알게 된다. 임금은 바로 의정부와 육조를 불러 의논한다.

　"지난번에 포로가 되었던 사람의 말과 지금 가하가 내어놓은 글이 다름이 없다. 또 일본 국왕의 서신에도, '만일 청구에 따라 준다면 길이 사이좋게 지내겠다'는 말이 있다. 이 세 가지 말을 맞추어보면 그들이 못된 짓을 하려는 것을 알 수 있다. 저들이 비록 못된 짓을 하려 한다 해도 우리는 너그럽게 대하는 것이 어떠하겠느냐" 하여 이 문제는 흐지부지 넘어가버렸다.

　이와 관련하여 이능화는 다음과 같은 의견을 제시하고 있다. 일본 사신 중 규주와 범령은 조선 사정에 매우 정통한 자이므로 그들은 조선 국왕이 일본의 침략을 우려하여 진귀한 불교 서적을 달라는 요구를 대체로 들어줄 것이라고 판단하고 있었다. 이에 앞으로 재차 경판 청구의 사명을 띠고 조선에 올 때는 대마도 태수와 은밀히 상의하여 만일 조선이 경판을 주지 않을 경우에는 병선을 파견하여 경판을 노략질해 간다는 풍설을 만들어 내기로 했다. 조선인 포로에게 고의로 누설해 두었다가 과연 경판을 얻지 못할 때에 자기들의 심복인 가하로 하여금 문서를 도둑질하여 통사 이춘발에게 보여, 외면으로는 자국의 비밀을 누설하는 것처럼 위장했다. 결국 '탈취계획'이 일부러 우리 임금님의 귀에 들어가게 한 것이다. 그리하면 임금은 풍설대로 진짜 일본이 대장경 탈취 전투함을 파견할까 우려해 대장경판을 일본에 줄 것이 아닌가 하여 꾸민 계략일 뿐이라고 했다.

어쨌든 실제로 대장경판의 약탈을 시도 했는지, 아니면 이능화의 추정대로 대장경을 더 많이 얻기 위한 고단수 계략인지 알 수는 없지만, 약탈 모의 자체가 우리에게는 섬뜩한 일이다. 이렇게 깊은 산 속 해인사에 보관되어 있다고 대장경판이 마냥 안전한 것은 아니었다.

◉ 임진왜란과 대장경

조선 초기 대장경을 약탈하고 모의까지 했던 일본이 임진왜란을 일으키자 팔만대장경판은 그야말로 위기의 순간을 맞이했다. 1592년(선조 25) 4월 13일에 부산에 상륙한 왜군은 불과 보름 만인 27일 해인사 코앞인 성주를 점령해버렸다. 합천 해인사로 들어와 팔만대장경판을 약탈하는 데는 하루 이틀이면 충분한 정도로 성주는 가까운 거리이다. 마음만 먹으면 약탈은 식은 죽 먹기보다 더 쉬운 일이었다. 그러나 해인사 팔만대장경판이 안전할 수 있었던 것은 당시 경상도 지방에 의병이 크게 일어나 합천, 성주, 현풍, 거창, 고령 등 해인사 인접 군을 굳게 지킨 때문이다.

의령의 홍의장군 곽재우를 비롯하여 합천의 손인갑과 정인홍, 고령의 김면, 진주의 조종도 등이 의병을 일으켜 가야산에 방어선을 구축하고 왜군의 해인사 진입을 막아냈다. 한편 승려들도 가만히 있지 않았다. 서산대사의 제자인 소암대사는 승병을 모아 해인사로 접근하는 왜구들을 막아냈다. 성주성을 점령하여 주변의 여러 고을을 계속 노략질하고 있던 왜군은 8월과 9월, 12월의 대규모 의병 공격에 견디지 못하고 이듬해 1월 선산 쪽으로 철수함에 따라 낙동강 서쪽 지역이 모두 수복되고 해인사의 팔만대장경도 안전할 수 있었다.

◎ 일제 강점기의 반출 모의

조선 시대 내내 대장경을 탐내던 일본이 우리나라를 식민지로 만들고 난 후 아예 자기네 나라로 가져갈 궁리를 했을 것이다. 그러나 욕심은 있었겠지만 내놓고 실천에 옮기지는 못했다. 몇몇 일본 학자들이 대장경 연구에 전념하고 직접 인쇄해 가기도 했으나, 경판 자체를 일본에 반출할 계획을 세운 흔적은 보이지 않는다.

다만 《매천야록》의 기록이 눈길을 끈다. "일본 동경의 증상사 및 건인사에 대장경이 있다. 그것은 우리나라에서 인쇄해 간 것이다. 그러나 이때 일본 스님 사토가 판본을 운반해 가려고 하므로 전국의 스님들은 모두 격노했다. 어떻게 대책을 세워야 할 줄 몰라 당황하고 있었다." 내용으로 보아 인쇄한 불경이 아니라 경판 자체를 가져갈 움직임이 있었음을 짐작할 수 있다. 하지만 이 사건은 소문일 뿐 계획이 더 진행되었다는 증거는 어디에서도 찾을 수 없다. 스님들의 반발이 워낙 커서 감히 가져갈 엄두를 못 낸 것으로 보인다.

소설가 김진명은 《하늘이여 땅이여》라는 소설에서 대장경판이 일본으로 반출되어 일부는 돌아오지 못한 것으로 묘사하고 있다. 김진명은 대장경판 총 매수가 8만 1,258장, 8만 1,240장 등 차이 있는 것을 근거로 일본 반출을 의심하고 있다. 하지만 우리가 알고 있는 지금까지의 연구 결과는 대장경의 일본 반출은 어디까지나 소설 속의 이야기일 뿐이다. 다행히 일제 강점기 동안 대장경판의 일본 반출은 없었다.

◎ 한국전쟁 속의 팔만대장경

임진왜란과 일제 강점기를 기적적으로 넘긴 대장경판은 동족상잔의 비극인 한국전쟁 때 다시 한 번 위기의 순간을 맞이했다. 전쟁이 한창일 때 인천상륙작전으로 되돌아갈 길이 막힌 북한군은 해인사를 근거지 삼아 게릴라전을 벌이고 있었는데, 이에 한국군과 유엔군은 대대적인 소탕작전을 벌였다. 이 과정에서 공군의 폭격으로 팔만대장경판이 잿더미가 될 뻔한 아찔한 순간을 모면한 일이 있었다. 직접 폭격 명령을 받고도 주변 숲에 기관총 사격만 하는 기지를 발휘한 훌륭한 군인이 있어서 가능한 일이었다. 대장경판을 구한 사람은 김영환 대령이다. 1921년 서울 통의동에서 태어난 그는 경기중학을 거쳐 공군에 투신하여 1954년 1월 준장으로 진급했는데, 같은 해 3월 비행 훈련 사고로 34세의 젊은 나이에 생을 마감했다. 최근 알려진 자료로 한국전쟁 당시를 재구성해보면 다음과 같다.

　1951년 9월 18일 아침 6시 30분 작전참모 장지량 중령이 해인사 일대를 공중 정찰하고 돌아와 긴급 출동을 알리는 비상벨을 눌렀다. 경찰로부터 긴급 공중 지원 요청을 받았던 것이다. 1호기 편대장 김영환 대령, 2호기 박희동, 3호기 강호륜, 4호기 서상순 중령으로 편성된 공군기는 낙동강 줄기를 따라 북상하다가 함안 상공에서 기수를 돌려 산악 지대인 합천으로 들어갔다. 편대장 김영환 대령의 1호기가 정세를 파악하고자 계곡으로 급강하했다. 그러자 절 주변에서 많은 사람들이 숲속으로 도망가는 모습과 잘 위장된 게릴라 움막들이 눈에 들어왔다.

　비행기마다 500파운드 폭탄 2개, 로켓탄 6개, 캐리버-50 기관총과 탄환 1,800발씩 싣고 있었고, 편대장은 750파운드짜리 네이팜탄으로 무장하고 있었다. 당시로서는 엄청남 파괴력을 가진 최신 무기들을 모두 갖추고 있었던 셈이다. 드디어 정찰기가 공격 목표를 나타내는 연막탄을 해인사 대적광전 앞마당에 떨어트렸다. 곧 흰 연기가 선명하게 피어올랐다. 이제 편대장의 폭격 명령 한 마디면 해인사는 완전 잿더미가 될 순간이었다. 그러나 편대원들에게 무전기로 전달된 명령은 뜻밖이었다.

　"폭탄과 로켓탄은 사용하지 말라. 기관총만으로 절 주변의 능선을 공격하라"

　대원들은 편대장의 명령대로 교묘히 위장된 게릴라의 아지트를 찾아 공격했다. 공격 통제관이 타고 있던 정찰기에서는 다른 명령이 다급하게 내려왔다.

　"편대장은 무엇을 하고 있나? 해인사를 직접 공격하라."

　대원들이 모두 어리둥절해할 때 편대장은 다시 다그쳤다.

　"절대로 해인사는 공격하지 말라."

김영환 대령은 사실상 해인사 폭격 명령을 거부한 셈이다. 대신에 몇 개의 능선 너머 다른 곳에 폭탄과 로켓탄을 떨어트렸다. 전쟁 중 명령불복종은 바로 총살감이다. 대단한 용기와 각오가 필요하다.

그날 저녁 미 공군 고문단의 윌슨 소령이 합동작전본부 장교를 대동하고 왔다.

"목표를 알리는 연막탄의 흰 연기를 보셨지요?"

그는 날카롭게 따졌다.

"네. 보았습니다."

"그런데 왜 엉뚱한 곳을 공격했나요?"

잠시 침묵이 흘렀다.

"공격 목표 해인사는 팔만대장경판이라는 한국 제일의 문화재가 있는 곳입니다. 모두 불타버릴 것 같아 주변 폭격만 했습니다."

그는 어떤 처벌도 각오하고 있었기에 당당했다.

미군이 그냥 넘어갈 리 없었다. 일주일쯤 지난 어느 날 김정렬 당시 공군참모총장이 갑자기 사천비행장에 나타났다. 군사고문단을 통해 '해인사 폭격거부 사건'을 전해 들은 대통령이 크게 화를 내고 있다는 것이었다. 김영환 대령에게 앞뒤 사정을 들은 총장이 대통령에게 상세한 내용을 설명하여 겨우 위기를 넘겼다.

2002년 해인사 성보박물관에서 절로 올라가는 길목에 경판 모양의 '김영환 장군 팔만대장경 수호 공적비'가 세워졌다. 비문은 이렇게 시작한다. "여기 화살같이 흐르는 짧은 생애에 불멸의 위업을 남기고 영원히 살아남은 영웅이 있다. 김영환 장군! 각 기장은 공격을 중지하라는 김 장군의 명령만이 무전기를 통해 전해졌다. 다만 상공을 몇 바퀴 선회한 뒤 해인사의 뒷산 능선 너머로 폭탄과 로켓탄을 투하하고 귀대했다.

김영환 장군 공적비

대장경판이 보존된 장엄한 역사적 순간이었다. 참으로 목숨 건 탁월한 판단과 애국심으로 이룬 불멸의 위업이 아닐 수 없다."

해인사 노스님들의 구전에 의하면 또 다른 위기가 있었다. 당시 절을 점령하고 있던 북한군은 국군의 소탕작전에 밀려 게릴라 활동이 위축된 데다 철수 명령까지 받은 상태였다. 전쟁에서 진지를 떠날 때는 추격을 따돌리기 위해 있던 자리는 모두 파괴하는 것이 원칙이다. 당시 이종오 스님을 비롯한 여러 스님들이 죽음을 무릅쓰고 그들과 대항하고 때로는 설득하면서 해인사에 불 지르는 것을 막았다고 한다.

마지막 절을 떠나는 순간 진지로 사용하던 해인사를 어떻게 할 것인가? 그들이라고 팔만대장경판을 모를 리 없다. 그러나 생사가 걸린 전쟁터의 일이다. 불을 질러 태워버리고 가자는 의견과 그대로 두고 가자는 의견이 맞섰다. 지도부가 모여 여러 번의 회의를 했지만 쉽게 결론이 나지 않았다. 투표로 이 문제를 결정하기로 했다고 한다. 개표 결과 태우지 않고 그대로 철수하기로 한 쪽이 단 1표 차이로 이겼다. 그래서 판전을 비롯한 해인사 건물이 살아날 수 있었다 한다.

퇴암 스님의 실화 기록

1876년 퇴암 스님이 쓴 《해인사 실화적失火蹟》에는 해인사에서 일어났던 화재 상황이 상세하게 기록되어 있다. 주요한 몇 부분을 살펴보자.

1695년(숙종 21) 우연히 불이 나서 해인사 동쪽의 여러 요사와 만월당 및 원음각이 타버렸고 이듬해 봄에도 또 화재가 발생하여 서쪽의 여러 요사와 무설전 등이 불탔다. 그 후 1743년(영조 19), 1763년(영조 39), 1780년(정조 4)에 연달아 불이 났으나 뜻 있는 이의 시주를 받아 계속 복구했으므로 전날의 규모가 그런대로 유지되었다. 세월이 흘러 40여 년이 지난 1817년(순조 17)에 다시 큰불이 나서 수천여 칸의 건물이 모두 타버렸는데 관찰사 김노경이 계획을 세우고 영월·연월 스님이 중건했으나 전날의 규모에는 이르지 못했다. 50여 년이 지난 고종 9년(1871)에 또 화재가 나 법성료가 불타버렸다.

신라 애장왕 3년(802)에 창건된 해인사에, 기록이 남아 있는 최근 시기부터 따져도 불과 300여 년 사이에 자그마치 7차례의 화재가 있었다. 같은 비율로 조선 초기 경판이 해인사에 보관되기 시작한 이후 600년을 추정해보면 적어도 열대여섯 번의 화재가 있었을 것이다.

그런데 경판을 보관하고 있는 네 채의 판전 건물은 경판의 통풍을 중

대적광전(오른쪽)과 수다라장의 거리는 20m 남짓하다.

시하여 해인사의 제일 높은 곳, 바람맞이의 산 위쪽에 있다. 수다라장과 대적광전의 직선거리는 20m 남짓이다. 해인사에 불이 났다 하면 불길은 산 쪽으로 급격히 번질 수밖에 없다. 일반 상식으로 생각하면 도저히 판전이 불길을 피할 수 없다. 그러나 수다라장의 바로 아래에 있는 대적광전이 여러 차례 불탈 때도 판전은 말짱했다.

 나는 이 수수께끼를 풀어보려고 아직도 노력하고 있다. 지금까지 얻은 결론으로는 '기적'이란 말밖에 더 쓸 수 없다. 그러나 오늘날 8만 천여 장의 경판이 온전하게 남아 있는 이 믿기지 않은 사실은 단순히 기적이라고만 하기에는 너무 신비하고 경이로울 따름이다.

주

1. 일본의 나라 시대에 만들어진 작은 3층 목탑의 탑신부에서 발견된 백만탑다라니百万塔陀羅尼는 770년에 간행된 5.9×46cm 크기의 경전으로, 1966년 석가탑의 무구정광대다라니경이 발견되기 전까지는 세계에서 가장 오래된 인쇄물로 인정되어왔다.
2. 경문이나 경전을 베껴 쓰는 작업을 사경寫經이라 한다. 특히 불교에서의 사경은 단순한 베껴 쓰기가 아닌 종교 활동이었다. 여러 사람에게 불경 읽히는 것이 첫째 목적이었으나, 불경을 연구하거나 부처에게 덕을 쌓기 위해 사경을 했다. 지금까지 알려진 우리나라에서 가장 오래된 사경은 신라 경덕왕 때의《백지묵서 대방광불화엄경》이다.
3. 이후 부처의 말을 확실히 들었다는 것을 강조하는 뜻으로 불교 경전의 처음에 반드시 들어가는 말이 되었다.
4. 당나라 승려 지승智昇이 730년(개원 18)에 지은 한문 불전의 총목록이다. 후한부터 개원 시대까지 불전을 번역한 사람의 전기와 번역 불경을 연대순으로 기록하고 분류했다. 1,077부 5,048권이며 뒷날 대장경의 기준 권수가 되었다.
5. 목가구, 문짝, 건축물 등에 부착하는 금속판으로서 연결이나 모서리 보강에 쓰이며 장식 효과도 있다.
6. 나무의 비중比重은 무게를 부피로 나눈 값으로 나타낸다. 비중이 높은 나무는 단단하고 무겁다.
7. 팔만대장경에 수록한 경 이름 등을 적은 목록. 정식 이름은 〈고려신조장경교정별록〉이다. 오늘날 책 앞에 수록하는 차례와 같은 것이다.
8. 1865년(고종 2)에 해명장웅 스님이 대장경 2부를 인쇄하여 오대산과 설악산에 각각 안치했는데, 이때 수기대사가 편찬한 대장 목록에서 누락된 판이 상당수 있는 것을 발견했다. 목록 15종을 경판에 새겼기 때문에 이를 보유판이라 부른다. 보유판은 목록을 조선 고종 때 새긴 것일 뿐 경판 자체는 대부분 고려 고종 때 판각한 것이다. 이 목록을 새겨 넣은 이유는 15종 경판들의 판머리에 천자함 표시가 없어서이다. 인쇄할 때 순서를 고르기 어려우므로 함과 순차 표시를 새로 하고 이들의 목록을 새겼다. 그러나 보유판은 대장경판의 성격과 장수를 결정하는 데 상당한 혼란을 일으킨다. 여기에는 연산군 때 판각된 경판을 비롯해 사간판 등 팔만대장경판과 동일하게 취급하기 어려운 일부 경

≫ 주

판이 포함되어 있기 때문이다.
9. 불교에서 세계의 중심이라고 하는 수미산 꼭대기의 도리천忉利天을 삼십삼천이라 한다. 삼십삼천에는 제석천帝釋天의 천궁天宮이 있고 사방은 봉우리로 둘러싸여 있는데, 인간세상과 하늘세상을 연결하는 통로로 생각했다.
10. 땅에서 첫 가지가 달리는 곳까지의 높이. 지하고가 높을수록 쓸 수 있는 곧은 줄기의 양이 많다.
11. 흥부가 박을 탈 때 쓰는 톱처럼 두 사람이 마주 잡고 켜는 톱.
12. 붕어 모양의 톱. 혼자 판자를 켤 수 있는 톱이다.
13. 나이테와 직각으로 켠 판자는 표면에 나이테가 줄무늬로 나타나는 곧은결 판자가 되며, 나이테와 같은 방향으로 켠 판자는 무늬가 물결로 나타나는 널결 판자가 된다.
14. 중국 당나라 유명한 서예가 구양순歐陽詢의 글씨체, 팔만대장경판은 정자에 가까운 해서楷書가 대부분이다.
15. 나무 속에 들어 있는 물의 양을 나타낸다. '나무의 무게를 달고 그 나무를 완전히 건조시킨 뒤 다시 무게를 달아 차이를 처음 무게로 나눈 값을 백분율로 표시한 것'을 함수율이라고 한다.
16. 중생을 가르쳐 착한 사람으로 만들 수 있는 학식 높은 스님.
17. 불교의 특별한 의식을 치르는 데 필요한 제단.

참고문헌

강애순 외,《고려대장경의 연구》, 동국대학교 출판부, 2006
고령군 개진면 홈피(http://resion.goryeong.go.kr/개진면/index.asp)
김상영, 남해분사도감 관련 기초조사 보고서, 불교방송학술조사단. 남해군, 1994
김상영,〈경판 정대신앙의 유래와 의의〉,《해인》4월호, 2000
김영환장군 팔만대장경 수호 공적비 비문
김윤곤,〈고려대장경 조성의 참여계층과 조성처〉, '한국중세의 역사와 문화'-경북대 학술
　　　대회자료, 1998
김윤곤,《고려대장경의 새로운 이해》, 불교시대사, 2002
김진명,《하늘이여 땅이여 1》, 해냄, 2003
남권희,《고려시대 기록문화 연구》, 청주 고인쇄 박물관, 2002
대한인쇄문화협회, http://www.koreaprint.or.kr/durtk/tkarnr4.htm
마산MBC,〈특집다큐 대장경〉, 2005
문경현,〈고려대장경 조조의 사적 고찰〉,《이기영박사 고희 기념논문집》, 1991
문명대,〈고려선원사지의 발견과 고려대장경판의 유래〉,《한국학보》, 1976
문화재청 홈페이지, http://www.cha.go.kr
민영규,《고려대장경 신탐- 바로 잡아야 할, 그리고 새로운 몇 가지 사실들》,
　　　대장경연구소, 1994
M. Terazawa, Tree Saps, Hokkaido Uni. Press, 1995
박상국,〈해인사 대장경판에 대한 재고찰〉,《한국학보》, 1983
박상국,〈해인사 대장경판에 대한 재고찰〉,《고려대장경 자료집》II, 1987
박상국,〈대장도감의 판각성격과 선원사 문제〉,《한국불교문화사상사》(상), 1992
박상진,《범어사 및 무량사고건축재의 구조와 수종》, 보존과학연구, 1983
박상진,《목재조직과 식별》, 향문사, 1987
박상진,〈삼국사기에서 본 옛 나무〉,《산림》6, 1997
박상진,〈목판 및 종이의 재질분석〉,《국학연구》제2집, 2003
박상진,〈9세기 해인사 비로자나불의 역사성과 예술성〉,《해인사 비로자나불 학술강연회

자료집》, 2005
박상진 외, 〈화암사 고목재의 구조와 수종〉, 《전남대 연습림보고》5, 1982
박상진 외, 〈출토고목재의 수종과 조직구조에 관한 연구〉 I , 《보존과학회회지》2, 1993
박영수, 〈팔만대장경판의 연구〉, 《백성욱박사 송수기념 불교학 논문집》, 1959
산림과학원, 〈전국 활엽수 자원보고서〉, 《연구자료》 122호, 1995
서상순, 〈공비토벌 출격기-가야산 해인사를 중심으로, 1979. 12. 24〉, 《보라매 얼》
서수생, 〈가야산 해인사 팔만대장경 연구〉, 《경북대 논문집》, 1968
서수생, 〈팔만대장경판 연구〉, 《한국학보》 제9집, 1974
송영종·조희승, 《조선수공업사》, 공업출판사, 1990
오용섭, 〈팔만대장경 명칭의 유래〉, 《서지학 연구》 제16집, 1998
유홍준, 《완당평전》1. 학고재, 2002
이규보, 《동국이상국집》 제25권, 누리미디어
이기영, 〈고려대장경, 그 역사와 의의〉, 《고려대장경 연구자료집》 I , 1987
이능화, 〈이조불교사〉, 《고려대장경 연구자료집》 I , 1987
이덕무, 《청장관전서》68, 민족문화추진회, 1978
이원식, 《한국의 배》, 대원사, 1990
이유미, 《우리나무 백 가지》, 현암사, 1996
이제창, 〈여말 선초의 대일 관계와 고려대장경〉, 《고려대장경 연구자료집》 II
이지관, 《가야산 해인사지》, 가산문고, 1992
이태녕 외, 《고려대장경판 보전을 위한 기초학술연구》, 해인사, 1995
이화형 외, 《목재물리 및 역학》, 향문사, 1996
임경빈, 《나무백과》3, 일지사, 1988
임경빈, 《우리 숲의 문화》, 광림공사, 1993
장지량, 《빨간 마후라 하늘에 등불을 걸고》, 이미지북, 2006

참고문헌

정병완 역, 〈고려대장경 인쇄전말〉, 《고려대장경 연구자료집》 II, 1987
정시한, 신대현 역, 《산중일기》, 혜안, 2005
정필모, 〈고려초조대장경목록의 복원〉, 《고려대장경 연구자료집》 II, 1987
조명기, 〈국보고려대장경의 가치〉, 《고려대장경 연구자료집》 I, 1987
조선왕조실록 : http://sillok.history.go.kr/main/main.jsp
조영암, 〈원력으로 지킨 대장경과 유점사.건봉사의 소실〉, 《월간북한》 6, 1986
지관 편저, 《해인사지》, 가산불교문화연구원 출판부, 1992
최연주, 《고려대장경 연구》, 경인문화사, 2006
최연주, 〈수선사 강화경판 고려대장경 조성〉, 《대구사학》 제81집
최영호, 〈13세기 중엽 강화경판 고려대장경의 조성공간과 경주 동천사〉, 《한국중세사연구》 제20호
최영호, 〈무인정권기 최씨가 가노와 고려대장경 판각사업〉, 《부산여대사학 10·11합집》, 1993
최자, 구인환 엮음, 《보한집》, 신원문화사, 2003
한메디지탈 백과사전, 동서문화사, 1999
한용운, 〈해인사 순례기〉, 《고려대장경 연구자료집》 I, 1987
해인사 홈페이지, http://www.haeinsa.or.kr
해인사, 〈대장경의 조판〉, 《고려대장경 연구자료집》 II, 1987
해인사, 《해인사 사간판 보수사업 보고서》, 합천군, 2006
해인삼미, 〈내 본산 자랑-해인사의 장경각과 경판〉, 《고려대장경 연구자료집》 I, 1987
혜자스님, 《영원한 대자유》 3, 밀알, 2002
황현, 〈해인사 대장경판 전각(鐫刻)유래 및 일본승의 운반음모〉, 《매천야록》 6권, 1955

찾아보기

ㄱ
개경포나루 163, 166
《개원석교록開元釋教錄》 38, 41, 110, 111
《개원석교목록》 44
거란대장경 40, 41, 43~45, 106, 110
거제목巨濟木 90, 92, 93, 175, 176
거제수나무 17, 49, 60, 65, 73, 76, 77, 79~81, 88, 92, 93, 119, 180, 181
건조 결함 210, 225
검gum 68
경장經藏 39
경판經板 52
경판꽂이 48, 142, 143, 189, 204, 211, 214~217, 232
고려각판 17, 18, 48, 187, 188, 199
고려교장高麗教藏 45
《고려국 신조장경 교정별록校正別錄》 106
〈고려대장경 인쇄전말〉 141
고로쇠나무 65, 73, 84~86
곧은결 129, 130
교장敎藏 18
《교정별록》 106, 110
구양순체 133
길이굽음 226, 227

ㄴ
너비굽음 226, 227
널결 129, 227
넓은잎나무 59, 60, 62, 73
논장論藏 39

ㄷ
다라수多羅樹 36

닫힌 갈라짐 226
〈대장각판군신기고문大藏刻板君臣祈告文〉 99, 102, 149
대장도감大藏都監 18
도안道安 38
돌배나무 17, 60, 65, 66, 70, 72, 75, 79, 113, 114, 118, 119, 127, 176, 180, 181, 219, 228, 230
《동국여지승람》 177
《동국이상국집》 42, 99, 170
《동문선》 44, 138, 150, 155

ㄹ
리그닌 56, 62

ㅁ
마구리 48, 52~54, 64, 65, 112, 113, 127~130, 136, 140, 203, 216, 220, 228, 229
먹딱지 222~224
《목은집》 177
목재조직학木材組織學 61
몽고대장경 40
무구정광대다라니경無垢淨光大陀羅尼經 13~16
무우수無憂樹 31

ㅂ
박달나무 17, 60, 73, 77, 79, 88
《방산석경房山石經》 39
백만탑다라니百萬塔陀羅尼 13
법보전法寶殿 187
《보한집》 106

보협인다라니경寶篋印陀羅尼經 16, 17
북송칙판대장경北宋勅板大藏經 40~45, 96, 109, 111
분사대장도감 102, 104, 122, 167, 168, 176
분사도감 104, 168, 170
붕어톱 122

ㅅ
사간전寺刊殿 187
사간판寺刊板 47
사라수娑羅樹 33
사시나무 65, 86
산공재散孔材 60
산벚나무 17, 56, 60, 65~72, 75, 77, 79, 113, 114, 118, 119, 123, 127, 130, 176, 180, 181, 219, 228, 230
《삼본화엄경》 156
생장응력 120
서하대장경 40
《석화엄교분기원통초》 156, 157
선원사 19, 104, 148, 150, 154, 155, 161, 162, 178
셀룰로오스 56, 62, 185, 228
속장경 45
수다라장修多羅藏 18, 47, 57, 88, 111, 187~190, 192, 195, 198, 200, 202~204, 206

ㅇ
아소카Asoca 31
아쇼카Ashoka 31, 33
엔드코팅end coating 126
열린 갈라짐 226

옻칠 135~138, 140, 145, 175
율장律藏 39
이력현상履歷現像 185, 220, 221
인도보리수 32
《임원경제지》 91, 124, 126, 144, 145

ㅈ
자귀 127
자작나무 66, 73, 75~80, 88~93
장藏 39
장석 130, 145, 229
정대불사頂藏佛事 163
《정원석교록》 110, 111
《조선왕조실록》 20, 21, 55, 91, 139, 148, 150, 153~155, 157, 166, 178, 202, 236, 238
지천사 19, 154, 155, 161, 162, 178
지하고枝下高 113
질량분석이온빔가속기 193, 202

ㅊ
《청장관전서》 24, 130, 175
초조대장경初雕大藏經 18, 19, 40~46, 98, 101, 103, 106, 109, 149
층층나무 65, 83, 84

ㅌ
탕개톱 119, 121, 122
티베트대장경 40

ㅍ
판하본 107, 131~134
패다라貝多羅 36
《패엽경貝葉經》 34
폭목暴木 83

피나무 32, 33

ㅎ
해인사고려각판海印寺高麗刻板 17
〈해인사대장경판개간인유〉 48, 92, 135
〈해인사유진팔만대장경개간인유海印寺留鎭
　　八萬大藏經開刊因由〉 18, 171, 175,
　　176, 199
'해인사 법보전 비로자나불 좌상' 192
현장玄奘 38
현화사 42, 43
화피옥樺皮屋 73
환공재環孔材 60
회양목 14~17, 56
후박나무 60, 65, 81~83, 90, 170, 176, 180
홍왕사 45, 106

함께 읽으면 좋은 김영사 책

역사가 새겨진 나무이야기
박상진 지음 | 264쪽 | 13,900원

우리 역사에서 찾아낸 나무문화재의 진실!

한일 역사논쟁의 중심, 반가사유상을 만든 나무는 무엇인가? 천년왕국 신라를 망하게 한 것은 '숯'이었다? 단군신화 속의 나무는 과연 무엇이었나? 박치기의 명수, 거북선 백전백승의 비밀은 나무에 있었다?

이 책은 이처럼 재미있고 흥미로운 의문에 대한 답을 찾아 다양한 과학적 지식과 역사문헌에 대한 해석을 토대로 접근한다. 그동안 막연하게 알고 있던 고전과 역사자료 속에 나오는 나무와 사람들의 이야기는 나무 연구에 평생을 바쳐온 나무학자의 눈을 통해 새로운 의미를 부여받고, 우리 앞에 새로운 얼굴로 다시 다가온다. 또한 나무의 삶을 통해 우리와 우리 사회의 모습을 되돌아보게 만들며, 나무에 대한 우리의 잘못된 상식과 오해들을 바로잡아준다.

하늘에 새긴 우리역사
박창범 지음 | 252쪽 | 13,900원

국내 최초 천문과 역사의 만남!

청동기시대 고인돌에 새겨진 별자리는 무엇을 의미하는가? 천상열차분야지도의 정체는 무엇인가? 단군조선은 단군왕검에 의해 BC 2333년에 세워졌는가? 신라, 고구려, 백제의 강역은 지금의 한반도인가? 《삼국사기》에 기록된 사실은 모두 조작된 것인가? 지금까지 한국 고대사는 그 유구한 역사에 비해 연구의 기본 토대가 되는 사료의 부족으로 이러한 물음에 제대로 답을 할 수 없었다.

이러한 상황에서 위와 같은 고대사의 문제를 해결할 수 있는 길이 열리게 되었다. 이 책은 국내 최초 고대 사서에 수록된 천문기록을 사료로 끌어들여 현재 한국 고대사학계에서 논란이 되고 있는 단군조선의 실존 여부, 삼국의 강역, 《삼국사기》의 진위 여부 등을 철저히 파헤친다. 독자들은 별자리와 혜성, 운석과 유성 등 수천 년 전의 천문현상을 추적, 완벽하게 재연해낸 이 책을 통해 하늘로 떠나는 흥미진진한 역사여행을 경험하게 될 것이다.

2003년 한국간행물윤리위원회 선정 | 1월의 읽을만한 책
2003년 대한학술원 우수기초학술도서